생중계
심리학
라디오

생중계 심리학 라디오

사랑·가족·시대에 상처받은 이들의 리얼스토리

PSYCHOLOGY RADIO

권문수 지음

글항아리

첫번째 책을 낸 다음에도 계속 연재했던 글들이 어느새 두번째 책을 낼 만큼의 분량이 되어 개인적으로는 참 흐뭇하다. 그런데 한편으로는 회의감도 든다. 그동안 내 글들이 사람들에게 얼마나 도움이 되었을까 하는 의문 말이다.

처음 연재를 시작할 때, 한국 사람들이 나의 글로 정신치료 분야에 대해 새롭고 올바른 인식을 가졌으면 하는 욕심이 있었다. 특히 정신상담 분야에 종사하는 사람들은 어떤 일들을 하며 어떻게 마음이 아픈 사람들에게 도움을 주는지를 알리고 싶었다. 그러다보면 열악한 한국의 정신상담 시스템을 개혁해야 된다고 목소리를 내시는 분들도 나오지 않을까 하는 바람도 있었다. 그런데 그렇게 거창했던 바람과는 달리 그간의 나의 글들은 파도가 지나가면 사라져버리는 해변의 작은 발자국이었다는 느낌이 든다.

한국에는 아직도 정신과 의사의 치료가 정신치료의 전부인 줄로 알고 있는 사람들이 많은데, 한국의 정신치료 시스템이 이런 인식을 키웠다고 본다. 우선 상담치료사로부터 치료를 받게 되면 보험이 적용되지 않는다. 상담치료사의 교육과 훈련 과정이라든지 자격증 제도 또한 모호하다. 다행히 청소년 상담 분야는 그나마 많은 발전을 해서 학교마다 전문 상담 요원과 프로그램들이 마련돼 있다고 하니 어느 정도 위안은 된다.

자살률은 한없이 올라가고, 제대로 상담치료 한번 받아보지 못한 채 유명을 달리한 분들의 이야기를 들을 때마다 마음이 아프다. 게다가 정신병동 내 프로그램의 부재로 마치 감옥에 있다가 약만 먹고 나온 것 같았다는 분들의 이야기도 종종 들었다.

그러나 이러한 회의감에도 불구하고 오랜 시간 연재를 할 수 있었던 것은 모두 독자들 덕이다. 그동안 독자 분들의 수많은 격려 편지와 상담 요청 편지를 받아왔다. 답변을 제대로 할 수 없을 정도로 많았다. 그중에는 적은 수이지만 내가 치료에 도움이 되었던 분들도 있었다. 이 때문에 비록 사회를 조금이라도 바꿀 힘은 없지만 나의 글이 누군가에게는 작은 힘이 될 수 있다는 것을 알았다. 그 덕분에 그것에 만족하겠다는 생각으로 계속 연재를 할 수 있었고, 이렇게 두번째 책까지 낼 수 있게 되었다.

그동안 나의 글을 읽어주신 모든 독자 분들에게 먼저 감사드리고 싶다. 또한 자신의 이야기를 허락해주신 환자들과 클라이언트 분들께도 감사드린다. 그분들의 허락에도 불구하고 나는 당연히 가명을 쓰고 그분들의 가족, 인종, 나이, 상황 등등을 재구성해 신분을 최대한 보호하고자 했다.

이제 가족에게 인사할 차례. 송지영이라는 이름을 가진 나의 아내가 있다. 책에다 이렇게 그녀의 이름을 쓰고 고마움을 전한다면 무척 행복해할 것이다. 그녀가 행복하면 나도 행복하다. 내 사랑하는 딸과 아들, 채이와 서진이는 반드시 한국말을 잘하고 읽을 줄 아는 사람으로 키울 것이다. 이다음에 아이들이 아빠가 써놓은 책들을 읽고 좋은 생각을 했으면 좋겠다. 사랑하는, 하나뿐인 동생 태우가 이번에 결혼을 했다. 제수씨에게 내 동생을 사랑해줘서 고맙다는 인사를 늦게나마 전한다.

그리고 아버지 어머니…… 건강하게 잘 계시는 분들인데 생각할 때마다 마음이 아프다. 자식들은 모두 불효자라는 게 맞는 말 같다. 장인어른과 장모님께는 항상 멀리 타향에 떨어져 있어 죄송스럽다는 말과 두 분이 계셔서 행복하다는 말씀 드리고 싶다. 특히 장모님의 쾌유를 빈다. 자식들 다 출가시키고 이제 좀 편해지시나 했는데 병이 심해져 수술까지 받게 되셨다.

마지막으로 보잘것없는 내 글들을 엮어 출판해주신 글항아리와 오랜 시간 연재 지면을 내주고 있는 노매드(nomad21.com)의 윤용인 대표께도 감사 말씀 올린다.

2008년 10월
권문수

제3부 너의 꺼질 듯한 마음불빛

인터메조 나의 이야기 혹은 당신의 이야기

제1부

사랑에 대한 질문들

이 세 사람 사이에 어떤 일이 있었던 것일까?

지금은 없는 공주를 위하여

헬렌이 지독한 암 투병 끝에 세상을 떠난 게 2년 전이다. 당시에 그녀는 서른아홉 살이었고 생일을 일주일 앞두고 있었다. 죽은 그녀의 생일날, 그녀의 남자친구 조슈아는 마침내 병원에 입원하고야 말았다. 조울증 증세로 오랜 시간 고통스러워하던 그였는데 헬렌의 죽음 이후 고통이 극에 달해 있었다.

우연히도, 그날 같은 병원에 입원한 헬렌의 남자친구가 또 있었다. 티모시라는 사람이었다. 티모시는 헬렌이 묻혀 있던 공동묘지에서 이틀인가 몰래 기거하다가 경비원에 의해 경찰에 넘겨진 후 병원에 강제 입원된 것이다. 사망 당시 서른아홉 살이었던 헬렌과 서른세 살의 조슈아, 그리고 헬렌과 동갑이었던 티모시. 이 세 사람 사이에는 어떤 일이 있었던 것일까?

헬렌, 아 헬렌

헬렌의 부모는 빈민촌으로 유명한 나바호의 인디언이었다. 헬렌이 열한 살 때 그녀와 그녀의 부모는 워싱턴 지역으로 이사를 했다. 그녀의 부모는 갖은 고생 끝에 가게 하나를 장만했다. 헬렌은 이런 부모 아래서 별 어려움 없이 대학까지 공부하며 꿈을 키울 수 있었다. 그녀의 목표는 학교 선생님이 돼서 나바호 인디언 부락에 돌아가 그곳의 아이들에게 지식이 아닌 꿈을 가르치는 것이었다.

그러나 헬렌은 그녀 나이 스물다섯 살 때 자신의 꿈을 포기해야 했다. 그녀에게는 어릴 때부터 애써 무시하던 병이 있었다. 항상 어떤 소리가 들렸고 그 소리 때문에 잠을 잘 이룰 수 없었다. 병원에서 검진을 받으며 사진을 찍어보았지만 별다른 이유가 없는 걸로 나와서 더 답답했다. 증세가 점점 더 심해지자 정신과 의사를 찾아가기도 했다. 부모도 그녀의 증세를 알고 있었지만 시간이 지나면 없어지겠거니 했다. 혹은 귀신이 들렸을까 두려워 애써 무시하기도 했다.

나는 개인적으로 심한 정신분열 증상이 있는 환자가 완전히 치료돼서 회복된 걸 본 적이 없다. 더 잘 살 수 있게 도와주고 증세가 악화되지 않게 할 수는 있지만, 약을 먹지 않아도 될 만큼 혹은 완벽한 정상인으로 보일 만큼 치료된 사람을 본 적이 없다. 헬렌은 다른 어떤 일도 하지 못하고 기나긴 치료를 시작해야 했다.

티모시의 꿈

티모시는 대학 시절 헬렌의 남자친구였다. 헬렌과 수업을 함께 들으며 친해졌고 두 사람은 좋은 교사가 되기로 약속했다. 티모시는 헬렌을 열렬하게 사랑했다. 그렇지만 그는 항상 고민에 빠져 있었다. 헬렌에게 아무리 결혼하자고 재촉해도 그녀는 꿈쩍도 하지 않았던 것이다. 헬렌에게도 나름대로 이유는 있었다. 티모시가 좋은 사람인 건 알겠고 티모시만큼 자신을 사랑해주는 남자가 이 세상에 없을 것 같은데, 자기 자신에 대한 어떤 불안감이 티모시를 완전하게 받아들이지 못하도록 가로막았다. 그러나 그때는 희망이라도 있었다. 대학 졸업 후에 헬렌은 중학교 보조교사로 채용되었고 자신의 고향 나바호 인디언 마을이 눈앞에 아른거리기 시작했다. 티모시 역시 다른 학교의 보조교사로 채용되었고 교육대학원에 진학했다. 나중에 박사가 되어 어느 학교의 교장 선생님이 되고 싶다는 꿈을 꾸면서.

그런 티모시의 꿈은 온전히 헬렌 때문에 생긴 것이었다. 어떻게 하든지 헬렌이 좋아하는 교사직으로 출세해서 그녀에게 인정받고 싶었고, 무엇보다도 그녀의 마음을 움직여 결혼을 하고 싶었다.

"내가 만약 그녀와 결혼을 했으면 난 천사와 평생을 살게 되는 것이었습니다. 그녀는 내 모든 것을 바칠 만한 가치가 있는 여자였습니다."

나중에 티모시를 담당했던 동료 테라피스트가 전해준 티모시의 말이었다. 병세가 심해진 스물다섯의 헬렌이 교사직을 그만두었을 때, 꿈을 중도에 포기해야 하는 헬렌의 낙심도 컸지만 티모시의 충격 또한 컸다. 헬렌에게 결혼을 하지 않아도 좋으니 곁에서 그녀를 돌보겠다고 애원했지만 티모시에게 돌아온 건 이별 통지였다. 자신이 티모시의 미래에 장애가 될 수 없다는 헬렌의 생각 때문이었다.

그후 헬렌은 티모시에게 아주 냉정했다. 만나지 않는 것은 물론이고 전화도 받지 않았다. 나중에는 그녀의 집 근처를 배회하는 티모시를 경찰에 신고까지 했다. 그런데도 티모시는 헬렌을 잊을 수가 없었다. 헬렌이 냉대하는 이유가 티모시 자신을 위해서라고 생각할 때마다 오히려 마음은 더 뜨거워졌다. 다른 사람은 몰라도 헬렌은 이 세상 어떤 사람에게도 차가울 수 있는 여자가 아니라고 확신했다. 그렇게 생각하니 헬렌이 오히려 자신을 얼마나 사랑하는지를 알 것 같아 그녀를 더 포기할 수가 없었다.

조슈아의 입에서 나온 말

내 환자 조슈아는 서른다섯의 백인 남자다. 그의 조울증 증세는 2년 전 헬렌의 죽음 이후 더 심해졌다. 조슈아는 감금정신병원을 소름끼치도록 싫어했다. 십대 때 그의 이혼한 부모는 조슈아가 반항의 기미를 조금이라도 보이기만 하면 그를 감금병원에 입원시켰던 탓에 상처가 남아 있었던 것이다. 무려 열 번을 입원했다고 했다. 그런데 이런 그가 죽은 헬렌의 생일날 제 발로 병원에 걸어 들어가 입원을 했던 것이다.

부모에게 증오에 가까운 분노를 키웠던 반면, 신부님이었던 삼촌은 그에게 위로의 탈출구였다. 완전히 지킬과 하이드였다. 집과 학교에서는 증오로 가득한 반항아였고 성직자들과 있을 때는 신학교를 놓고 고민하는 예비 신학생이었다.

조슈아는 정말로 신학교를 갔다. 그런데 현실과 이상은 너무나 달랐다. 한발 떨어져서 봤을 때 그렇게 평화롭고 아름다웠던 성직자 생활이 막상 자신의 생활로 다가오자 구속이 되었고 뛰쳐나가고 싶었다. 학기 내내 신학교 안에 갇혀서 공부하고 기도하는 생활이 자신이 그토록 싫어하던 정신병원에서의 생활과 다를 바 없는 것 같았다.

"오랜 방황 끝에 나는 내가 뭘 원하는지 알았다고 생각했습니다. 그건 바로 누구에게도 구속되지 않는 자유였습니다. 난 신에게조차도 구속당하면 반항하는 그런 사람이었습니다."

조슈아는 1년 만에 신학교를 자퇴하고 일반 대학교로 편입을 했다. 전공은 관광과 관련된 특이한 과였다. 공부를 하면서 여러 관광지의 안내원 자격증을 땄고 졸업 후에는 쉽게 취직을 할 수 있었다. 그것도 본인이 원하는 아주 자유로운 분위기의 직장이었다.

"그래서 결국 행복했어요?"

내 질문이 뜻밖이었는지 조슈아는 잠시 침묵을 지켰다. 그러더니 이렇게 대답했다.

"아니요, 잠시 행복했지만 결국 한때더라구요. 다시, 산다는 게 참 힘들어졌습니다. 그냥 빨리 죽고 싶다는 생각을 했어요."

고통에 빠진 조슈아가 스물아홉 살 때, 여섯 살 연상인 여자를 만났는데 그녀가 바로 헬렌이었다. 조슈아에게는 헬렌이 첫 여자였고 첫사랑이었다. 어떤 극적인 계기로 만나게 된 건 아니고 지금 내가 근무하는 병원 로비에서 담당 의사와 테라피스트를 기다리다가 만나게 되었다.

조슈아는 29년 동안 어떤 여자도 눈길이 가지 않았지만 헬렌은 보고만 있어도 가슴이 뛸 정도로 아름다웠다고 했다. 서로 비슷한 시간에 진료가 있어서 그는 병원에 올 때마다 그녀를 볼 수 있었고, 그녀가 보이지 않으면 무슨 일이 있는지 궁금해서 미칠 지경이 됐다. 그런데도 그는 그녀에게 말 한마디 걸지 않았다. 말을 먼저 건넨 건 오히려 헬렌이었다.

"절 왜 그렇게 항상 몰래 쳐다보세요? 불편합니다."

조슈아는 너무나 얼굴이 화끈거렸다. 그런데 자신도 놀라고 말았던 말이 나와버렸다.

"아름다운 당신 잘못입니다."

　그때 헬렌의 테라피스트가 나와서 그녀를 데리고 들어갔고 조슈아는 너무 아쉬워 그날 의사와 무슨 이야기를 나눴는지도 기억 못 할 정도였다. 그런데 운명이란 것은 참 묘하다. 세션을 마치고 나오는 조슈아를 헬렌이 로비에서 기다리고 있었던 것이다. 그날 조슈아와 헬렌은 병원 근처 스타벅스에서 커피를 마시며 오래된 친구처럼 편하게 서로의 이야기를 나눴다. 두 사람 다 자신들의 내면을 과장하는 부류가 아니었다. 조슈아 말에 의하면 누가 먼저랄 것도 없이 서로에 대해 스펀지가 물을 흡수하듯 그렇게 자연스러워질 수 있었고 잘 알 수 있게 됐다.

　그날 이후부터 두 사람은 병원에서 만나 치료를 받고 스타벅스에 가서 이야기를 나누는 것이 일상이 되었다. 그러나 관계는 이상하게도 엇박자였다. 조슈아는 헬렌과 이성으로서 데이트를 하고 싶었지만 헬렌이 친구관계 이상을 원하지 않았다. 조슈아는 헬렌의 예전 남자친구인 티모시 이야기도 알고 있었다. 그래서 더욱 자신과의 데이트를 강요할 수가 없었다. 티모시한테 했던 것처럼 아예 자신과의 관계를 단절할까 두려웠기 때문이었다. 하지만 그런 관계도 헬렌이 죽기 전까지 5년여 동안은 괜찮았다고 했다. 자신에게는 세상에서 가장 아끼는 친구가 생긴 거였고 그녀 덕분에 외롭지 않았으며 인생에서 처음으로 행복이 뭔지 알 수 있었다고 했다.

헬렌과 티모시와 조슈아

헬렌이 살아 있을 때 티모시와 조슈아 두 사람은 세 번 마주친 적이 있었다. 두 사람 다 헬렌의 주변을 맴돌곤 했었으니 마주쳤던 게 꼭 우연만은 아닌 것 같다. 한번은 조슈아가 부모님이 함께 살고 있는 헬렌의 집에서 차를 마시고 있는데 티모시가 꽃다발을 들고 찾아왔고, 헬렌은 꽃을 받지도 않고 돌아가라며 차갑게 뿌리쳤다. 티모시가 자신을 빨리 포기해주기를 원해서였다. 그리고 순간적으로 헬렌은 조슈아를 이용했다.

"내가 결혼할 사람이 여기 와 있어요."

티모시는 그 말을 믿을 수가 없었다. 그때였다. 거실에서 두 사람의 이야기를 다 듣고 있던 조슈아가 현관문을 활짝 밀치고 헬렌의 옆에 섰다.

"내 이름은 조슈아요. 내가 헬렌의 약혼자입니다. 당신이 누구인지 잘 아는데 이제는 포기했으면 합니다."

충격을 받은 티모시는 아무 말도 못 하고 어깨를 축 늘어뜨리며 돌아갔다. 티모시가 돌아가자 더 상심한 것은 헬렌이었다. 조슈아의 눈에 헬렌이 그렇게 슬퍼하는 모습은 처음이었다.

"티모시를 무척 사랑하시는군요."

조슈아의 말에 헬렌은 아무 답을 하지 않았다. 침묵이 흐르고 있었고 거실 테이블에 놓인 차는 식어서 김도 나지 않았다.

조슈아는 그날, 아마도 제일 충격을 받았던 사람은 자신이었을 거라고 했다. 헬렌이 자기를 정말로 친구 이상으로는 생각하지 않는다는 사실, 그래서 다른 사람의 마음을 돌리기 위해 자신을 약혼자로 둔갑시킬 수 있었

조슈아는 생각했다. '그녀는 티모시를 사랑한다.'

다는 사실, 무엇보다도 헬렌은 티모시를 너무나 사랑한다는 사실……. 그 자리에 있었던 게 그는 너무 힘들었다고 했다.

헬렌의 투병

어느 날 헬렌이 피를 토했다. 조슈아는 너무나 놀라 병원에 데려가려고 했지만 헬렌이 고집을 부렸다. 자신의 병은 이미 잘 알고 있고 병원에 갈 일이 아니라고 했다. 걱정이 돼서 헬렌의 부모에게 전화를 했을 때에야 무 슨 일인지 알 수 있었다. 헬렌은 암 투병 중이었다. 이미 심하게 암세포가 퍼져서 그저 여생을 마음 편히 보냈으면 하는 게 남은 바람이라 했다.

조슈아는 분노가 치밀어올랐다. 헬렌과 친구로만 지내야 하는 것도 참 아왔고 졸지에 티모시 앞에서 그녀의 약혼자로 이용당하는 것도 참았다. 그런데 이번에는 도저히 견딜 수가 없었다. 좋은 친구로만 여긴 것도 좋 다. 하지만 그녀는 자신에게 최소한 친구로서의 예의도 지키지 않았다는 생각이 들었다. 그는 한동안 분노 때문에 헬렌에게 아무 연락을 할 수가 없었다.

그런데 조슈아의 집에 헬렌이 나타난 것이었다. 조슈아는 헬렌을 보자 마자 복잡한 감정을 가눌 수 없었다. 사랑, 우정, 분노, 안타까움, 슬픔…… 그리고 눈물 같은 것들이 엉켜버렸다. 그동안 서운했던 감정들을 말하려고 하자 헬렌이 입을 막았다. 그리고는 상상만 하던 그런 꿈같은 일이 벌어졌 다. 갑자기 헬렌이 실오라기 하나 걸치지 않고 그의 앞에서 옷을 벗은 것이다. 조슈아는 그녀를 껴안았다. 그리고 꿈같은 하루가 지나갔다.

"믿을지 모르겠지만 나는 그녀가 정말 처음이었습니다. 그리고 지금까지도 그녀가 마지막입니다. 그녀가 왜 그랬는지 복잡하게 생각하지 않겠습니다. 내 앞에서 옷을 벗은 그녀가 한없이 고마울 뿐이었습니다. 저의 서운함은 그 순간 다 풀렸습니다. 생각해보면 그녀는 내게 줄 것이 아무것도

헬렌이 줄 수 있는 것은 그녀의 몸뿐이었다. 조슈아는 그녀를 힘껏 안았다.

없었다고 생각한 모양입니다. 그래서 줄 수 있는 모든 것을, 암으로 죽어가는 자신의 몸을 선물로 줬던 겁니다."

그 일이 있고 난 며칠 후 헬렌은 병원으로 들어갔다. 그녀의 부모님 외엔 아무도 그녀를 만날 수 없었고 그녀 또한 사람들과 만나려고 하지 않았다. 고통은 더욱 심해졌고 자리에서 잘 일어나지 못해 대소변까지 다른 사람이 받아줘야 했다. 그녀 부모님 말에 의하면 그녀는 매일 예수의 환상을 만나며 대화를 나누고 위안을 받았다고 했다. 그녀의 부모님과 조슈아는 그 말을 믿었다. 그녀의 테라피스트는 그녀가 원래 그런 정신분열적인 환상이 있었지만 그런 환상은 오히려 그녀에게 잘된 일이라고 했다. 그렇게 투병을 하다가 헬렌은 2년 전 세상을 떠났다.

두 남자의 사랑

장례식에 다녀온 조슈아는 거의 식물인간 같았다. 먹지도 않고 자지도 않고 그냥 멍하니 있었다. 결국 헬렌의 생일날 나는 조슈아가 자신이 그토록 싫어하던 감금정신병원에 제 발로 찾아가 입원한 사실을 알고 안도할 수 있었다. 그 자신이 그렇게 하지 않았어도 아마 내가 그렇게 했을 것이다. 앞서 말했지만 그날 티모시도 같은 병원에 실려왔다. 죽은 헬렌을 사랑했던 두 사람이 이제는 같은 병원에 입원한 것이다. 조슈아는 이렇게 말했다.

"죽을 것 같았는데 티모시와 함께 있던 병원에서의 일주일은 내게 많은 위안이 되었습니다. 난 티모시에게 헬렌이 티모시를 얼마나 사랑했는지 말해줬습니다. 나는 헬렌을 사랑했지만 그녀에게 난 친한 친구였을 뿐이라는 것도 말해줬습니다."

티모시는 처음에 조슈아와 말하는 걸 꺼렸지만 다음날 조슈아의 방으로 찾아와서는 이런 말을 했다고 한다.

"헬렌도 당신을 사랑했습니다. 나는 그녀 곁에 머물지 못했지만 당신은 그래도 함께할 수 있었으니 말이오. 그녀는 사랑하는 사람을 멀리한단 말입니다. 무슨 말인지 알겠습니까? 당신을 얼마나 사랑했기에 내치지조차 못했는지……. 함께 있게 해줬다고 그걸 우정으로 착각하는 건 그녀에 대한 모욕이오."

그 말을 듣는 순간 조슈아는 어지러웠다. 그리고 이렇게 병원에서 티모시와 함께 있는 게 우연이 아니라는 생각이 들었다. 티모시 또한 같은 생각을 했다고 한다. 두 사람은 병원에 있는 일주일 내내 헬렌 이야기를 하며 울고 웃고 떠들었다. 두 사람은 한 여인으로 인해 괴로웠고, 그 여인으로 인해 인연을 맺었다. 그리고 두 남자는 서로로 인해 치유되고 있었다.

남겨진 이야기

2년의 시간이 흘렀지만 본래 가지고 있던 조슈아의 조울증은 지금까지 차도가 없다. 어찌된 것인지 조슈아는, 자신에게는 정신과 약이 절대 맞지 않는다는 믿음이 있어 오래전에 약을 끊은 상태이다. 심한 분열증적인 증상이 있는 것도 아니고 전혀 위험하지 않게 사회생활도 멀쩡히 하고 있으니 약을 먹으라고 강요할 방법도 없다.

조슈아는 한 달에 최소한 두 번 정도는 헬렌 이야기를 하며 세션 Session 내내 울다가 간다. 어느 날은 화가 머리끝까지 나서 그의 가족들에 대한 험담을 퍼붓고 간다. 그러다가도 그 다음주에는 조증 상태로 와서는 희망찬 미래와 자신의 긍정적인 능력들에 대해 자랑을 늘어놓고 간다. 헬렌이 묻힌 공동묘지에는 최소한 일주일에 한 번씩 거르지 않고 간다. 가끔 거기서 티모시를 우연히 만나기도 하고 경쟁적으로 그녀의 묘지석 앞을 꽃으로 장식하기도 한다.

그의 조울증 증세는 지금까지 큰 차도를 보이지 않았지만 지난 2년간을 돌이켜보면 큰 변화가 있었다. 그는 지금 자신이 우울증 상태인지 조증 상태인지를 확실히 분간할 줄 안다. 다르게 말하면 훨씬 이성적으로 변했다. 그리고 나는 항상 조슈아에 대해서 안심을 하는 구석이 있다. 바로 헬렌 때문이다. 헬렌 때문에라도 그가 계속 노력할 거라는 사실, 그래서 자신을 해치는 일은 없을 거라는 어떤 확신 같은 것이 있다. 그러고 보면 그 말이 맞는 것 같다. 조슈아는 헬렌이 지켜주고 있다.

티모시에 대해서는 조슈아만큼 쓸 것이 없다. 우선 내 환자가 아니기 때문이다. 동료 테라피스트에게 들은 바로는 헬렌의 죽음 이후 그는 삶의 의욕과 에너지를 거의 잃었다고 한다. 학교에 출근했다가 헬렌이 잠든 공동묘지에 가서 인사를 하고 대화를 하는 것이 일상이며 나머지 시간은 자신의 독신 아파트에 들어가 다음날까지 나오지 않는다고 한다. 그나마 요즘은 집에 틀어박혀서 뭔가를 하기 시작했다는데 기가 막히게도 그 일이 헬렌이 태어난 나바호 인디언 마을을 지도로 찾아보며, 그들의 전통 공예품을 만드는 것이었다.

왜 사랑은 소유가 아닌가

조슈아는 그 스스로 말한 대로 헬렌에게 큰 선물을 받았다. 그러나 티모시는?

내가 지금까지 살아온 날이 많지는 않지만 나름대로는 많은 사랑 이야기들을 접했던 것 같다. 극단적인 사랑 이야기는 드라마나 책을 통해서 많이 보고 들었다. 그러나 그 사랑이 아무리 지독하다 해도 이별의 아픔은 시간이 아물게 해줬다. 이별의 순간이 너무 힘들어도 1년, 2년이 지나면 사랑의 당사자들은 다른 사람과 사랑에 빠지거나 과거를 추억하는 여유도 가지는 것 같았다.

그런데 티모시처럼 정리는커녕 더 뜨거워져서 10년이 넘도록 한 여자만 바라보는 경우는 달리 할 말이 없다. 헬렌이 사망할 때까지 계산하면 14년이고 지금까지 하면 16년이다. 티모시는 동기 유발이 되지 않아 하던 공부를 멈췄지만 정식 교사가 되어 고등학교에 취직했다. 하지만 누구와도 결혼을 하지 않았고 41세인 지금까지도 혼자 지내고 있다.

이것을 누군가는 집착이라고 표현할지도 모른다. 그러나 집착 없는 사랑이 또 어디 있을까? '사랑은 소유가 아니다' 라는 말은 참 시답지 않은 말이다. 우리는 좀 솔직해질 필요가 있다. 사랑하는데 왜 소유하고 싶지 않겠는가? 그래서 나는 티모시의 그 오랜 집착이 오히려 존경스럽고 경외롭다. 티모시의 테라피스트는 티모시를 정상적인 사회인으로 만들겠다는 목표를 가지고 치료 중이다. 그 의지가 그대로 실현되기를 동료로서 희망한다.

어쨌든 나는 사랑에 대해 잘 모르지만 조슈아와 티모시 그리고 헬렌이 너무 아름다워 보인다. 그리고 이들은 실제로도 착하고 선한 사람들이다. 오히려 선해서 이렇게 집착하고 상처를 받는지도 모를 일이다. 그런데 나는 궁금했다. 티모시도 그렇고 조슈아도 도대체 헬렌에게 어떤 매력이 있었기에 그녀를 그토록 사랑하는 걸까? 조슈아는 이렇게 말했다.

"치료능력Healing Power이라는 말 들어봤죠? 논리적으로 설명할 수 없는 그런 치료능력이 있는 사람들이 있어요. 헬렌은 함께 있기만 해도 사람을 행복하게 하는 그런 여자였어요."

나는 조슈아의 설명을 듣고도 잘 이해가 되지 않아 나중에 헬렌의 테라피스트에게 같은 질문을 하며 물어본 적이 있었다. 헬렌의 테라피스트였던 모니카는 웃으며 이렇게 말했다.

"뭐, 남녀 간의 감정을 논리로 이해하려고 그래? 내 남편은 만날 때부터 지저분했는데 난 지금도 그 발 냄새까지 사랑스러워서 흥분되더라."

상담학과 심리학이 더 발달해서 '연애 감정'과 그로 인한 '상처'에 대해 하나의 학문이나 분야로 정립했으면 좋겠다. 그러한 화제처럼 만국 공통적이면서 시대 초월적인 주제가 또 어디 있을까.

어릴 적, 처음 이성에 눈을 떠 누군가를 사랑하게 되었을 때의 그 느낌을 모두 기억할 것이다. 그때의 떨렸던 심장, 외롭고 쓸쓸했던 마음, 누군가 툭 건드리기만 하면 울음이 터질 것 같던 그때 그 시절의 감정들. 우리는 불현듯 찾아온 그 감정에 얼마나 당황하고 힘겨워했던가. 아무리 많은 경험을 했던 자라도 사랑의 감정에는 당해내지 못한다. 사랑의 감정이 폭풍처럼 지나간 뒤에도, 시간이 지나면 또 누군가를 사랑하게 되고, 다시 커다란 상처에 괴로워한다. 그 중요하고 일반적인 삶의 과정을 심리학에서 좀더 세심하게 학문적인 연구를 통해 구분하고, 그로 인해 파생될 수 있는 상처들을 보듬어줄 수 있는 상담법을 발전시키고 정립할 수 없는지 종종 생각해본다.

모두들 알겠지만 이 사랑의 홍역을 잘 견디고 극복한 사람은 더 깊어지고 성숙한 삶을 살아가기도 하며, 그게 상처가 된 사람은 그 정도에 따라 한동안 방황을 하거나 오랜 시간 자기 파멸의 길로 들어서기도 한다.

비록 병원에서 정신분열증 같은 수많은 중증 환자들을 치료하고 있지만 퇴근 후 내 개인 클리닉으로 연락이 오는 분들의 대부분은 그 증상이 병원의 환자들과는 다르다. 삶에서 겪은 스트레스 때문에 오는 분들이 많다. 그런데 증상들을 보면 연애와 관련한 스트레스나 헤어짐 등으로 생겨나는 경우가 절반 이상이다. 그리고 그런 분들이 올 때마다 나는 참 난감하다. 내가 트레이닝을 받은 테라피스트라고 하지만 이런 토픽은 많은 사람들을 만나면서 경험한 것 외에는 체계적으로 배운 적이 없기 때문이다.

그래서 혹 어떤 심리학자가 이미 모든 분야의 이론적 기반이 성립되었다는 말을 하면 절대로 동의할 수가 없다. 경험으로 말하건대 정신 분야 학문들이 깊이 있게 다루지 않거나 부족한 부분은 내가 지금까지 이야기했던 그 부분만이 아니다. '인격 장애' 부분은 개념은 잘 잡혀 있지만 치료법들이 그들을 돕기에는 아직 요원하다. 그건 각 나라의 환경과 역사, 민족의 특성에서 기인하는 수많은 특이한 스트레스나 증상 부분에서도 마찬가지다.

그런 식으로 생각해보면 심리상담 분야는 치료를 받지 않는 보통 사람들의 고민거리들에 취약한 점이 참 많은 것 같다. 하기야 모든 의학 분야가 그런 점이 있기는 하다. 눈에 보이고 명확한 병에 대해서만 집중을 하고 연구를 하며 치료 방법을 실행에 옮기려 노력한다. 이러저러한 증상이 있으면 나쁘다는 것까지는 알지만 계속 나빠지고 곪아져서 병의 이름이 명확해지기 전까지는 치료의 대상이 되지 못하는 경우가 많다.

그런 연유로 해서 나는 보통 사람들에게 일반적일 수 있는 질문을 받으면 의외로 제대로 된 대답을 해주지 못하는 것 같아 미안하다. 하기야 자기가 속한 어떤 분야가 발달해 있지 않다고 해서 불평만 할 일은 아닌 것 같다.

앞으로 지금까지 논했던 그런 보통 사람들의 수없이 반복되던 질문들과 나의 부족했던 답변들을 요약해보고자 한다. 혹시 내게 질문했던 독자들이 '이건 내 이야기인데……'라고 생각할까 두려워 누군가의 '사연'보다는 어떤 명제를 풀어나가고자 노력할 것이지만 종국에는 '사연'을 이야기해야 하는 경우도 많을 것이다. 그럴 경우에는 항상 하듯이 그 사람의 허락을 먼저 받을 것이고 가명을 쓰며 상황을 바꿈으로써 보호할 것이다. 그러니 내게 아무런 말을 듣지 못했다면 본인의 이야기일 수가 없거니와 단지 많은 사람이 그렇게 느낄 수 있는 보통 사람들의 이야기일 뿐이라는 점을 밝혀둔다.

상처받는 여자들

꼭 그렇지 않다는 연구논문도 있기는 하지만 여자들은 확실히 자신의 감정을 표현하는 데 남자보다는 훨씬 강하다. 개인 클리닉에 찾아오는 클라이언트들의 비율과 상담에 대한 태도를 봐도 알 수 있고 내가 참여하고 있는, 노매드www.nomad21.com의 인터넷 심리 커뮤니티인 '유마여(유목민의 마음 여행)'의 성비를 봐도 쉽게 알 수 있다. 그건 꼭 한국인들에게만 해당하는 문화적인 것이 아니다. 정도는 약하지만 미국인들에게서도 마찬가지 성향을 볼 수 있다.

그래서 그런 점이 있는 것 같다. 바람둥이 여자 때문에 상처받은 남자들의 고민을 듣는 일보다 카사노바 같은 남자들 때문에 상처받은 여자들의 이야기를 훨씬 많이 듣게 된다. 그런데 그것은 위에서 말했던 '표현하지 않는' 남자들의 심리에 기인한 점이 크니 대부분의 가해자는 남자들이라는 편견에 빠지지 않았으면 좋겠다.

한 남자를 진심으로 사랑했는데 알고 보니 그 남자가 유부남이었다든지 다른 여자가 있었다든지 하는 슬픈 이야기들이 있다. 그런 이야기들이 진부하다며 웃음거리로 삼는 사람들도 보았지만 이야기를 직접 듣는 나는 정말로 슬프다. 한 사람을 믿고 진심으로 사랑해서 행복했던 사람이 감당하고 느껴야 할 그 상처의 깊이는 헤아릴 수 없이 깊다. 그 상처의 깊이에 함께 몰입을 하다보면 가슴이 탁 막혀오는 게 느껴지기도 한다. 그런데 이런 일들이 우리 주변에는 얼마나 많이 일어나고 있는가.

또 흔히 볼 수 있는 이런 일들도 있다. 별다른 문제없이 잘 사귀어오던 남자가 어느 날 이런저런 이해할 수 없는 핑계를 대면서 자신과 헤어지려고 발버둥을 치다가 떨어져나가는 경우. 이 경우에 남자들은 기가 막힌 시나리오를 짜서 이별을 고하는 자신이 나쁜 사람이 되지 않기 위해 애를 쓴다.

예전에 김선아 주연의 〈S 다이어리〉란 영화를 보면서 남자와 여자의 심리를 참 잘 표현했다는 생각을 했다. 영화에서 김선아가 연기한 지니는 계속 진심으로 사랑했다고 생각했던 남자들에게 당한다. 분명히 그 남자들도 자신을 사랑했다고 믿었는데 이상하게도 남자들은 매번 약간의 시간이 지나면 지니에게 이별을 고한다. 결국 사랑을 믿지 않게 된 그녀는 복수심에 불타오르게 되고 자신을 찼던 세 남자에게 복수를 결심하면서 예전의 남자 친구들을 끊임없이 괴롭힌다. 결국 참을 수 없었던 남자들은 그녀가 원했던 대로 그녀에게 돈을 지불해줌으로써 정신적인 보상을 한다. 특히 엔딩 장면이 참 인상적이었다. 지니는 예전의 남자들을 괴롭힐 만큼 괴롭힌 다음 금전적인 보상까지 받았지만 오히려 더욱 우울해진다. 결국 자신의 마음을 추스리지 못한 그녀는 받은 돈을 그 남자들에게 다시 돌려준다.

편지와 함께 돈을 돌려받은 남자들은 김선아와의 예전 일들을 생각한다. 그런데 그 부분들이 참 재미있다. 그 장면들은 모두 그녀와 한창 사귈 때가 아니라 사귀기 직전의 일들이다. 그녀의 첫사랑이었던 신부님의 회상 장면을 보자. 신부님은 당시에 신학생이었고 김선아는 반듯해 보이는 신앙심 깊은 여자였다. 어느 날 그녀는 성당에 홀로 앉아 열심히 기도를 하고 있었고 그 기도하는 모습을 신학생이 몰래 바라보며 미소를 짓고 있다. 신부

남자가 헤어지려 할 때…… 그 많은 이해할 수 없
는 핑계들……

님 이외의 다른 남자들도 그런 좋은 기억들을 생각하며 영화는 끝난다. 그
러니까 그녀를 찼던 세 명의 남자들에게도 한때나마 진심이 있었고 그녀에
대한 좋은 추억을 갖고 있었다는 것을 암시하는 장면이었다. 로맨틱 코미디
이기는 하지만 남자와 여자에 대해 생각할 부분이 참 많은 좋은 영화였다.

　남자는 호감 가는 여자가 자신의 가시권에 들어왔을 때 열정에 불탄다.
주로 남자가 먼저 손을 잡고 키스를 한다. 이후 성관계를 맺으며 서로가 훨
씬 편해지는 사이가 된다. 그런데 여기서 이상한 남녀 차이를 많이 본다. 남
자는 몸이 친해지는 걸 반복할수록 열정이 줄어들고 여자는 사랑과 열정이

더욱 높아만 간다. 〈S 다이어리〉에서 착하고 모든 걸 다 주는 김선아와 남자들은 왜 매번 이별하고 싶었을까? 모두들 그럴듯한 변명들이 있었지만 사실 답은 하나인 것 같다. 바로 남자들의 '싫증'이었다. 열정이 더욱 커진 김선아의 상처와 충격은 클 수밖에 없었다. 이미 없어진 열정으로 그들은 힘들어하다가 결국 상대방에게 깊은 상처를 주며 헤어지게 되는 것이다.

그런데 이러한 연애 심리의 남녀 차이를 일반화시키기에는 무리가 있다. 바로 위 단락에서 이야기했던 그러한 차이가 또 180도 다른 양상으로 나타나는 것을 자주 보기 때문이다. 오히려 시간이 지나도 몸과 마음이 함께 가까워져서 그 사랑이 더욱 깊어지고 무사히 결혼까지 골인하는 그런 남자들 말이다. 그러니까 내가 보건대 세상에는 〈S 다이어리〉에 등장하는 그런 남자들만 있지는 않다. 깊은 상처를 받은 후에는 다시 누군가를 만나지 못할 것 같은 생각이 들고 그런 에너지조차도 더이상 존재하지 않을 듯한 느낌이 들겠지만, 누군가 좋은 느낌이 드는 사람은 반드시 또 나타나게 되고 또 그때 느꼈던 그러한 열정도 다시 생기게 된다.

가끔 신기한 것도 많이 보게 되는데 바로 이런 경우들이다. 한 여자의 상처가 어느 정도 무뎌지고 느낌이 좋은 다른 남자를 만나기 시작했는데, 새 남자친구가 자신에게 상처를 줬던 '그놈'과 많이 닮은 사람이라는 것을 알게 된 것이다. 그런데 여기서 더 상담을 해보면 그 남자들이 사실은 자신의 아버지와 또 닮아 있는 것이 아닌가.

결국 그녀는 부모와의 관계 속에서 또 예전에 힘들었던 그 남자와의 경험 속에서 자신도 모르게 그런 스타일의 남자들만 만나면 마음이 끌려버리는 자신을 발견하게 된다. 이런 '마음 끌림'이라는 것은 부모를 증오했다거나 반대로 너무나 사랑했다거나 하는 것과 별 관계가 없다. 신기하게도 나중에 보고 있으면 어딘지 모르게 내 배우자가 부모와 닮은 데가 있는 걸 알게 되고 놀란다. 부모와는 극단적으로 다른 상대를 배우자로 선택하는 사람들 또한 많기는 하다. 이런 경우는 부모에게 받지 못한 어떤 것을 보상받고자 하는 심리 때문에 그 배우자에게 끌린 경우다. 결국 내가 원하든 원하지 않든 여자이건 남자이건 자신이 함께 살아온 부모와의 관계가 나중에 상대에 대한 '마음 끌림'에 많은 영향을 미친다.

하여튼 그녀는 그러한 자신의 내면을 들여다보면서 한 가지를 깨닫게 된다. 자신은 상처받을 것을 미리 알면서도 그런 남자들을 사랑했었다는 것을 말이다. 이성적인 머리에 충실하지 않고 마음에만 충실했다는 사실을 말이다. 결국 그녀는 이런 말을 한다.

"그 남자들 잘못이 아닙니다. 모두가 제 탓이었습니다. 알고 보니 그동안 내게 상처를 준 사람은 바로 나 자신이었습니다."

그런데 그건 내가 절대로 원하던 말이 아니었다. 그녀가 상처를 받은 게 어떻게 해서 모두 그녀의 잘못인가. 이른바 바람둥이 남자들은 사랑보다는 자신들의 본능에 더 충실하다. 그리고 그들은 온갖 기교를 부리며 여자의 마음을 움직이게 할 수 있는 능력과 재주가 있다. 많은 경우에는 재력과 잘생긴 외모까지 겸비하고 있다. 마치 최면에 걸리듯 꾐에 빠져버리고 그 사람을 사랑하게 되는 건 어찌 보면 당연하다. 정상적이고 건강한 여자이기 때문에 그런 최면에 넘어갔던 것이다. 남자들이 자신을 유혹하는 멋지고 매력적인 여자에게 쉽게 빠져드는 것과 같은 이치다. 물론 여기서 이야기하는 매력이라는 것은 사람마다 다른 면이 있기는 하다.

나는 상처받은 여자들과 이런 식으로 상담을 한다.

1. 현재 임상적으로 우울증 증세가 얼마나 심각한지 먼저 점검한다. 우울증 증세가 심하면 치료를 시작한다(앞으로 나올 글들에서 우울증 이야기와 치료과정들을 여러 번 이야기했으니 반복하지는 않겠다).
2. 자신을 비난할 필요가 없다는 것과 그 이유를 논리적으로 그리고 끈질기게 주지시킨다.
3. 지금의 고통스런 순간이 지나면 다시 사랑할 수 있고 더 좋은 사람과의 새로운 시작이 기다리고 있음을 종종 이야기해준다(정말 내 클라이언트들 모두 다시 새로운 사랑을 시작했다. 언제는 다시 사랑하지 못할 것

같다며?).

4. 이런저런 남자는 앞으로 마음이 끌려도 피해야 하며 애인과의 관계는 서로 공정해야 한다는 사실에 대해 여러 번 토의한다.

5. 울고 싶어하면 되도록 많이 울 수 있도록 편안하게 유도한다.

남자나 여자나 이런 일로 상처받은 사람에게는 결국 시간이 약이라는 건 다들 알고 있다. 그런데 세상을 모두 잃은 것 같은 이 힘든 시간의 고통을 어떻게 줄여줄 수 있을까, 그리고 또 비슷한 종류의 사람과 실수를 반복하지 않도록 어떻게 도와줄 수 있을까, 그런 부분에 대해서 많은 생각을 한다.

그런데 내가 생각하기에 남녀관계에서 알아두어야 할 매우 중요한 것이 있는데, 그 점을 상담시간에 이야기해본 적이 없다. 말하기에 참 쑥스럽기도 하고 이성적으로 풀어나가야 할 사람관계를 너무 본능적인 혹은 동물적인 부분부터 시작해서 풀어나가기에는 적합하지 않은─그런 이야기를 할 수 없는─분위기의 세션들이 많아서였다.

나는 이 세상에 태어나지 말았어야 했을까요?

난감한 스타일과의 만남

추억을 브리핑하는 남자

내 나이가 어느덧 오십입니다. 부유한 백인 가정에서 태어났지만 어릴 때부터 행복하지 못했습니다. 특히 아버지와의 기억이 괴롭습니다. 형과 누나가 있었는데 그들은 아버지와 관계가 괜찮았습니다. 그런데 저는 뭔가 남자다운 마초 근성을 강조하는 아버지를 항상 증오했었습니다. 남자다움 이라는 게 뭘까요? 저는 지금도 그 말을 제일 싫어합니다. 열두 살 때까지 엄한 아버지를 증오하면서도 아버지가 시키는 대로 하면서 자랐습니다. 하기 싫은 운동을 얼마나 많이 했는지 모릅니다. 캠핑을 가서 모험을 하는 프로그램에는 또 얼마나 많이 참가했던지……. 아마 그런 경험들이 나중에 군대를 가게 된 계기가 되었는지도 모릅니다.

싫어했으면서 왜 시키는 대로 했냐구요? 아버지를 두려워했습니다. 그리고 당신도 알겠지만 어린이들은 결국 엄한 부모가 시키는 대로 합니다. 내가 열두 살 때, 그때가 내 인생의 엄청난 전환점이었습니다. 아버지가 병으로 죽었습니다. 온 가족이 슬픔에 쌓여 있었지만, 그날은 지금 생각해도 내가 느꼈던 가장 행복한 날 중의 하루였습니다. 이제 집에서 남자다워지라며 내게 압력을 넣을 사람은 없었습니다. 내 기쁨에 대한 죄의식이요? 전혀 없었습니다. 그만큼 아버지가 싫었습니다. 그런데…… 그날 아버지보다 더 싫은 인간이 생기게 될 줄이야 누가 알았겠습니까. 왜 삶은 공정하지 않은 걸까요? 왜 어떤 사람들에게는 재수 없고 상상하기도 힘들었던 일들이 반복해서 일어나냐 이겁니다.

지난 삼십 년 동안 정신치료를 받아왔습니다. 어떤 테라피스트들은 다 너의 생각과 삶의 태도에 달려 있다는 말을 해서 내가 소리를 지르며 뛰쳐나온 적이 여러 번 있습니다. 그 테라피스트들 제정신입니까? 잘 살기 싫어하는 사람이 어디 있답니까? 생각이 바르지 못한 사람에게는 재수 없는 일도 따라다닌다 이겁니까?

이제부터 당신에게 내 인생의 가장 고달팠던 트라우마에 대해 이야기하겠습니다. 첫 세션부터 이렇게 모든 걸 말할 수 있는 이유는 나도 이제 한 명의 테라피스트에게 정착을 하고 싶기 때문입니다. 삶이 너무 고달프고 힘이 듭니다. 새 테라피스트를 만날 때마다 내 과거를 캐내려고 안간힘을 쓰는 모습들이 나는 싫었습니다. 그거 얼마나 시간 낭비입니까? 내 오늘 모든 이야기를 할 테니 놓치지 말고 듣기 바랍니다.

"나는 아버지가 싫었습니다. 아버지는 제게 남자다워지라고 강요했거든요."

시간은 하염없이 날아갑니다. 고통으로 점철된 내 과거를 말할 때마다 마치 꿈을 꾸는 것처럼 몽롱하기도 합니다. 어떤 때는 내가 그 고통들을 그리워하고 있는 듯한 착각이 들기도 합니다.

반복된 드라우마

내가 열두 살 때, 그렇게 증오하던 아버지가 죽은 날 나는 기뻤다고 말했습니다. 난 이제 해방되는 것이었습니다. 그런데 평소에 나를 따뜻하게 대해주던 이웃집 아저씨가 내 앞에 나타나서 이렇게 말했습니다.

"괜찮아. 이제부터는 내가 네 아버지다. 널 항상 보호해주마."

나는 키가 작았고 성장이 또래에 비해 늦었습니다. 이웃집 아저씨가 날 강간했을 때 뛰쳐나가지를 못했습니다. 비디오카메라까지 놓고 완전 변태 짓을 했습니다. 나중에 안 일인데 그의 성적 취향은 참 독특했습니다. 여자에게 끌리는 것도 아니고 남자에게 끌리는 것도 아니었습니다. 사춘기가 오기 직전의 남자 아이, 거기다가 여성의 기질이 있는 그런 남자 아이여야만 했습니다. 그러니까 내가 그에게는 일종의 이상형이었던 겁니다.

관계가 그렇게 4년 정도 지속되었습니다. 내가 열여섯 살이 되던 해에 그가 나를 내쳤습니다. 내 몸에 털이 나기 시작해서 더이상 끌리지 않는다더군요. 왜 4년 동안 관계를 유지했느냐는 질문은 하지 않는 게 좋을 겁니다. 날 돌게 만들거든요. 이렇게만 이야기하죠. 그때는 도저히 빠져나갈 수가 없었습니다. 내가 마약을 시작한 것도 그 인간과 헤어지고 난 뒤부터입니다. 아주 열심히 마약을 했습니다. 그 달콤한 기분에 빠져보면 누구도 헤어나오질 못합니다. 마약 살 돈은 있었습니다. 그에게 받은 돈도 있고 어머니가 주는 용돈도 있고 훔치기도 했습니다.

어머니를 생각하면 가슴이 아픕니다. 마약 하라고 자식에게 돈을 줘야 하는 그 마음을 알겠습니까? 왜 그랬냐구요? 그때는 어떤 치료도 상상할 수 없었습니다. 내가 비협조적이었거든요. 날 치료하겠다고 가족 중에 누가 나서면 다 죽여버릴 작정이었습니다. 결국 돈을 빼앗고 훔치다가 경찰서에 잡혀들어가곤 했습니다. 그런데 그 경찰 놈들도 얼마나 웃긴지 알아요? 한 백 번 훔치면 한두 번 잡힐까 말까입니다. 내 뭐가 무서운 게 있었겠습니까? 어머니는 그러지 말라고 내게 돈을 줬습니다.

나처럼 사는 사람들은 다들 심각한 우울증을 경험합니다. 마약과 알코올이 그런 역할을 합니다. 난 이 세상에 있는 모든 마약들을 경험해봤습니다. 마약이 없으면 술을 미친 듯 마셨습니다. 열여덟 살 때는 자살을 시도했습니다. 여기서 왜 그랬느냐는 질문은 하지 마세요. 평소와 비교해 별다른 일이 있었던 건 아닙니다. 그냥 죽고 싶어서 술과 함께 가지고 있던 마약을 한꺼번에 다 복용했습니다. 그때 병원에 실려간 다음 처음으로 정신치료가 시작된 것입니다. 그런데 길게 입원을 하지는 않았고 퇴원 후에 통근치료를 받았습니다. 아직 젊어서 그랬는지 몸은 빠르게 회복되어갔습니다. 나는 그때 잠깐 마약과 술을 끊었습니다. 몸이 너무 약해져서 그런지 약 때문인지는 모르겠는데 마약이나 술 생각하면 구토가 나더라구요.

몸이 회복되고 나서도 약은 계속 받아먹었습니다. 그리고 열아홉인가 스물인가에 육군에 자원입대를 했습니다. 딱히 할 일이 없었습니다. 군에 가면 규칙적인 생활을 하면서 이제 좀 잘 살아보자 하는 마음이 있었습니다. 그런데 군대는 내게 지옥이었습니다. 그토록 증오하던 아버지의 모습들이 그곳에는 수도 없이 많아서 나를 숨 막히게 하는 거 아니겠습니까. 당연히 나의 일탈 행동이 시작됐습니다. 술 먹고 연애하고 반항하다가 군에서 운영하는 정신병원에 보내졌습니다. 그리고 제대했습니다. 군에서 한 일 년 남짓 있었던 것 같습니다.

호르몬 약에 담긴 정체성

자, 이제 내 정체성Identity에 대해서 말할 차례인 것 같습니다. 난 아주 어릴 때부터 여자들과 더 친하게 지냈습니다. 짓궂은 남자 아이들과는 어울리는 것 자체가 너무 불편했습니다. 어릴 때부터 장난감은 누나가 가지고 있는 인형 같은 걸 좋아했습니다. 마초 근성이 강한 아버지는 이런 나를 용납할 수가 없었을 겁니다. 그는 나를 유난스럽게도 힘들게 했습니다. 그렇게 한다고 내 성향이 억지로 바뀌는 게 아닙니다. 오히려 아버지가 그럴수록 남자보다는 여자에게 더 편안함을 느꼈습니다. 나이가 들어갈수록 그런 생각은 주체 못 할 만큼 강렬해졌고 난 아예 여자가 되고 싶었습니다. 내가 처음부터 여자로 태어났다면 얼마나 좋았겠습니까. 그렇게 태어나지 못한 게 어찌 보면 모든 고통의 원인일 수도 있습니다.

90년대 초반인가부터 여성호르몬제를 몸에 투여하기 시작했습니다. 여성이 돼가는 내 모습과 목소리 때문에 처음으로 행복을 느꼈습니다. 아마 그 호르몬제를 평생 맞아야 할 것 같습니다. 그런 불편함 정도는 감당할 수 있지만, 문제는 내 성기였습니다. 성기 제거 수술을 받아야 할 텐데 돈이 없었습니다. 그 수술은 보험이 적용되지 않습니다. 이거 하는 데 수만 불의 돈이 들어갑니다. 나는 부유한 집안에서 태어났지만 내 수중에는 아무 재산도 남겨지지 않았습니다. 그게 어떻게 된 일인지 설명하겠습니다.

어머니의 죽음과 마리화나의 연기

어머니는 세상에서 유일하게 나를 사랑한 사람입니다. 죽는 순간까지 말입니다. 군대의 정신병원을 나와서 내가 뭘 하며 지냈는 줄 압니까? 다시 마약과 술에 빠져 지냈습니다. 내 몸을 탐내는 남자들에게 몸을 주고 돈을 받았습니다. 그렇게 놀다가 다시 어머니 집으로 쉬러 들어오곤 했습니다.

형과 누나는 이미 다른 곳에 잘 정착했습니다. 참고로 형은 의사이고 누나는 회계사입니다. 나와는 어릴 때부터 별로 말을 하고 지내지 않았습니다. 그들은 항상 나를 부끄럽게 생각했단 말입니다. 그런데 어머니는 달랐습니다. 항상 나를 아껴줬습니다. 모두들 떠나가버린 그 넓은 집에는 나와 어머니 그리고 나중에 내가 데려온 해피라는 이름의 개 한 마리 이렇게 셋이 살았습니다. 생각해봐요. 어머니가 나 때문에 얼마나 속상했겠습니까?

정말 이 말은 하고 싶지 않았지만 오늘만 하겠습니다. 어머니가 병을 얻어 치료를 받았는데 별 성과가 없었습니다. 나중에는 자리에서 일어나지 못해 내가 병수발을 들어야 했습니다. 그런데 내가 그걸 제대로 할 줄 알겠습니까? 누군가 도와줄 사람을 찾았지만 어머니가 결사반대했습니다. 시간이 흘러서 4년 전에 어머니가 돌아가셨습니다. 숨이 마지막으로 꺼져가는 그 순간에 나와 강아지 해피만이 어머니 곁을 지켰습니다. 그런데 그게 중요한 게 아니란 말입니다. 잘 들어요. 내가 어머니가 임종하는 그 순간 왜 그 짓을 했는지 당신이 분석해줘야 합니다.

어머니는 가쁜 숨을 몰아쉬고 있었고 나는 그 곁에 있었습니다. 그런데 어머니의 숨소리만큼 나의 숨도 탁탁 막혀왔습니다. 도저히 참을 수가 없었습니다. 그래서 마리화나를 어머니가 임종하는 순간 피웠단 말입니다. 숨을 몰아쉬며 눈을 감는 어머니의 눈에서 눈물이 떨어졌습니다. 나 때문이 아니었겠죠? 그렇게 믿고 싶은데 그리 되지 않습니다.

어머니의 죽음 후에 남겨진 집과 다른 재산들은 모두 형과 누나가 가져갔습니다. 나는 아무것도 물려받지 못했습니다. 똑똑한 형과 누나가 재산이 그렇게 되도록 만들어놓았던 겁니다. 그들은 내가 성기 제거 수술을 받을 수 있는 돈조차 남기지 않았습니다. 하기야 내게 재산이 넘어왔었다면 이미 마약과 술에 다 써버리든지 도박으로 날렸든지 했겠지요. 그렇게 된 겁니다. 그래서 나라의 장애인 연금으로 생활하는 나는 도저히 성기 제거 수술을 받을 돈을 구할 수가 없었던 겁니다.

"어머니가 임종하는 순간, 나는 마리화나를 피웠어요."

차라리 달콤했던 경찰과의 술래잡기

내 오십 평생은 법과 경찰과의 술래잡기 싸움이었다고 말할 수 있습니다. 내가 마약 할 돈이 필요해서 좀도둑질을 많이 했어요. 하지만 딱 한 번은 좀 큰일을 했습니다. 차를 훔쳤습니다. 경찰에 잡혔고 나는 감옥에서 6개월인가를 보내다가 정신치료를 열심히 받겠다는 조건으로 풀려났습니다. 그때 처음 테라피스트를 만났어요. 내 과거 이야기를 들은 테라피스트는 나를 범했던 이웃집 아저씨를 당장 경찰에 신고하라고 하더군요. 그가 아직 그곳에 살고 있었거든요.

그때 내가 스물일곱이었으니까 처음 그 사건이 있고 15년 정도가 지난 후였습니다. 난생 처음으로 테라피스트와의 상담을 통해서 점점 용기를 얻어갔습니다. 나중에는 내 발로 경찰에 찾아가 그때의 일에 대해서 신고하는 용기까지 발휘할 수 있었습니다. 그런데 무슨 일이 일어났는지 알아요? 그곳에 있던 경찰들이 나를 조롱했습니다. 경찰들이 하는 말은 이랬습니다.

"네가 하는 말은 믿을 수 없다. 왜 이제서야 고소를 하려고 하느냐? 15년이 흘렀다면서?"
"너도 그 사람과의 관계를 몇 년 동안 즐겼던 거 아니냐? 4년 동안 관계를 맺었다는 게 말이 돼?"
"네 범죄 기록들을 봐라. 우리가 네 말을 믿을 것 같아?"

나는 끓어오르는 분노를 억제할 길이 없었습니다. 경찰은 물론이고 나를 그곳에 가도록 충동질한 테라피스트도 미웠습니다. 그런데 나는 그런 모든 스트레스를 술과 마약과 섹스에 의존하면서 견뎠습니다.

가장 큰 사건은 30대 중반에 있었습니다. 그때 한 5년간 사귀던 남자가 있었는데 나를 참 많이 괴롭혔습니다. 내가 정신적인 혹은 성적인 학대에 쾌감을 느끼는 점도 있었기 때문에 그 남자와 그렇게 오래 지냈다는 사실을 부인하지는 않겠습니다. 그래도 그렇지 시간이 지나면 지날수록 그 남자의 육체적 학대는 도를 넘어서 내 생명까지 위협하는 수준이 되었습니다. 그 때 정신이 들었습니다. 자살 시도도 많이 했으면서 막상 생명의 위협을 느끼자 정신이 들다니 참 아이러니합니다.

나는 경찰을 불렀습니다. 그리고 그 남자와의 사이에서 무슨 일들이 있었고 내가 더이상 왜 그 학대를 견딜 수 없는지에 대해서 설명했습니다. 경찰은 나를 경멸하는 듯한 눈으로 쳐다봤습니다. 그러면서 "그동안 즐겼으면 됐지 고발은 무슨 고발이냐"라고 말하고는 돌아가더군요. 그때 나는 끓어오르는 분노를 참을 수가 없었습니다.

나는 말이죠, 태어나지 말았어야 할 인간입니다. 나는 이 세상에서 해악적인 존재였습니다. 나는 경멸의 대상이었습니다. 나 같은 인간은 법적인 보호를 받을 가치도 없는 인간이었습니다. 마약을 파는 사람에게 총기를 구입했습니다. 그리고 나를 5년간 학대했던 그 남자친구에게 갔습니다. 원래 계획은 그 친구를 죽이고 옛날에 나를 범했던 이웃집 아저씨도 죽이고 마지막으로 나 자신을 죽이는 것이었습니다. 그런데 도저히 방아쇠가 당겨지지 않았습니다. 내가 잠시 한눈을 팔고 있는 사이에 그 남자가 911에 신고를 했더군요. 경찰이 순식간에 그 남자와 내가 있는 집을 에워쌌습니다. 나는 졸지에 인질을 잡고 인질극을 벌이는 상황에 빠지게 된 겁니다. 정말 이런 생각도 했습니다.

'내가 지금 이 남자를 죽여도 나는 어차피 정신치료를 받다가 풀려난다. 내 과거 정신 병력들만으로 충분히 그럴 수 있다.'

다 죽이고 자살하겠다는 생각을 했던 내가, 순간 이렇게 빠져나갈 구멍을 찾더라구요. 역시 나는 참 경멸받아 마땅한 인간이었습니다. 나는 두 손을 들고 경찰에 항복했습니다. 그 남자를 죽였냐구요? 아닙니다. 나는 나를 포함해서 누군가를 죽일 수 있는 사람이 아니라는 걸 순간 확실히 깨달았던 겁니다.

계속 술과 마약 그리고 우울증으로 병원을 내 집처럼 들락거렸습니다. 죽을 수도 없지, 할 수 있는 일도 없지…… 내가 할 일이라는 게 술과 마약, 섹스밖에 더 있겠습니까. 그런데 이제 성욕조차도 거의 다 사라져버린 느낌입니다.

이젠 지쳤습니다. 아까 말했지만 이젠 모든 게 다 꿈같습니다. 요즘엔 비몽사몽간에 자주 어머니가 나타나 나를 부릅니다. 잠을 잘 수가 없습니다.

난감한 스타일과의 만남

토니는 첫 세션 때부터 이렇게 숨이 가쁠 정도로 자신의 이야기를 해나갔다. 이런 모든 이야기를 마치는 데 세 번의 세션이 필요했다. 나는 단 한마디도 놓치지 않기 위해서 집중을 하며 순식간에 노트를 채워나갔다. 그의 이야기는 하도 드라마틱해서 집중을 하기 싫어도 그렇게 됐다. 내가 토니의 인생에서 몇 번째 테라피스트일까?

"한두 번 보다가 그만둔 사람까지 합치면 셀 수 없을 정도로 많지만 그래도 맞는 사람과는 오랫동안 봤습니다. 바로 전 테라피스트와는 그가 은퇴할 때까지 봤으니 한 10년이 됐네요."

나는 그가 예전 테라피스트와는 어떤 성과를 이루었는지 궁금했다.

"이렇게 죽지 않고 살아 있잖아요. 뭐 별거 있었겠습니까. 내가 이것저것 필요한 게 있을 때마다 편지 써주고 병원에 넣어주고 어떤 때는 경찰을 보내서 억지로 병원에 집어넣기도 하고…… 그 사람 참 터프했어요. 용케 그 사람과는 내 사십대를 다 보냈네요."

'이거 큰일 났다.'

나는 속으로 참 난감했다. 그러고 보니 증오했으면서도 그와 몇 년씩 함께했던 남자들도 그렇고 그와 10년을 함께했다는 전 테라피스트도 그렇고 뭔가 공통점이 있었다. 그들은 모두 터프하지 않은가. 나와는 아주 거리가 먼 스타일들이었다.

'이노무 디렉터가 또…….'

디렉터가 토니를 새 환자로 내게 할당하면서 했던 말이 생각난다.

"He will love you."

물론 디렉터의 말은 토니가 나를 테라피스트로서 무척 좋아할 거라는 의미였다. 그런데 막상 토니와 상담을 하면서 디렉터의 그 말이 자꾸 생각나는 것이 뭔가 위축되는 느낌이었다. 순간 나도 모르게 환자에 대해서, 아니 동성애자에 대해서 어떤 편견 비슷한 감정을 가지고 있다는 걸 알았다. 정말 난 그렇지 않다고 생각했는데, 환자로 온 다른 동성애자들과는 아무렇지도 않게 잘 지냈는데, 토니의 강렬했던 과거 이야기를 듣고는 금방 이런 위축감이 들고 거리감 조절이 힘들어지다니…….

내 환자가 아니었을 때의 동성애자들은 나와는 전혀 무관한 사람이라는 것에서 오는 거짓 관용이었을까? 그들은 모두 나름 평탄한 삶을 살아가고 있다는 것에 대한 내 안의 안전망이 작동한 것이었을까? 그런데 토니에게는 왜 이렇게 불편한 마음이 생기는 것일까?

테라피스트들의 윤리는 이렇다. 어떤 환자에게라도 개인 감정이나 편견 같은 게 있다면 그 환자를 담당해서는 안 된다. 나는 과연 어떻게 했을까? 그리고 어떤 일이 벌어졌을까?

되살아난 호모포비아의 기억

먼저 그로부터 생기는 내 불편함의 정체를 털어놓는 것이 좋을 듯 싶다. 그리고 이것은 내 입장에서는 아주 힘든 고백임을 먼저 밝혀둔다.

소중했던 세 사람

기억이 가물가물하다. 그때가 미국 오기 전이었을 거다. 두 명의 어르신과 한 명의 형님을 알고 지냈다. 어르신 한 분은 고아원 원장이었고 다른 분은 저명한 대학교수였다. 두 분은 서로 절친한 친구였다. 형님 한 분은 영어학원에서 만나게 된 백수였다. 우선 원장님과의 인연부터 말하자.

미국에 오기 전, 나는 할 일이 없어 무척 심심했다. 초등학교 때부터 기다리던 미국 이민이 눈앞에 다가왔다는 소식에, 나는 오늘일까 내일일까 하며 마음의 준비를 하고 있었다. 그나마 내 지루한 시간을 즐겁게 해준 것은 영어 공부였다. 특히 줄기차게 여기저기 다니며 외국 신부님이나 수도사들과 어울려 영어 공부를 하는 시간이 참 재미있었다. 우리는 틈날 때마다 고아원이나 장애인 보호시설에 가서 자원봉사활동을 하기도 했다. 바로 나올 줄 알았던 미국 비자는 2년이 지난 후에야 나왔으니 덕분에 내 봉사활동도 그만큼 길어졌다.

고아원에는 일주일에 한 번 미군들이 찾아왔다. 그들은 목수, 요리사, 심지어는 마술사의 역할까지 하며 아이들을 즐겁게 해줬다. 내가 했던 일은 고아원 원장님과 미군들 사이에서의 통역이었다. 어려운 일도 아니었다. '의자가 필요해' '이런 음식이 필요해' '다음에는 언제 올 거냐' 등등. 그 정도 통역에도 원장님은 미군들이 한 일을 마치 내가 한 것처럼 모든 공을 나에게 돌리고는 했다. 그 과분한 대접에 내 기분도 많이 우쭐했고 고아원을 물려받을 사람은 자신의 자녀들이 아니라 바로 나라는 원장님의 말에 나는 한껏 고무되기도 했다. 그냥 빈말로 하는 말이 아닌 듯했다. 미국에서 필요한 공부가 끝나면 반드시 돌아오라는 신신당부와 틈만 나면 고아원의 행정적인 부분을 내게 설명해주던 원장님이었다.

원장님은 참 선한 사람이었다. 아이들 중에 누가 아프기라도 하면 안절부절못하면서 괴로워했다. 사모님과 자녀가 질투나 하지 않을까 걱정될 정도로 고아원 아이들을 아꼈다. 나는 이런 원장님이 좋았고 존경스러웠다.

어느 날 원장님의 친구인 교수님을 소개받았다. 그분도 원장님의 가장 친한 친구답게 사람이 선했고 누군가를 대하는 데 격의가 없었다. 게다가 학문을 통해 수련된 깊은 지식과 통찰들이 내 심장을 뛰게 할 정도였다. 나는 원장님만큼이나 교수님을 존경하게 되었다. 당시 어린 나는 두 분에 대한 내 호의적 감정을 숨김없이 표출하곤 했다.

마지막으로 영어학원에서 만났다는 형님 이야기다. 영어학원 수업을 마치면 그 형님과 항상 밥을 먹고 커피를 마셨다. 참 괴짜였고 철학자였다. 실력도 엄청났다. 영어와 일본어, 스페인어까지 능통했었다. 오히려 강사보다 실력이 나은 것 같은데 왜 학원에 다니고 백수로 사는지 궁금하기까지 했다. 그의 괴짜 짓은 끝도 없었다. 본인은 어디 재벌 창업주의 숨겨진 아들이라며 툭하면 눈물을 흘렸다. 소크라테스를 불교철학에 끼워 맞춰서 장황하게 설명하기도 했다. 머리가 너무 좋으면 이상해진다고도 하는데 혹시 이 형님이 거기에 속하지는 않을까 하는 생각을 했었다.

세 사람을 동시에 잃다

그들과의 아름다웠던 우정은 내가 비행기를 타기 일주일 전에 산산조각이 났다. 꿈에서라도 이런 일이 있으리라고는 상상도 하지 못했던 사건이 터져버린 것이다. 미국 출발 일주일 전, 나는 곰곰이 나의 지난 시간을 회상해봤다. 나는 어느 무엇이든 내 과거에 의미를 부여하고 싶었다. 특히 미국 비자를 기다리던 2년의 시간은 나에게 무엇을 주었는가에 대해 생각했다. 신부님들과 수도사들 그리고 의사소통이 가능해진 영어…… 무엇보다도 존경하는 두 어르신과 한없이 착한 형님 한 분과의 우정! 그것은 내 백수생활의 성취를 넘어 인생에 너무나 큰 자산이 될 것이라고 생각했다. 무언가를 기다리는 2년의 시간이 힘들고 지긋지긋했지만 난 그런 성취를 이뤄낸 내 자신이 자랑스럽기까지 했다. 내가 오랜 시간 가슴에 숨겨왔던 이야기, 그리고 토니에 대한 내 불편한 감정의 원인은 지금부터 시작된다.

그 원장님이 나를 사랑한다고 했다. 아주 아주 힘들게 고백을 했더랬다. 미국 가기 일주일 전 마지막 인사를 하러 간 자리에서였다. 밑도 끝도 없는 그 말에 나도 원장님을 사랑한다고 했더니, 그런 사랑 말고 정말로 나를 사랑한다고 했다. 충격을 받아서 나는 아무 말도 못 하고 고아원을 나왔다.

그나마 그때는 그냥 멍한 기분이었다. 그 멍한 기분이 분노로 바뀐 것은 원장님의 친구 분, 교수님에게 인사를 드리러 간 자리에서였다. 그분 사무실에서 커피를 한 잔 마시며 교수님의 덕담을 듣는데 나는 자꾸 다른 생각이 들기 시작했다. '교수님은 원장님의 이런 성향에 대해 알까? 모를까?' 자꾸 생각을 하다보니 이제는 궁금함이 너무 커져 내가 못 견딜 지경이 되었다. 그러나 애써 참기로 했다. 그래 묻어버리자. 아무에게도 말하지 말자. 이게 원장님에 대한 마지막 우정이다……. 난 그렇게 생각했다.

"원장이 고백했다가 딱지 맞았다며?"

"네?"

"원장이 전화를 했었네. 자네가 사랑하는 사람은 원장이 아니라 바로 나인 것 같다고……. 정말 그런가?"

순간 탄식이 나왔다. '아, 교수님마저도⋯⋯.'

그런데 그 탄식이 얼마 가지 않아서 분노로 바뀌었다. '이것들이 지금 장난하나? 오늘이 만우절이었으면 좋겠다. 더러운 놈들 같으니라고. 인륜도 없나. 자기들은 처자식 놔두고 다른 사람에게, 그것도 사내들끼리 붙어서 사랑고백이나 하고. 더러운 놈들⋯⋯.' 온갖 생각과 분노로 난 더이상 거기에 앉아 있을 수 없었다. 급히 자리에서 일어나며 말했다.

"교수님 건강하시구요. 이만 가보겠습니다."

교수님도 내 행동에 몹시 당황했다. 그는 내 손목을 잡아끌며 애원하듯 이렇게 말했다.

"뭔가 큰 오해가 있는 듯하네. 부탁일세. 자네에게 해줄 말이 있으니 떠나기 전에 한 번만 더 들려주게. 약속하지 않으면 이 손을 놓지 못하네."

나는 단지 빨리 그곳을 빠져나가고 싶어 거짓으로 약속을 했다. 그게 그분들과의 마지막이었다.

원장님이 나를 멍하게 하고 교수님이 나를 화나게 했다면 백수 형은 나를 기가 막히게 했다. 정신적으로 내가 의지해오고 존경하던 두 분을 한순간에 잃어버린 나는 마음이 너무 아팠다. 말할 곳이 필요했고 백수 형과 마지막 술자리에서 나는 최근 나에게 일어난 일들을 다 털어놓았다.

"어떻게 그럴 수 있지? 어떻게 이런 일이 있단 말입니까."

난 분노를 토하며 잘 마시지도 못하던 술을 한없이 들이켰다. 그러나 위로와 공감의 분노 대신 백수 형에게 나온 한 마디는 이것이었다.

"개새끼!"

갑작스럽고 뜬금없는 형님의 호통에 나는 정신이 번쩍 들었다.

"지금은 별로 할 말이 없다. 미국 가서 네가 세상을 넓게 볼 수 있기를 바란다."

백수 형은 그렇게 자리를 박차고 일어나 나갔다. 내가 두 분의 어르신에게 했던 행동 그대로. 그리고 그것이 형과의 마지막이었다.

결심 혹은 은폐

나는 도대체 아무것도 이해할 수가 없었다. 이들이 갑자기 왜 이러지? 내가 뭘 잘못했다고. 난 가능하면 스승의 그림자도 밟지 않으려 하면서 자랐다. 모태 신앙이었던 내 종교는 그런 모범성의 바탕이 되었다. 심지어 성 직자의 길을 가려고까지 했다. 내 짧은 삶과 그 속에서 만난 많지 않은 사람 들 속에서 나는 청빈하려 노력했고 도덕과 규율을 지키며 살아왔다고 자부 했다.

그런데 왜 내게 이런 일이 생기는 것인가. 미국행 비행기 안에서도 나는 줄곧 이 사건만 생각했다. 그리고 이렇게 결론 내렸다. 나는 아무런 문제가 없다. 그들이 이상한 사람이다. 문제가 있다면 내가 그들 눈에 동성애자로 보였다는 것이다. 그렇지 않고서야 이런 경험을 연이어 할 수는 없다. 이제 는 절대로 그렇게 보이지 않으리라. 그래서 다시는 믿고 의지하는 사람에게 이런 일로 상처받지 않으리라. 그 결심과 함께 나는 소중했던 세 사람을 비 행기 밖으로 던져버렸다. 그들은 내 마음에서 완전히 사라진 것이다.

토니가 꺼내준 기억

그들을 완전히 잊고 지냈다. 10년이 훨씬 넘는 시간도 내 망각에 일조 했다. 그 망각의 늪을 휘저은 것은 토니였다.

두번째 세션을 마치고 나는 내게 넘어온 토니에 대한 기록들을 모두 읽 었다. 그가 전에 한 명의 테라피스트를 10년인가 만났다고 했지만 꼭 그런 것은 아니었다. 지난 10년 사이에 이 사람을 보기도 하고 저 사람을 보기 도 하다가 다시 본래의 테라피스트에게로 돌아가곤 했던 것이다. 그러다가 그 테라피스트가 은퇴를 했고 그래서 내게 오게 된 것이었다. 10년보다 더 오래전에는 그를 꾸준하게 상담해준 테라피스트가 한 사람도 없었다. 기록을 보니 토니는 참 여러 명의 남자 테라피스트와 사랑에 빠졌었다.

토니는 '의존적 성격장애'까지는 아니지만 의존적인 성격Dependent Personality이 강했고 테라피스트가 자신의 마음을 보이거나 목숨을 구해줄 정도의 큰 도움을 주면 그 테라피스트에게 필사적으로 의지하고자 했다. 그리고는 그 남자 테라피스트에게 사랑을 느끼는 일이 많았다. 아마도 어릴 적부터 자신을 학대했던 아버지와 자신을 정신적으로 감싸주고 보호해주고자 하는 테라피스트라는 극단의 대칭점에서 토니는 그렇게 사랑에 빠지기를 반복하는 것 같았다.

세번째 세션을 마친 이후부터는 내가 내 자신에 대해 고민해야 했다. 도대체 토니를 대할 때 느껴지는 이 불편함이 무엇일까. 수많은 사람을 환자로 만나왔고 다양성에 대해서 익숙하고 자신 있다고 생각했던 내가 왜 토니에게 불편함을 느껴야 하는 건가. 그래서 명상을 하듯 혼자 앉아서 내 느낌들을 현재에서부터 과거로 돌려보았다. 그러자 별 어려움 없이 '불편함'의 본체가 튀어오르는 것이었다. 한국에 오기 직전, 소중했던 사람들과의 상상도 못 했던 그 기억들이 말이다. 내가 느꼈던 불편함은 토니 때문이 아니라 내 과거의 기억이 되살아났기 때문이었다.

뒤바뀐 처지

내 개인적인 경험이 환자들에게 불이익을 줄 만큼 나 스스로 덜 훈련된 테라피스트라고 생각하지는 않는다. 내 경험은 철저하게 내 경험일 뿐이다. 환자를 대할 때는 그 사람과의 사이를 완전히 백지 상태로 만들고 시작한다. 그러나 이번에는 그럴 수가 없었다. 토니의 과거 기록을 읽어내리면서 이건 동성애의 문제가 아니라는 생각이 들었고, 극단의 외로움을 느끼는 평범한 한 인간의 영혼을 보게 된 것이다. 동성애는 그가 선택하는 성향일 뿐, 그것이 환자로서 내 앞에 앉아 있는 이유는 아니었다.

그런데도 내가 불편함을 느낀다면, 그리고 그것이 내 과거에서 기인하는 그림자의 영역이라면 나는 그 그림자를 토니에게 그대로 보여주는 것이 맞다고 생각했다. 그래서 내 이야기를 토니에게 모두 해버렸다. 내 이야기를 환자 앞에서 털어놓는 데는 커다란 용기가 필요했다. 감정이 동요되면 더듬거리는 내 영어 습관, 그리고 고백의 본성인 죽을 듯한 괴로움.

그러나 토니는 매우 영리하고 똑똑했다. 주 정부 보험회사와 법정싸움을 벌여 자신의 권리를 찾아오기도 한 사람이었다. 그리고 그는 말을 참 잘하고 섬세한 사람이었다. 내가 그의 표현력에 대해 칭찬을 했더니 장기간의 치료가 그의 표현력을 그렇게 키워줬다며 겸손해했다.

또한 토니는 자신이 가지고 있는 '경계선 장애'의 특성상 누군가 자신을 '포기' '외면' '무시'하려 할 때의 동물적 알아차림을 테라피스트인 내가 배려하고 있다고 생각하고 있었다. 즉 테라피스트가 자기 이야기를 고백하는 행위가 궁극적으로 환자인 자신을 신뢰하고 있으며 치료의 성실성을 보이는 것임을 알아차린 것이다.

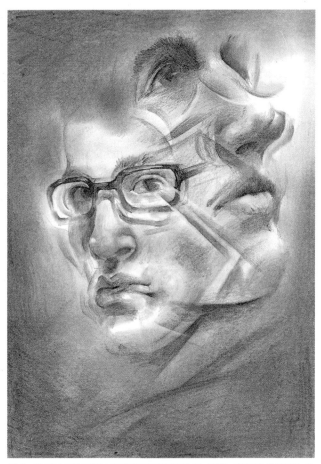

토니는 내 곤혹스러운 고백을 너무나 편하게 받아주었다. 어느덧 나는 환자에게 상담을 받는 처지가 되어버렸던 것이다.

토니는 내 곤혹스러운 고백을 너무나 편하게 받아주었다. 내가 막히면 기다려줬고 말을 더듬으면 도와줬다. 이건 누가 테라피스트이고 환자인지 분간되지 않을 만큼 뒤바뀐 상태였다. 그의 말대로 토니의 30여 년간 환자로서의 정신과 치료 경험이 그를 훌륭한 테라피스트로 만들어놓았을지도 모른다는 생각을 순간적으로 했다. 내가 이야기를 마쳤을 때 토니는 잠시 동안 침묵했다. 그 침묵은 전혀 불편하지 않은 것이었다. 나는 이야기의 마지막에 토니에게 이렇게 말했었다.

"당신은 이제 내 고민에 대한 이야기를 모두 알고 있습니다. 당신이 내게 남겠다면 최선을 다할 것이고 그렇게 하지 못하겠다면 나보다 더 나은 테라피스트를 소개해줄 것입니다."

잠시 후 토니가 드디어 입을 열었다.

"당신 너무했어요. 우리도 똑같이 감정이 있는 사람입니다. 그 고아원 원장님 말이죠. 아마 당신과 오랜 시간 함께하면서 분명히 자신의 정체성을 간접적으로나마 당신에게 표현했을 겁니다. 눈치를 못 챈 건 미스터 권이었겠죠. 미스터 권이 그 많은 암시에도 아무런 저항 없이 원장님을 따르고 좋아하니까 원장님은 오해를 할 수 있었던 거예요. 미스터 권도 자신을 에로스로서 좋아하는구나 하는 확신이 들었던 거죠. 동성애자는 절대로 동성애자가 아닌 사람에게 용감한 고백을 못 하지요. 그건 곧 파멸이니까요. 물론 내 경우는 조금 달랐어요. 약물중독자들 모임에서 내가 반한 남자가 있었는데 얼마나 친절하고 상냥하던지…… 좀 친하게 지내다가 프러포즈 했어요. 그 남자는 자신이 동성애자가 아니라면서 오히려 날 위로해주려고 하더군요. 그 남자와는 지금까지 좋은 친구로 지내요. 난 그 남자처럼 반응하는 게 당연하다고 생각했는데, 미스터 권처럼 하는 사람도 있는 걸 보니 그 남자에게 더 고마운 생각이 드네요.

그리고 그 교수님 말인데, 그 사람이 동성애자인지는 잘 모르겠어요. 그 모임에서의 내 친구처럼 모든 걸 다 터놓고 말할 수 있는 좋은 친구 사이였는지도 모르죠. 미스터 권은 그 교수님이 꼭 할 말이 있다며 찾아오라고 했을 때 찾아갔어야 했어요. 그 교수님은 어쩌면 원장님이 가진 성적 정체성의 고민을 우정으로 감싸주고 있었던 사람이었는지도 모르죠."

토니는 이렇게 말하면서 자신의 결정을 위트 있게 알렸다.

"그리고 그 괴짜 백수 형님이라는 사람 말이죠. 아닌 것 같지만 제발 동성애자였으면 좋겠어요. 딱 내 이상형인데 당신이 그 사람 다시 찾아내서 나와 맺어주기 전까지는 절대 당신 떠나지 않겠어요."

진심으로 토니가 고마웠다. 마음을 열고 닫고 하는 거 한끗 차이다. 마음을 열고 나니 남아준다는 토니가 고마웠다. 비단 토니의 말 한마디 때문은 아니었다. 그동안 테라피스트로서 쌓아온 인간에 대한 마음이 내 고백을 통해 마음속에서 막힘없이 잘 융화가 되고 있는 것이 느껴졌다. 그리고 얼굴이 화끈거릴 정도로 부끄러웠다.

나를 아끼고 사랑해줬던 사람들을 나는 한순간도 인간 취급을 하지 않았다는 사실을 알았기 때문이다. 성스러운 척하며 수도원을 들락거렸던 것도 위선이었다. 나와 다르다는 이유로 인간에 대한 측은지심조차 없던 내가 거기는 무슨 낯으로 들락거렸을까. 교수님이 동성애자였는지 아닌지 그건 이제 나에게 중요하지 않다. 원장님이 확실한 동성애자라고 해도 역시 내게 중요한 건 아니다. 환자로서의 토니에게 동성애가 치료의 항목이 아니듯, 그들이 어떤 성적 취향을 가지고 있다 해서 내가 역겨워하거나 분노할 이유는 없는 것이다.

기회가 있을지 모르겠고 살아 계실지도 모르겠지만 원장님과 교수님을 다시 뵙고 싶다. 그리고 용서를 빌고 싶다. 또 나를 사랑해줘서 감사하다는 말을 전하고 싶다. 그 괴짜 백수 형님…… 보고 싶다. 왜 내게 그렇게 화를 냈던 것인지 이젠 알겠다.

남자를 사랑한 남자 이야기, 어쩌다보니 주인공이 토니에서 내가 돼버렸다. 그렇다. 지금 나는 내가 잃은 세 명의 사람들과 토니를 사랑한다. 그러므로 이 글의 주인공이 나로 바뀌었다 해도 괜찮을 것 같다. 토니의 이야기는 치료가 계속 진행 중이므로 다음 기회를 기약한다.

의심의 여지가 많은 심리학 이론들과는 달리 '쿨리지 효과' 만큼은 여러 모로 증명된 것처럼 이야기된다. 이것은 동물들에 대한 여러 번의 실험으로 증명되기도 했고, 흔하게 인간들의 생활에서도 목격할 수 있는 일이기도 하다. 내가 생각할 때 쿨리지 효과는 사람이 살아가면서 꼭 알아두어야 할 중요한 이론임에도 애써 무시되거나 농담의 소재로 사용되는 일이 많다.

쿨리지효과Coolidge Effect는 흔히 이런 이야기로 설명된다. 미국의 30대 대통령 쿨리지 부부가 어느 날 시찰 도중 한 농가를 지나게 되었는데, 쉬지 않는 정력을 뽐내고 있는 수탉 한 마리를 보고 쿨리지 여사가 감탄을 하며 농부에게 그 사실을 남편에게 전해달라고 했다. 그 말을 전해들은 대통령은 농부에게 이렇게 물었다.

"그 닭은 한 마리하고만 교미하던가 아니면 여러 마리와 하던가?"
"매번 다른 암탉하고 교미를 합니다."

"바로 그 점을 내 아내에게 전해주게."

정말 쿨리지 대통령에게 그런 일화가 있었는지에 대해서는 아무런 근거가 없지만 남자의 동물적 성의식에 대해 설명하는 과정에서 그의 이름이 대통령으로서의 이름보다 더 유명해진 것을 알면 참 황당해할 것 같다.

이 이론의 요점은 이러하다. 수컷들은 동일한 상대와 계속 관계를 하다 보면 어느새 지쳐버리고 성적 감흥을 느끼지 못하지만 새 암컷을 만나면 바로 힘을 내서 교미를 하게 된다. 고릴라 등을 상대로 여러 번 실험을 통해서도 증명됐고—말하는 것이 금기시되는 점이 있기는 하지만—인간의 평소 생활과 심리를 통해서도 증명되고 있는 이론이다. 동물 중에서도 일부일처제에 충실한 종류가 간혹 있기는 하지만 이런 동물은 간혹 해외 토픽감으로 나올 정도로 드물다. 인간세계의 예를 들어본다면 도덕이나 인권에 대한 기준과 관점이 달랐던 우리나라나 중국의 왕정시대에 한 여자에만 충실한 왕의 이야기가 특이하게 느껴지는 것과도 같다.

쿨리지 효과의 모순

내가 쿨리지 효과에 대해서 걱정하는 점은 이 이론이 훨씬 복잡하고 다변화하는 인간의 심리에 대해 '본능'적인 측면만을 강조할 수 있는 위험이 있기 때문이다. 쿨리지 효과는 이러한 점은 설명하지 못한다. 간혹 옆길로

샜던 적이 있을지라도 결국 한 여자만 깊이 사랑하는 남자들, 이른바 쿨리지 효과라는 이론에서 나오는 이유들로 여자들에게 상처 주고 헤어지는 남자들이 있는 반면 그 반대의 경우들 말이다. 한 여자만 사랑하다가 오히려 그 여자에게 배신당한 이야기들은 또 얼마나 많은가.

세세하게 이야기하려면 더 많겠지만 위의 두 가지가 내가 본 쿨리지 효과의 대표적 모순들이다. 이런 일들이 아주 소수에게만 일어난다면, 예외의 사례로만 분류하고 쿨리지 효과에 모순이 있다는 말을 쓰지 못했을 것이다. 티격태격하지만 평범하게 잘 살고 있는 그런 부부나 커플들이 많다. 그 사람들 중 아주 많은 남자들이 나이가 들어서도 열정을 가지고 자신의 배우자와 성관계를 맺는다. 이런 남자들도 다른 여자와 관계를 맺으면 더 큰 흥분을 느끼게 된다는 이유로 쿨리지 효과의 정당성을 주장할 수도 있겠다. 하지만 그건 좀 억지스러운 면이 있다. 쿨리지 효과의 이론대로라면 자신의 배우자와 그렇게 긴 세월 동안—횟수가 줄어들지라도—열정을 갖고 관계를 맺는 남자들이 아주 소수여야 하기 때문이다.

쿨리지 효과는 남자만 해당된다?

쿨리지 효과 이론은 남녀 서로에게 적용할 수 있는 특이한 이론이다. 이와 관련해서 흔히 하는 세 가지 질문들을 함께 생각해보자.

Q1. 남자는 이러한 본능이 있으니까 여자들이 이해를 해줘야 한다?

쿨리지 이론을 이런 식으로 받아들인다면 여성에 대한 차별이 된다. 인간이 동물과 다른 점은 이성이라는 것이 있기 때문이다. 본능으로 따지자면 여성들 또한 만만치 않다. 남자들의 본능을 이유로 여성의 이해를 구하고자 하는 사람이라면 자신이 사랑한다고 생각하는 여성에 대해서도 같은 가이드라인을 적용할 수 있어야 하지 않을까?

Q2. 남자에게는 쿨리지 효과라는 본능이 있기 때문에 여자는 자신을 가꾸는 데 게으르지 말아야 하며 항상 새로워지도록 노력해야 한다?

이것 참 묘한 말이다. 자신의 배우자가 집에서나 밖에서도 항상 잘 꾸밀 줄 알고 새로운 분위기를 창출할 수 있다면 얼마나 좋겠는가. 그런데 남자가 그렇게 하면 여자들 또한 마찬가지로 좋아한다. 결국 서로 그렇게 할 수 있게 도와주고 대화하고 노력해야 할 문제이지 여자들만 노력할 문제가 아니다.

Q3. 쿨리지 효과는 여자에게도 해당된다?

맞는 말이다. 쿨리지 효과라는 것을 남자에게만 적용시켜 마치 많은 남자들만 성에 대해서 비이성적으로 사고하고 행동하는 것처럼 생각한다면 그건 남자에 대한 역차별이다. 동물들에 대한 실험에서 그렇게 나왔다고 해서 인간에게 그대로 적용되는 것은 아니다. 남자가 다른 여자에 대한 환상fantasy

이 있듯이 여자들 또한 다른 남자에 대한 환상이 있다. 남자가 '싫증'을 느끼듯 여자도 그걸 느낀다.

쿨리지 효과 – 실생활에서의 적용

지금까지 이야기 했듯이 쿨리지 효과라는 이론은 여러 면에서 인간의 심리를 반영하기엔 부족하며 '편견'을 갖게 되거나 '자기 정당화'에 사용될 수 있는 위험한 이론이 될 수도 있다. 그럼에도 불구하고 나는 서론 부분에서 이 이론은 사람이 살아가면서 꼭 알아두어야 할 중요한 것이라고 말했다. 바로 아래의 이야기 때문이다.

누구나 완벽하지는 못하지만 우리는 살아가면서 이성적이고 착한 쪽에 가까운 사람들을 많이 본다. 하지만 그게 상대하는 사람들의 전부가 아닌 데에 문제가 있다. 참 다양한 사람들을 상대해야 하며 그중에는 반드시 너무나 이기적이고 덜 이성적이고 때로는 자신의 자유로움만을 중요한 가치로 내세우는 사람들을 만나기도 한다. 혹은 선한 사람인데 배우자에게 더이상 열정이 느껴지지 않아 당황스러워하기도 하고 자연스럽게 멀어지는 커플들도 있다. 위에서 이야기했던 이 이론의 모순점이나 예외들 그리고 위험한 점들을 잘 숙지한다면, 바로 이런 경우에 쿨리지 효과를 생각하고 현명하게 대처하거나 덜 당황스러워하지 않을까. 그리고 잘만 하면 해결점을 찾을 수도 있을 것이다.

〈섹스 앤 더 시티Sex And The City〉의 여주인공 중 한 명인 샬로테는 백마 탄 왕자님을 그리는 로맨티스트였다. 그녀는 사랑의 진정성을 믿었고 잘생기고 지적이고 돈 많은 착한 성격의 완벽한 남자를 꿈꾸었다. 그런데 어느 날 정말로 그런 남자를 만난 것이다. 맥두걸 박사였다. 처음 만남도 드라마틱했고 잘생겼으며 부자에다가 완벽한 젠틀맨. 거기다가 샬로테를 너무나 사랑해주지 않던가. 꿈이 완벽하게 실현되는 순간이었다.

두 사람은 사랑에 푹 빠졌다. 그리고 결혼까지 골인을 한다. 그런데 샬로테의 꿈은 여기까지였다. 이른바 마마보이였던 맥두걸 박사의 어머니 때문에 갈등을 겪기 시작한다. 그런데 고부간의 갈등은 아무것도 아니었다. 성관계가 만족스럽지 못한 것은 둘째 치고 그러한 성관계마저 뜸해지더니 나중엔 거의 전무해지는 것이 아닌가. 적극적인 성격의 샬로테는 남편에게 그런 문제에 대해서 불만을 토로한다. 그러고는 남편을 데리고 테라피스트에게 가서 두 사람의 성 문제에 대한 상담을 받기 시작한다. 남편은 계속 상담에 적극적이지 않았고 뭔가 잘 표현하지 못했다. 일반적으로 부부 상담은 남녀를 따로 만나고 함께 만나는 것을 반복한다. 아무리 부부라도 말하기 주저되는 것이 반드시 있기 때문이다. 아마 샬로테 부부의 테라피스트도 그런 과정을 거쳤을 테지만 나름대로 자존심이 강하고 똑똑하다고 생각했던 남자로서의 자존심이 샬로테 남편을 치료 기간 내내 잡아두는 것 같았다.

그런데 갑자기 충격적이고 파안대소할 만한 장면이 나왔다. 이 자존심

최소한 성 문제만이라도 부부 간에 서로 무시하지 않고 화내지 않고 존중할 수만 있다면 쿨리지 효과 따위는 생각할 필요도 없을 것이다.

강하고 도덕적일 것 같고 젠틀맨인 맥두걸 박사가 욕실에서 야한 모델들이 나오는 잡지를 보며 자위행위를 하다가 샬로테에게 딱 걸려버린 것이다. 샬로테로선 얼마나 기가 막혔겠는가. 자신에게 뭔가 문제가 있어 성관계를 못 하는 것처럼 불쌍하게 행동하더니…….

샬로테 부부의 테라피스트는 여기에서 좀 황당한 해결 방법을 제시한다. 남편이 보는 야한 잡지를 수거해서 모델들의 얼굴을 오리고 그 자리에 샬로테의 얼굴 사진을 오려 붙이는 것. 그런 식으로 이제부터는 샬로테 자신에 대한 판타지 창조에 주력할 것! 드라마에서는 생략이 되었지만 아마도 테라피스트는 이렇게도 말했을 것이다. 이제부터 자위행위 중지!

샬로테 부부는 이런 식으로 성관계에 대한 트러블을 해결한다.

쿨리지 효과를 대비시키고 주어진 상황에서 그 해결책까지 이야기했던 아주 좋은 예였다. 안타깝게도 이 두 부부가 나중엔 헤어지지만 그 이유는 성 문제가 아니라 인생에 대한 두 사람의 서로 다른 비전 때문이었다. 샬로테는 아이를 꼭 낳고 싶어했고 남자는 원하지 않았다. 아이를 낳을 수 없다면 그녀의 행복에 대한 꿈이 산산조각 나는 것이기에 양보할 수 없는 문제였고 역시 양보할 수 없었던 남편과는 헤어지게 되었던 것이다. 요즘 아이를 낳기 싫어하는 남자들이 사실 또 그렇게 많다.

쿨리지 효과든 뭐든 자신의 상대자와 제대로 된 대화를 하지 못하는 사람들이야말로 정말 문제다. 특히 한국의 문화에서 성 문제는 아직 말하기 꺼림칙한 부분이다. 그것은 부부들 간에도 마찬가지일 것이고, 특히 여자들은 먼저 말을 꺼내는 것에 좀 치욕스러운 감정도 느낄 것이다. 그런데 사실 남자들에게도 아내에게 성에 대한 불만을 말하는 것은 꺼려지고 어려운 일일 것이다. 혹시 말이라도 꺼냈다가 망신이라도 당하면 얼마나 땅으로 꺼지고 싶을 것인가. 그래서 아예 말을 하지 않는 것을 택하고 불만은 쌓이지만 그냥 미운 정 고운 정으로 살고 있는 부부들은 얼마나 많은지.

그래서 테라피스트 같은 중계자가 필요한 것이다. 부부 간에 서로 무시하지 않고 화내지 않고 존중하는 커뮤니케이션만 할 수 있다면, 최소한 성 문제만이라도 그렇게 할 수 있다면, 쿨리지 효과 같은 이론은 쿨리지 대통령에게 돌려주고 와도 괜찮을 것이다.

모든 사랑은 이기적일 수밖에 없는 것일까?

너무나 시니컬한 이기주의자

서른일곱의 백인, 훤칠한 키에 어느 정도 기른 수염과 긴 블론즈색의 머리, 상류층 가정, 이것이 톰의 외모와 배경이다. 이런 좋은 조건에도 불구하고 톰은 늘 시니컬했다.

"나를 제외하고 모두들 잘나가죠."

이 일을 하면서 가장 힘든 것 중 하나가 상담자를 이해하지 못할 때이다. 이해가 전제되지 않는 상담은 연극이고 가짜다. 연극도 하다보면 능숙해지기 마련이지만 치료 받으러 온 사람을 앞에 놓고 연극하기란 정말 힘들다. 포커페이스가 안 되니 금방 티가 나기도 한다. 어쩌면 내가 환자를 이해하려 노력하는 것은 환자를 위해서라기보다는 나 자신을 위해서라고 말하는 것이 맞겠다.

나는 톰을 이해하기 힘들었다. 그의 냉소적인 태도도 이해가 되지 않았고 부모나 형에 대한 태도 역시 받아들이기 힘들었다. 특히나 모든 것을 남의 탓으로 돌리는 사고방식은 이해는커녕 그에 대한 경멸감까지 갖게 했다. 그러니까 톰은 이런 식이었다.

실패한 인생

톰이 어릴 때 그의 부모님은 하루가 멀다 하고 싸웠다. 육체적인 폭력은 없었지만 세상의 온갖 더러운 욕들을 서로 주고받았다. 거기다가 부모님은 각자 애인까지 있었다. 아버지가 출장을 가면 엄마는 애인을 집으로 불렀고 엄마가 없을 땐 아버지가 애인을 불렀다. 톰에게 부모는 존경의 대상이 아니었다. 세상에서 가장 추악한 인간들이라고, 어렸을 때부터 톰은 부모에 대한 고정관념을 가져왔다.

그러나 그런 부모도 자식들에게는 각별했다. 재력이 있으니 물질적으로 지원을 아끼지 않았고 관심과 기대도 일반적인 부모의 그것과 다를 것이 없었다. 톰의 형은 무리 없이 환경에 순응했다. 물질의 풍요를 즐겼고, 톰의 말에 의하면 '부모님의 애인과도 친하게 지낼 정도의 철면피'이기도 했다. 반면 톰은 그러지 못했다. 어린 시절 항상 가족들로부터 따돌림 당했다는 생각을 갖고 있었다. 이유를 물어보면 답변은 추상적이었다. '부모가 바람을 피우고 싸우는 건 그들의 인생이니 상관없는데, 그로 인해 그들은 나에게 충분한 관심을 보여주지 않았다. 그 때문에 나는 내 재능을 백 퍼센트 꽃피우지 못했다. 어른이 된 지금 내가 마약을 하고 변변한 직업도 못 가진 건 다 부모님 때문이다.'

나는 톰의 테라피스트로서 톰의 부모와도 대화할 기회가 있었는데 내가 봐도 그들은 톰에게 참 헌신적이었다. 그의 부모는 결국 이혼을 했고 각자의 애인과 결혼해 살게 되었는데 그게 자식들에게 더 미안했는지 경쟁적으로 자식들을 챙겨주려 노력했다. 가령 톰이 조금 아프기라도 하면 해외 출장을 중단하고서라도 달려올 정도였다. 그러나 부모에 대한 톰의 해석은 늘 한결같았다. "싸움을 하든 이혼을 하든 그건 부모의 인생이야. 나랑은 상관없다고! 그런데 난 관심을 못 받고 자라서 실패한 인생이 됐어."

마약도 부모 탓

그는 마약을 고등학교 때부터 시작했다. 처음에는 대마초를 피웠고 나중에는 더 심각한 마약에 손을 댔다. 부유한 부모 덕에 항상 마약 할 돈은 충분했고 그 점이 그를 더욱 깊은 나락에 빠지게 했다. 그런데 톰은 마약도 부모 탓이라고 말했다. 부모가 관심이 없어서 자식의 마약을 눈치채지 못하고 아무런 대책도 세우지 않았다며 원망했다. 그러나 그의 부모가 정말 아무것도 하지 않은 것은 아니었다.

고등학교 2학년 때 부모가 그를 마약치료센터에 보내주고 아예 정부 담당관까지 연결해서 1년여 간 특별 관리를 받게 했다. 그런데 톰은 교묘

하게 치료센터를 빠져나와 계속 마약을 했다. 담당관이 자주 마약 복용 여부를 검사했지만 이를 피하는 방법은 아주 쉬웠다고 했다. 그러면서 또 부모 탓을 했다. 자기를 관리하는 척만 한 거라고. 그리고 형에 대해서도 욕했다. 형이 이기주의자여서 자신을 도와주지 않은 거라고.

이사도 가족 탓

톰은 힘들게 고등학교를 마치고 유랑생활을 시작했다. 대학에 가서도 공부하기 싫지, 일하기도 싫지, 그렇다고 집에만 있기도 싫었다. 함께 마약하는 친구들을 따라서 샌프란시스코로 갔다. 그리고 그곳에 정착해 살다가 치료를 받기 시작했다.

그가 자발적으로 치료를 받기 시작한 이유는 두려움 때문이었다. 어느 날 괴물처럼 생긴 벌레들이 자신을 끊임없이 공격하는 게 보이기 시작했을 때, 처음으로 이래서는 안 되겠다는 생각이 들었다. 당장 장애인 보조금 신청을 했고 정신적 장애인으로 판명돼서 지금까지 정부 보조금으로 살며 치료를 받고 있다. 그런데 그는 하고 싶은 것 모두를 마음껏 할 수 있다. 부모가 아직도 도와주기 때문이다. 형도 그에게 무관심해 보이지 않는다. 그의 형은 동생이 그래픽 디자인에 관심이 있다는 사실을 알고 무려 5천 달러를 들여서 필요한 컴퓨터와 기계들을 선뜻 들고 오는 사람이다.

톰이 샌프란시스코에서 살다가 원래 살던 워싱턴으로 다시 이사를 온 이유가 있다. 가족들이 애원했기 때문이었다. 가족들은 그를 곁에서 돌보고 싶어했고 그는 자신이 마음 가는 곳에만 집중을 했다. 샌프란시스코에서 지루함을 느끼기 시작했을 때, 그는 가족들의 재촉을 못 이기는 척하고 이사를 온 것이었다. 미국의 수도가 있는 워싱턴 지역은 결코 작은 곳은 아니지만 큰 도시에서 온 사람들은 지루함을 견디기 힘들다고 한다. 톰은 또 자신을 이곳으로 돌아오게 만든 가족들에 대한 욕을 하기 시작했다.

톰의 아들은 내 탓?

이 철없는 서른일곱 살의 톰은 무려 열여섯 살이나 먹은 아들 하나가 있다. 그가 스무 살 때인가 만난 여자 사이에서 낳은 자식이었다. 여자친구가 자신의 아이를 임신했다는 것을 알고 톰은 한없이 분노했다. 그녀가 피임을 했다고 거짓말을 했다는 것이다. 또 아이를 낙태하라는 자신의 말을 듣지 않고 결국 아이를 낳아버렸다. 그 여자친구와의 사이는 임신과 함께 끝나버렸다. 아이를 낳은 후 여자친구는 톰의 동의를 얻어 아들을 입양기관에 넘겼다. 톰은 자신의 아들을 본 적도 없거니와 좋은 부모 만나서 잘 크고 있다는 정도의 소식만을 듣는 게 다였다. 또 아들의 두뇌가 대단히 명석해서 고등학교의 영재수업을 받는다는 소식도 들었다.

톰은 자기 아들을 꼭 만나고 싶다고 했다. 법적으로 아들이 성인이 돼서 독립적 선택을 할 수 있는 나이가 돼야 만날 수 있는데, 그때가 되기 전에 좀더 괜찮은 아버지의 모습을 갖추고 싶다고 했다. 그래서 요즘 톰은 컴퓨터 그래픽 전공으로 대학 공부를 시작했고, 2년 전부터는 그렇게도 지겹

게 자신을 옥죄던 마약도 끊었다. 그런데 잘 이해되지 않는 부분이 있었다. 아들과 여자친구를 그렇게 냉정히 내치던 사람이 어떻게 지금은 아들 때문에 학교도 다니고 마약도 끊는다는 걸까? 톰은 이렇게 말했다.

"이야기를 듣고 보니 나 자신이 이해되지 않아요. 나도 나를 모르겠습니다. 내가 누군지 좀 찾아주십시오."

난 순간 이런 생각이 들었다.

'부모, 형…… 그리고 이제 내 탓까지 할지도 모른다.'

톰의 여자, 일레인

톰은 대단한 여성편력가였다. 하도 화려해서 그가 여자를 대할 때 공통적으로 가지고 있었던 유형을 몇 가지만 간추려보겠다.

• 함께 마약을 할 수 있는 여자와는 100퍼센트 성관계를 가진다. 성관계를 할 때는 무조건 빛이 보이지 않는 암흑의 상태여야 한다. 여자가 자신의 몸을 보는 게 싫다(톰의 몸은 어디 이상이 있지 않았다. 오히려 좋아 보였다. 물어봤더니 다른 사람이 자신의 알몸을 보는 게 너무 부끄럽단다).
• 셀 수 없이 많은 여자들을 만났지만 누구와도 1년 넘게 사귀지 못한다.

대부분은 3개월 안쪽에서 관계가 끝난다. 사귀던 여자 중 한 명이 다른 남자와 잠을 잤다는 사실을 알았었다. 그는 화를 내며 여자에게 이렇게 물었다. "너, 그 남자에게 마음도 줬니?" 여자는 그냥 즐겼을 뿐이라고 말했고, 그는 전혀 화가 나지 않았다. 그의 철학은 이렇다. 사람은 몸과 마음 두 가지가 있는데 마음만 주지 않는다면 바람 피운 게 아니란다.

• 마약을 끊었던 2년 전부터는 마약을 하지 않는 여자들도 만나기 시작했다. 성관계를 거부하는 여자는 다시 만나지 않았고 그것을 받아들이는 여자와는 역시 3개월을 넘지 못했다. 성관계야말로 최고의 사랑 표현이라고 생각한다. 쾌락을 위해서만 관계를 한 적이 없다. 그는 관계를 했던 모든 여자들을 사랑했노라고 자신 있게 말한다. 즉 진심 없는 성관계는 한 번도 한 적이 없다. 여자관계가 오래가지 못한 것은 다른 이유 때문이었다. 학대를 당해 마음에 상처가 있는 여자들에게 끌렸고 지금까지 한 번도 학대의 상처가 없는 여자들을 사귀어본 적이 없다. 일부러 그렇게 한 것은 아닌데, 이상하게도 사귄 여자들은 모두 학대의 상처가 있었다.

톰은 일레인이라는 여자를 6개월째 사귀고 있었다. 일레인은 멀리 캘리포니아 주에 네 살 된 아들과 살고 있는 여자인데 나이는 스물넷이다. 그러니까 톰과는 열세 살이 차이 난다. 톰의 말에 의하면 일레인은 짐승 같은 부모 밑에서 폭력에 시달리며 자랐는데, 아홉 살 때부터는 사촌과 삼촌들에게 성폭행을 당해왔다고 한다. 그가 이 여자를 만나게 됐던 계기를 들고 나는 혹시 내가 은연중에 톰에게 경멸의 눈빛을 보내고 있지는 않나 조심스러울 정도였다. 일레인과의 만남은 이렇게 이루어졌다.

캘리포니아 주의 어느 시골 동네에 톰의 가장 친한 친구가 살고 있었다. 이 친구도 한때는 그와 함께 마약에 빠져 지냈지만 이를 악물고 톰보다 먼저 빠져나왔고 나중에는 톰이 마약을 극복하는 데 많은 도움을 줬다. 가장 친한 친구가 적극적으로 나서주니 톰에게는 여간 고마운 일이 아니었다. 그런데 톰은 그 친구의 아내를 한 번도 본 적이 없었다. 그 친구는 사업상 워싱턴 지역과 샌프란시스코를 자주 오갔고, 그래서 만나게 된 친구였기 때문이다. 그 친구의 집이 있다는 캘리포니아에는 가볼 기회가 없었다. 그러던 어느 날 그 친구가 비행기 표까지 끊어주며 톰을 집으로 초청했다.

친구의 집에 도착했을 때 톰은 어떤 여자에게 한눈에 반했는데 그녀가 바로 친구의 아내였던 일레인이다. 반했던 건 자신뿐이 아니었다. 일레인 또한 마찬가지였는데, 두 사람은 급속도로 친해졌다. 며칠 후 친구가 잠깐 집을 비웠을 때 두 사람은 성관계를 맺었다. 그렇게 만족스러웠던 성관계는 자신이나 일레인이나 예전에는 없었다고 했다. 나중에 이 사실을 알게 된 톰의 친구는 자신의 아내와 별거에 들어가고 말았다. 톰이 이미 워싱턴으로 돌아온 후의 일이었다.

나는 톰이 참으로 치사하다는 생각이 들었다. 친구의 아내와 그런 일을 저지른 것도 그렇지만 나중에 친구가 사실을 알고 일레인과 별거에 들어갈 때 톰은 뭐가 무서운지 워싱턴에서 꼼짝도 않고 있었다는 사실이 더 치사하다는 생각이 들었다. 자신의 말대로 그렇게 사랑하고 그런 일까지 저질렀다면, 캘리포니아로 다시 날아가 친구에게 얻어맞고 여자를 데려오든지 해야 하는 게 아닌가? 톰은 이렇게 말했다.

"친구가 총을 갖고 있다는 걸 뻔히 알고 있는데 거길 어떻게 갑니까?"

톰에 대한 진단

이성에 대한 컨트롤이 현저히 약해서 본능에 따라 순간적인 행동을 하고 후회하는 성격충동조절장애Impulse Control Disorder가 있다. 이러한 장애는 도박이나 마약, 도둑질 같은 것으로 나타나기도 하고 우리가 흔히 볼 수 있는 다혈질의 기질, 즉 확 올라왔다가 풀어지는 사람들도 심하면 여기에 속한다고 할 수 있다.

톰은 뭔가 마음에 들지 않으면 화를 잘 냈고 소리를 지르며, 심할 때는 집 안의 기물들을 때려부쉈다. 그렇게 하고 나서야 마음이 풀어졌고, 후회했다. 사귀었던 수많은 여자들이 그와 3개월 이상을 함께하지 못했던 것도 바로 그의 장애가 많은 작용을 했다. 나는 톰을 이렇게 진단했다.

• 정동성장애Schizoaffective Disorder: 심한 기분 변화와 슬쩍 하면 보이는 벌레들에 대한 환상이 이걸 증명한다.
• 마약중독: 마약을 끊은 지 2년이 됐어도 한 번 중독된 경험이 있는 사람

은 진단서에 이 증상을 포함시켜야 한다. 한 번 중독은 계속 중독이다. '끊었다'라는 의미는 '중독이 아닌 게 되었다'는 의미가 아니다. 이것은 알코올중독 또한 마찬가지다.

• 경계선 성격장애Borderline Personality Disorder: 이 장애가 있는 사람들의 특징은, 인간에 대한 갈망이 강하면서도 '버림받음'에 대한 두려움과 '거절'에 대한 두려움 때문에 안정된 인간관계 자체가 지속되지 못한다. 또한 충동적인 행동이라든지 감정과 정서의 변덕이 심한 게 특징이다. 예를 들어서 애인에게 애정 표현을 요구하다가도 한 번이라도 거절당하면 관계를 끊으려 한다든지(사실은 정말 끊으려고 하는 게 아닐 때도 있다), 힘들게 한다든지 하는 경우가 이에 해당한다. 또한 정체성과 자아가 확립되어 있지 않아서 여러 가지 돌출 행동을 하며 자기 자신에 대해 혼란스러워한다. 이건 완전히 톰을 표현하기 위해 존재하는 장애의 이름 같다. 톰이 가지고 있는 충동조절장애도 다른 증상들과 합해서 이 경계선 성격장애의 범주에 포함시켜도 무리가 없을 듯했다.

지금 톰의 이야기를 잘 숙지하시기 바란다. 그렇지 않으면 다음 글에서 나올 치료과정의 긴장감을 따라오지 못한다. 사실 치료의 실마리는 내 능력으로 찾은 게 아니었다. 그의 친한 친구 아내였던 일레인과의 파란만장한 애정 행각으로부터 자연스레 찾아진 것이었다. 과연 톰과 일레인 사이에는 어떤 일들이 있었을까? 그리고 그 일들이 왜 치료의 실마리가 되었을까?

섹스 탐미주의 혹은 의존성

톰을 만난 지 벌써 1년이 넘었다. 그동안 그를 치료할 때마다 마치 곡예를 타는 것 같았다. 하지만 몰라보게 변하고 회복되어가는 톰을 보면서 그를 잘 치료하는 내 자신이 자랑스러웠고 잘 따라주는 톰도 자랑스러웠다. 그런데 테라피스트들이 빠지기 쉬운 함정이 바로 여기 있었다. 내가 치료하는 이들은 오랫동안 심각한 정신질환을 앓아온 사람들이다. 한동안 좋아진다고 정말로 회복되는 것이 아니며 나빠진다고 해서 실망할 일도 아니다. 치료자의 입장에서는 항상 긴장의 끈을 놓지 않고 냉정해야 하고 평정심을 유지해야 하며 오랜 시간 동안 지속적인 도움을 주겠다는 생각을 하고 있어야 한다.

많은 시간이 흐른 후 지나간 시간의 무게만큼 내 환자의 마음의 힘도 쌓여 있음을 알게 될 때가 있다. 마치 수년간 높은 빌딩을 세우는 것처럼 차곡차곡 쌓아가는 것이다. 항상 쌓아가던 것이라서 특별히 흥분되고 좋아하는 마음도 덜하다. 그게 내가 생각하는 진정한 회복과정이다. 그런데 톰을 상대하면서 나는 내 철학을 잊었었다. 지금 글을 쓰고 있는 이 순간 톰은 감금정신병원에 입원해 있다가 막 퇴원을 했다. 마음이 씁쓸하다.

톰의 이상한 부탁 두 가지

톰은 친구가 무서워서 별거에 들어간 일레인을 찾아가지 못한다. 줄기차게 매일 몇 시간씩 전화통화만 한다. 사랑을 성관계를 통해서 확인하는 톰은 안절부절못한다. 일레인에 대한 마음이 점점 뜨거워져 도저히 참지를 못하던 톰은 일레인에게 두 가지 부탁을 한다. 친구가 있는 곳으로부터 좀 더 멀리 떨어진 곳으로 이사를 가달라는 것과 일레인의 야한 사진을 인터넷을 통해 종종 보내달라는 것이었다. 톰은 일레인을 워싱턴 지역으로 오도록 하고 싶었겠지만, 그렇게 멀리 이사를 하게 되면 아이를 포기해야 하는 법적인 문제가 남편과 얽혀 있었던 것 같다.

일레인의 직업은 간호사였다. 그녀는 톰의 부탁을 들어주기 위해 다니던 병원을 그만두고 아이를 데리고 이사를 했다. 일레인으로서는 커다란 희생이었다. 급하게 직장을 구하다보니 당장 수입이 줄어들었고 아이를 돌봐주던 좋은 이웃들과도 떨어지게 되었다. 사람을 고용해야 했고 돈을 더 써야 했다. 그런 희생이 가능했던 이유는 톰이 한 달에 한 번씩 그녀를 찾아왔기 때문이었다. 그런데 톰만 그곳으로 찾아가는 게 아니었다. 톰이 오고 난 다음에는 일레인이 톰을 만나러 워싱턴으로 왔다. 어디 가는지는 비밀로 하고 아이는 아버지에게 맡기고 왔는데 이것도 일레인은 커다란 희생으로 여겼다. 직장에서 자주 휴가를 내는 것도 부담이었고 아이 아버지에게 계속 숨기면서 아이를 맡기는 것도 힘들었다. 무엇보다도 자기 분신과도 같은 아이와 떨어져 있어야 한다는 사실이 가장 힘들었다. 일레인이 아이를 데리고 워싱턴에 오지 못했던 이유가 있다. 톰이 아이를 싫어했기 때문이었다.

어느 정도 시간이 흐른 후 두 사람 사이에 다툼이 시작되었다. 서른여섯의 톰에 비해 스물네 살의 어린 나이지만 어릴 때부터 삶의 부침을 겪어왔고 사람들과 좋지 않은 경험이 많이 있었던 일레인도 충동조절에 문제가 있는 성격이었다. 그런 성격이 톰의 성격과 충돌하니 그야말로 피 튀기는 전쟁 같았다. 두 사람은 첫번째 다툼 이후 일주일에 두 번씩은 싸웠고 나중에는 거의 매일 싸우다시피 했다. 하도 많아서 다 이야기할 수는 없지만 그중에서도 싸움의 주요 이유가 되었던 몇 가지만 나열해보겠다.

싸움 #1 나는 아이들이 정말 싫어

톰은 아이들을 싫어했다. 특히 사랑한다는 일레인의 아이는 더 싫어한다고 했다. 밤에 그녀와 통화를 하다가도 아이가 울면 전화를 끊어야 하는 게 톰은 너무 싫었다. 그것뿐만이 아니었다. 일레인이 그 멀리서 자신을 만나러 휴가를 내고 워싱턴으로 오면 일레인은 떨어져 있는 아이가 보고 싶고

정신치료는 기나긴 여행이다. 한 걸음씩 한 걸음씩 걸어가다 보면 어느덧 여행자의 몸에는 한 켜씩 시간이 쌓여간다. 오랜 시간을 여행한 자의 튼튼한 다리는 그 시간들의 무게가 만든 것이다. 점점 쌓여가는 시간의 무게만큼 그의 허물어질 듯하던 마음의 근육도 단단해질 것이다.

걱정이 돼서 종종 울었다. 꼭 자식이 있는 부모의 입장이 아니더라도 이건 상식으로라도 이해할 수 있는 문제였다. 그런데 톰은 이런 일이 있을 때마다 거의 빼놓지 않고 커다란 문제로 삼았다. 톰의 요점은 이것이었다.

'네 아이가 중요하냐, 내가 중요하냐.'

난 톰이 너무나 유아적인 생각을 한다는 확신을 가지고 이렇게 물었다.

"나는 이거 너무 상식적인 문제라고 생각하는데 정말 여자친구가 이해되지 않았던 겁니까?"

내 질문에 대한 그의 대답이 가관이었다.

"내가 왜 이해를 못 하겠어요? 그래도 순간순간 그런 일이 있으면 참지 못하겠는 걸 어쩌란 말입니까? 아니 내가 왜 그 아이를 두고 그녀와 다퉈야 합니까? 내 이런 성격을 뻔히 알면서 내 앞에서 아이 이야기를 자꾸 꺼내 분위기를 망치는 그녀는 도대체 나를 사랑하는 건지 뭔지 의심이 든단 말입니다."

아니 그럼 함께 사는 어린 아들이 엄마가 필요해서 울고 있는데 그냥 내팽개쳐두고 자신과 계속 전화 통화를 하는 게 옳은 일이란 말인가?

"당연히 아이한테 가야죠. 그걸 이해 못 하는 게 아닙니다. 하지만 나보다 그 아이를 더 중요하게 생각한다는 생각이 들 때마다 그 감정을 참을 수가 없단 말입니다."

경계선 성격장애를 이야기하면 적지 않은 이들이 자신도 그런 성격을 갖고 있는 것은 아닌가 불안해한다. 하지만 대부분은 장애에 해당되지 않는다. '경계선 성격' 성향을 가진 사람들과 '경계선 성격장애'를 가진 사람들은 많은 점에서 다르다. 경계선 성격장애를 가진 사람들은 '상식'적인 일에 대해서도 자신이 포기되었다거나 거절당했다는 느낌을 지우지 못해 화를 낸다. 그리고 그들에게는 이런 일이 가끔 일어나는 게 아니라 하루하루의 생활 속에서 일어나 사람관계를 어렵게 한다.

톰은 영리한 사람이었다. 자신의 이러한 점을 그는 잘 알고 있었다. 하지만 참을 수가 없었다. 그리고 그러한 점을 고치러 내게 왔노라는 말을 했다.

싸움 #2 계속되는 톰의 남의 탓

톰에게는 입양된 열여섯 된 아들이 있다고 앞서 말했었다. 톰은 최근 들어서 자신의 아들을 무척 보고 싶어했다. 테라피스트 입장에서 그가 갑자기 아들을 만나고 싶어하게 된 계기가 뭔지 궁금했다. 그래서 그 이유를 찾기 위해 많은 세션을 보냈다. 결론이 내려진 건 아니었지만, 그 시작은 일레인을 만나면서부터였다. 일레인이 그녀의 아들과 시간을 보내는 게 너무 싫었지만 아이러니하게도 그녀의 아들은 입양된 톰 자신의 아들에 대한 감정을 가슴으로부터 끄집어냈다.

그 감정이 고통스러워 그가 일레인의 아들에 대해 그렇게 화를 낸 건 아닐까 생각한 것을 톰에게 물어보지 말았어야 했다. 톰은 자신이 생각지 못하던 것을 발견했다는 듯 눈을 빛내며 미소를 지었다. 그리고 바로 그것 때문이었다며 쾌재를 불렀다. 그리고 또 오랜 시간을 이것 때문에 일레인 과 싸웠다. 사정은 이러했다. 톰은 일레인에게 당장 이렇게 따졌다.

"네 아이가 그렇게 중요하고 내가 이해해주기를 원한다면서 너는 어떻게 내 아들에 대해 일언반구도 없어? 네 아들 이야기가 나올 때마다 내가 내 아들이 연상돼서 괴롭고 고통스러워한다는 걸 헤아려보기나 했어?"

그런데 이렇게 따지는 톰에게 일레인은 이렇게 대들며 말했다.

"너 아주 좋은 변명거리 하나 생겼구나? 그렇게 변명거리를 만들어주는 게 정신과 치료니? 그러면 너, 네 형에 대해서는 왜 질투하고 거기에 대해 서 매일 부모를 원망하니? 그것도 네 형을 보면 아들이 생각나서 그러는 거야?"

이런 대화가 오고간 다음, 항상 톰은 화가 머리끝까지 나서 참지를 못했다. 전화기는 부서지기 일쑤였고 주변의 액자며 유리들이 남아나지를 않았다. 그런 일이 있은 다음날 두 사람은 또 아무 일도 없었다는 듯 사랑을 속삭였다.

싸움 #3 정신적 학대의 기묘한 공생

일레인은 톰 때문에 안정된 직장까지 포기하고 수입도 줄이면서, 그리고 여러 가지 불편을 감수하면서까지 이사를 했다. 그 덕분에 톰은 마음 놓고 그녀를 만나러 갈 수 있었다. 그런데 일레인은 자신의 희생에 대해 톰이 알아주지 않는 것이 너무나 서운했다. 그래서 거기에 대해 이야기를 하면 톰의 태도는 이러했다.

"난 비행기를 타고 널 보러 더 자주 가. 그렇게 따지면 나처럼 사회보조금으로 먹고사는 사람이 이렇게 자주 만나러 오는 것은 희생 아닌가?"

그러면 일레인은 또 이렇게 받아쳤다.

"넌 네 부모가 돈을 주잖아. 여기 오는 게 너한텐 일도 아니잖아?"

톰은 이렇게 말했다.

"너 보려고 부모한테 손 벌려야 하는 내 마음을 상상이나 해봤어?"

하지만 톰의 이런 말에 질 일레인이 아니었다.

"네가 언제 나 때문에 부모한테 손을 벌렸어? 거짓말 좀 하지 마! 너 원래 어릴 때부터 부모한테 돈 받으며 썼잖아."

이렇게 또 상처가 건드려지면 톰은 참지를 못하고 기물을 파손하기 시작했다. 그리고 다음날은 또다시 두 사람 다 아무렇지 않았다. 톰은 자신이나 일레인 모두 싸움이 필요한 사람들이라고 했다. 한참 다투거나 기물까지 파손하고 나서 약간의 시간이 지난 후에는 마음이 그렇게 가벼워질 수가 없다고 했다. 참 정신적 학대가 심한 관계인 것 같은데 신기하게 그렇게 매일 싸우면서도 그들의 관계는 1년이 넘게 유지가 되었다. 톰이 만났던 수많은 여자들 중에서 가장 오랜 시간 관계를 유지했던 여자가 일레인이었다. 톰은 일레인이 얼마나 소중한 여자인지를 말로써 다 표현하지 못한다고 했다.

정신분석이 가능한 경우

영화나 소설에서처럼 최대한 살아온 과정을 산산조각 내서 쉴새없이 자신을 발견해나가는 그런 일이 테라피스트와 클라이언트 사이에서 실제 일어날까? 어떤 때는 환자들이 발견한 자신의 새로운 모습에 벅차서 한참 동안 말없이 숨을 가쁘게 내쉬기도 한다. 그럴 때면 내 사무실에서는 숨소리와 시계바늘 소리만 들린다. 그런데 이런 정신분석의 과정이 가능한 사람과 그렇지 않은 사람들이 있다. 내가 병원에서 만나는 사람들은 심한 정신병을 앓고 있는 이들이다. 정신분석을 이들에게 적용하는 것은 문제가 많다.

예를 들어, 심한 정신분열증을 앓고 있는 사람이 들여다보는 자신의 세상은 왜곡된 형태일 경우가 많다. 게다가 정신분열증에서 많이 회복된 사람에게 정신분석학을 적용했다가는 아물어가는 상처에 다시 상처를 낼 위험이 도사리고 있다. 그런데 톰에게는 이런 종류의 정신분석이 가능했다. 행복한 가족은 아니었지만, 학구적인 집안 분위기에서 그가 접했던 독서량은 웬만큼 되는 편이었다. 무엇보다도 본인이 그러한 분석을 원했다. 그것을 통해서 얻은 과실들 또한 많았다. (앞의 글에서 그가 가진 문제점들을 정리해놓았다. 그렇기에 그 문제점들을 또다시 자세히 나열하지는 않겠다.)

섹스할 때 불을 끄는 이유

그는 멀쩡한 몸을 가지고 있으면서도 성관계를 할 때는 항상 불을 끈다든지 하면서 자신의 몸을 여자친구에게 숨겼다. 그냥 부끄러워하는 정도가 아니라 필사적으로 여자친구가 자신의 몸을 보는 것을 꺼려했다. 도대체 그의 이런 습성이 언제부터 시작된 것인지 하나하나 유추해나가 보았다.

그가 중학교에 입학했을 즈음에 이런 일이 있었다. 밤에 잠을 자다가

목이 말라 거실로 나왔는데 안방에서 신음소리가 들렸다. 자신의 아버지가 어머니가 아닌 다른 여자와 관계를 맺고 있는 소리였다. 그는 방으로 올라가지 않고 그 신음소리가 멈출 때까지 안방에 귀를 대고 있었다. 톰이 성에 눈을 뜨기 시작했을 즈음이었다. 비슷한 시기에 이런 일도 있었다. 난생 처음으로 친구가 학교로 가져온 포르노 사진들을 보았다. 그는 주머니를 털어서 그 사진들을 친구로부터 구입했고 가방 속에 넣어두었다. 그런데 같은 반 여학생 한 명이 그것을 선생님에게 밀고해버린 것이다. 당장 선생님에게 그 사진들을 압수당했고 톰의 부모님까지 학교로 달려왔다. 톰의 아버지와 어머니는 톰을 꾸중했다. 그리고 왜 그런 것이 나쁜 일인지를 설명하려 했다. 톰은 혼란스러웠고 성에 대해서 커다란 죄의식이 생겨나기 시작했다.

그 죄의식에다가 기름을 끼얹은 일이 바로 옛날 여자친구가 아이를 임신한 사건이었다. 하지만 여자친구를 알기 전부터 자신의 몸을 어둠 속에 숨기는 습관이 있었으니 그 임신 사건이 그의 습관과 직접적인 연관이 있는 것은 아니었다. 그런데 성인이 돼서는 그 죄의식을 잊고 살았다. 톰은 이기적이었지만 그러면서도 자신을 증오하며 살았다. 자신을 증오하는 기분이 나아지는 때는 성관계를 할 때뿐이라고 했다. 자신이 원하는 대로 뭔가를 지배하는 느낌, 그리고 그것으로 인해 자기 존재를 확인하는 그 느낌으로 인해 더욱더 성에 대해 집착하고 탐미하게 됐다는 것이다. 하지만 그는 상담을 통해 그가 항상 가지고 있던 '죄의식'에 대해서 알게 되었다. 그걸 발견했을 때 그는 이렇게 말했다.

"생각해보니 내가 잘못한 건 아무것도 없군요."

기가 막혔다. 어떤 동물이 순식간에 먹이를 낚아채는 것을 본 일이 있다. 톰은 마치 맛있는 먹잇감을 찾았다는 듯 만족하며 그걸 낚아채버렸다. 이기적인 톰. 그래서 모든 것에 대해 주변 사람들을 탓하는 톰이 분석에 대해 이런 식의 결론을 내리는 것은 결코 바람직한 것이 아니었다. 합당한 것이든 아니든 간에 이런 결론은 톰의 이기심에 정당성을 더 공고히 해주기 때문이다. 더 공고해진 이기심은 계속 주변 사람들을 떠나게 할 것이며 결국 그는 더욱 밀폐된 생활을 할지도 모른다. 그나마 남은 가족들은 결국 톰 때문에 피폐해진 마음을 평생 다스려야 할 것이다. 그런데 나의 입에서는 이런 말이 나오고 말았다.

"네, 그런 것 같아요."

장기적으로 보지 못하고 당장 눈앞의 치료에 눈이 멀어서 나온 나의 실수였다.

'이것은 누가 잘못하고 아니고의 문제가 아니다. 그때 그런 일로 성관계에 대한 당신의 죄의식이 시작되었고 당신이 느끼지 못하던 죄의식은 무의식 속에서 점점 커져갔다. 그리고 부정적 느낌을 가리려는 당신 표면의 자의식이, 커가는 죄의식을 당신의 무의식 속에 그동안 가둬버린 것이었다. 가려져 있는 무의식 속에 또 뭐가 있는지 당신을 가리는 자의식을 거두고 한번 파헤쳐보자.'

이렇게 이야기했어야 했다. 어쨌건 톰은 신기하게도 그날부터 불을 켜놓고 자신 있게 성관계를 할 수 있었다. 자신을 괴롭히던 오랜 습성 중의 하나가 고쳐졌다며 그는 기뻐했다. 하지만 나는 함께 기뻐할 수가 없었다. 마음속에 찜찜함을 안고 상담을 계속 진행해야 했다.

부모에 대한 이슈

앞에 말했던 것처럼 그의 부모가 서로 맞바람을 피운 것에 대해서 톰은 문제 삼지 않았다. 문제는 둘이 맞바람을 피우느라 자신이 한창 필요로 할 때 신경 써주지 않았다는 점이다. 그가 더 분노하는 일은 그의 형을 항상 더 챙겨주었다는 것이다. 그가 마약에 찌들고 공부도 하지 못했고 직장도 없이 정신병을 앓게 된 것은 모두 가족으로부터 기인한다는 게 그의 논리였다.

나는 톰의 논리와는 반대로, 그의 부모가 지금까지 얼마나 헌신적이었고 그의 형조차 그를 얼마나 챙기고 있는지를 설명하며 뭔가 다른 것이 더 있어야 당신을 이해하는 데 도움이 되겠다고 말했다. 그래서 다시 톰과 그의 기억 끝자락으로부터 여행을 시작했다. 말을 한다는 것은 자신을 발견해가며 생각을 정돈해가는 치료약이다. 테라피스트가 말을 하는 사람에게 하는 일은 말을 더 많이 할 수 있게 도와주고 무엇에 대해서 말을 해야 하는지 방향 제시를 해주는 일이다. 그는 자신과 부모와의 관계에 대해서 장황하게 말을 늘어놓았다. 그런데 아무리 들어봐도 상황들을 모두 부모의 잘못으로 돌릴 수 있을 만한 사건이 없었고, 그렇게 이해될 만한 단서도 없었다. 그의 아버지와 어머니의 잦은 다툼과 맞바람, 그리고 이혼이 이유일 것이라 생각하고 탐구했지만, 그건 아무래도 눈에 보이는 것만 가지고 내 식대로 끼워 맞추기 하는 것 같았다.

당연히 이러한 부모의 문제들이 톰에게 부정적인 영향을 미쳤다는 것은 자명한 일이겠지만 본질적인 원인은 아닌 듯했다. 그건 톰 본인도 말하지 않던가. 부모가 뭘 하던 그건 자신의 문제가 아니었다고 말이다. 부모의 트러블 자체에 대한 분노가 아니라 그 일로 인해서 자신에게 신경을 덜 써줬다는 게 문제이지 않은가 하고 말이다. 그래서 나는 '부모가 내게 신경을 덜 써줬'라는 반복적인 그의 말에 더 집착을 하며 들었다. 그렇게 여러 번 톰과 부모와의 관계에서 그가 기억하는 부분들을 듣고 또 들었다.

'의존적 성격장애'

결국 발견한 게 이거였다. 내가 생각해도—누구도 그에게서 발견한 적이 없던—대단한(?) 발견이었다. 왜냐하면 내 이야기를 듣고 그의 가족들이 그를 진정으로 이해했다면서 눈물을 흘리며 더 돈독한 관계 형성의 계기가 됐기 때문이다. 의존적 성격장애는 이렇게 요약할 수 있다.

• 의존적 성격장애Dependent Personality Disorder

혼자서는 아무것도 하지 못하는 성격이다. 여기에 해당하는 사람들은 하루하루의 생활에서 작은 일을 결정하는 것조차 곤욕이다. 자기 자신의 인생에 대한 책임과 결정은 물론 하루하루의 작은 결정을 항상 다른 사람에게 의지해야 하며, 혼자 있게 되는 것을 무척 두려워한다.

'경계선 성격장애'가 나왔을 때도 설명했지만, '의존적 성격'과 '의존적 성격장애'라는 말을 잘 구분하자. 그러한 성격이 있다고 해서 다 부정적인 것은 아니고 정신병인 것도 아니라는 사실을 명심해야 한다. 성격장애는 말 그대로 '장애'로 판명될 정도로 심각할 때 정신과 쪽의 문제로 명확해지는 것이다. 성격장애가 있는 사람들을 많이 만나다보면 테라피스트로서 쉽게 알 수 있는 게 한 가지 있다. 그 원인을 찾기 힘든 경우가 꽤 많다는 사실이다. 톰의 경우도 그랬다. 그에게 의존성 성격장애가 생기게 된계기를 뚜렷이 찾을 수가 없었다. 특별히 어떤 성격을 가지고 태어났다는 이론이 성립되는 경우도 있겠지만 그에 대해서는 좀더 과학적인 연구가 진행돼야 할 것 같다.

톰은 사실 혼자서 뭘 할 줄 아는 성격이 아니었다. 작은 결정조차 혼자 하는 경우라면 그는 힘겨워했다. 게다가 어릴 때는 말이 없었고 가족하고만 붙어 지내고 싶어했다고 한다. 그의 형과는 달리 유치원에 가는 것조차 톰에게는 하루하루가 고통이었다. 그런데 그 고통은 초등학교에 들어가고 중·고등학교에 들어가서도 줄어들지 않았다. 하지만 톰은 그 고통을 속으로 감추며 살았다. 그게 뭔지 표현할 줄 몰랐기 때문이었다. 거기다가 자존심 강한 그의 성격이 한몫을 더했다. 그러자 성인이 될 즈음해서는 자신의 고통에 대해서 아무렇지도 않은 척하다가 결국 참지 못하고 크게 폭발해버리는 습관이 생겼다.

이러한 톰의 성격을 가족들은 인지하지 못하고 있었다. 서로 다른 분야에서 전문가들인 톰의 부모는 오래전부터 출장이 잦은 터였다. 게다가 아이들에게는 독립심을 일종의 미덕으로 강조했다. 자연히 톰이 오랜 기간 유치원에서 끊임없이 울어도 '독립심'을 배우는 한 과정으로 치부하며 지냈다. 의존적 성격장애가 있다고는 생각지 못하고 독립심을 키우는 과정이려니 생각하며 살았던 것이다. 하여튼 자신에게 잘해주는 부모를 두고 항상 신경을 써주지 않았다는 톰의 불평은 여기에서 연유했다.

"미안하구나. 다 내 잘못이다. 미안하다……"

내 설명을 들은 톰의 어머니는 가족 상담을 할 때 이렇게 말하며 흐느

껐다. 그리고 톰은 이젠 다 용서를 했다며 괜찮다고 했다. 그런 톰을 옆에 앉아 있던 그의 형이 껴안았고 그 두 사람을 포개서 그의 아버지가 포옹을 했다. 헤어졌던 어머니와 아버지가 함께 자식을 위해 상담을 받으러 온다는 건 아무리 미국적인 문화라 해도 보통 애정이 아니고서는 힘들다. 더군다나 각자의 배우자를 놔두고서 말이다. 그런데…… 이 감동적이어야 할 장면이 나는 또 찜찜했다. 자꾸만 이런 생각이 들었다.

'내가 지금 이거 맞게 하고 있는 건가? 이기심, 나는 지금 톰의 이기심에 또 하나의 정당성을 제공하고 있는 게 아닌가……'

"미안하구나. 다 내 잘못이다. 미안하다……"

처음 톰 이야기를 쓰고 난 후 몇 주 사이에 또 많은 일이 일어났다. 그래서 마치 현장 생중계를 하고 있는 느낌이다. 사실 톰에게만큼 내가 공을 들인 사람은 드물었다. 톰과는 정신분석을 하며 토론이 가능했고 무엇보다 그가 그런 종류의 정신 상담을 원했다. 그래서 다른 환자들보다도 더 자주 만나서 상담을 했다. 그렇다고 다른 환자들과 차별한 것은 아니었다. 나는 환자가 필요로 하는 만큼만 만난다. 톰에게는 단지 그렇게 하는 것이 그가 필요로 하는 것이라는 판단이 들었기 때문이다. 아마 그래서 더 할 말이 많은 건지도 모르겠다.

도저히 버릴 수 없는 감정

치료를 시작하다

난 톰에게 해준 것이 참 많다고 생각했다. 매주 상담을 하고, 약속한 날짜에 휴일이 끼어 있으면 다른 날로 옮겨서라도 그를 만났다. 매주 테라피스트를 만나게 해주는 것 자체가 특혜라면 특혜였다. 병원 입장에서 봐도 보험 문제나 복잡한 정부의 방침도 있었다. 그래도 나는 그가 필요하다고 생각하는 만큼 지원을 해주었다.

경계선 장애가 있는 사람들에게 가장 좋은 치료 방법은 '성취감'을 느낄 수 있게 도와주는 것이라고 믿는다. 물론 다이얼렉티컬 행동치료 Dialectical Behavioral Therapy, DBT라는 방법이 경계선 장애가 있는 사람들에게 상당히 효과가 있는 것으로 알려졌고, 한참 유행을 탈 조짐을 보이지만 톰에게는 무리가 따르는 치료였다.

다이얼렉티컬 행동치료DBT

이쪽 분야에 관심을 가진 분들을 위해서 내가 알고 있는 DBT에 대해 짧게 설명을 하고 넘어가겠다. 이게 톰에게 왜 무리가 가는지에 대한 설명을 위해서도 DBT에 대한 이해가 필요하다. 같은 DBT 이론이라도 병원의 상황이나 환경에 따라 조금씩 다르게 적용을 한다. 다음의 내용은 내가 지금 근무하고 있는 병원에서 지원하는 DBT에 대한 이야기이다. DBT를 받고자 하는 사람들은 이 치료를 1년여 간 꾸준히 받겠다는 일종의 약속이나 서명 같은 것을 해야 한다. 1년의 프로그램 기간 동안 테라피스트와 환자들은 수많은 일들을 함께 해야 한다. 그게 벅차다고 해서 빠지거나 가끔씩만 치료를 받으러 온다면 DBT 치료법은 무용지물이 된다. 그런 이유로 DBT에 대해서 환자에게 잘 설명하고 치료에 1년 동안 성실히 임하겠다는 약속을 하는 사람만 DBT 치료 대상으로 선택하게 된다.

DBT 그룹은 두 명의 테라피스트를 그룹 리더로 하고 10명 미만의 환자들로 구성한다. 이 그룹은 상담 그룹이라기보다는 일종의 교육과 훈련을 시키는 그룹으로 보는 게 더 정확하다. 일주일에 한 번씩 꼭 참석해야 하며 세션은 1시간 반에서 2시간 정도 소요된다. 이 그룹 세션은 종소리와 함께 명상으로 시작된다. 여러 가지 명상 방법이 있지만 그룹의 테라피스트가 원하는 명상법대로 훈련을 받다보면 환자들은 명상에 어느 정도 익숙해진다. 명상이 끝나면 본격적인 훈련이 시작된다. 예를 들어서 자살 충동이 있을 때는 어떤 일을 해야 한다든지 예방법은 이러저러한 것이 있다든지 이야기하면서 강의를 시작한다. 강의 중에는 시나리오를 설정해주고 환자들끼리 심리극을 하며 발표를 하게 하는 시간도 있다. 강의를 마치면 환자들의 나눔 시간이다. 지난 일주일 동안 각자 자신이 겪었던 일에 대해서 대화를 나누고 필요하다면 테라피스트가 끼어들어 지도를 한다. 마지막으로 과제물 시간이다. 테라피스트는 강의 중에 환자들이 해온 과제물을 검사하고 나누게 한다. 그리고 세션의 끝 무렵에 다음 과제물에 대해서 구체적으로 설명한다. 환자들은 매주 과제물을 해와야 한다.

개인 세션

DBT를 지도하는 테라피스트를 개인 테라피스트로도 만나는 게 가장 이상적이다. 하지만 피치 못할 경우가 있다. DBT 치료를 하기 위해 자신을 치료해오던 개인 테라피스트를 바꾸는 게 환자들 입장에서는 무척 어려운 일이다. 더군다나 경계선 장애가 있는 사람들에게는 이게 더 어렵다. 내 개인적으로는 일단 테라피스트를 바꾸라는 설득을 해보고 그게 되지 않으면 원하는 대로 하라고 허락을 했다.

톰이 그랬다. 나는 DBT 그룹 테라피스트로부터 개인 세션도 받아야 한다고 강조했지만 결국 톰은 내게서 계속 개인 상담을 받기로 했다. 이런 경우에는 내가 그룹 테라피스트들이 일주일에 한 번 참석하는 회의에 함께 참석해야 하는 의무가 생긴다. 그래야 그룹에서 무슨 일을 했고 과제는 무엇이며 그룹에서 했던 어떤 것을 개인 세션에서 환자에게 적용시키고 훈련

시켜야 하는지를 알 수가 있다. DBT 그룹 테라피스트들은 DBT 환자들과의 개인 세션을 일주일에 두 번이나 한다고 했지만 나는 그것만은 할 수가 없었다. 내가 아무리 톰에게 정성이 뻗쳐 있어도 일주일에 두 번이나 그를 만나는 건 너무하다고 여겨졌다. 더군다나 나는 DBT 관련 테라피스트도 아닌데 톰 때문에 귀중한 시간을 내서 일주일에 한 번씩 그들의 회의에 참석하고 있지 않은가?

전화 세션

DBT 치료에서는 이 부분이 사실 논란의 여지가 있다. 환자는 어떤 정신적 위기감이 들 때마다 자신의 테라피스트에게 전화를 건다. 당장 통화를 할 수 없는 테라피스트들은 자신이 허락하는 최대한 빠른 시간 내에 그 환자에게 전화를 걸어 세션을 시작한다. 예를 들어 환자가 자살충동을 느끼면 그 사람은 자신의 테라피스트에게 재빨리 전화를 건다. 전화를 받은 테라피스트는 그동안 DBT 그룹에서 공부했던 여러 심리 기술들을 환자와 함께 리뷰한다. 사실 경계선 장애 환자들이 전화하는 것에는 많은 문제점이 있다. 어떤 사람은 하루에 스무 번도 더 전화를 해서 테라피스트를 괴롭힌다. 테라피스트가 그렇게 전화를 하지 말라고 명확한 선을 그을라치면 거절당했다는 생각에 돌아서 버리기 일쑤다.

경계선 장애인들의 또다른 특색은 심리적으로 의존할 사람을 찾아 방황하는 이들이 많다는 것이다. 그러한 점들을 DBT 테라피스트들이 모를

리가 없다. 그런데도 명확한 선을 긋기는커녕 오히려 전화로 매일 세션까지 지원할 자세가 되어 있어야 한다니…… 나는 아주 난감했다. 이게 다 내 무덤을 내가 판 거나 마찬가지였다. 애초에 나부터 룰을 정확히 지켜야 했다. DBT 치료를 받고자 하는 환자는 DBT 그룹을 담당하는 테라피스트와 개인 상담도 해야 한다는 기본적인 룰을 나는 지키지 못했다. 톰의 애걸복걸에 마음이 움직여 그 파트를 내가 맡기로 한 것이다. 덕분에 나는 일주일에 한 번씩 DBT 테라피스트들의 모임에 나가야 했고 톰과의 전화 세션까지 감당해야 했다.

DBT 테라피스트들은 참 많은 일들을 감당해야 한다. 그들에겐 톰과 같은 경계선 장애 환자들이 여러 명이고, 위에 나열한 DBT의 룰에 따르려고 엄청난 노력을 기울인다. 당연히 많은 환자들을 감당하기에는 시간이 모자랄 수밖에 없다. 그래서 그들의 스케줄은 독특하다. 자신이 담당하는 전체 환자의 수를 줄이면서 DBT 중심의 스케줄을 짜려 노력한다. 또한 경계선 장애인들이 이 치료법의 가장 많은 수혜자들이기는 하나 DBT는 꼭 경계선 장애를 가진 사람만 받는 치료법은 아니다. 나르시시즘(자아도취)이 문제인 성격 장애인이라든지 조울증 등의 다른 정신병에도 유연하게 적용시킬 수 있는 치료법이다. 단 테라피스트가 자기 환자의 병과 특성이 DBT에 적합한지를 잘 판단해야 한다. DBT 치료를 한번 시작하면 그 치료 기간은 1년 동안 지속된다. 앞서 이야기한 바와 같이 환자들의 책임감 있는 참여가 가장 중요한 요소다.

딱 한 달…… 그리고 톰은 자신의 서약을 위반했다. 이 핑계 저 핑계를 대며 DBT 그룹에 나가지 않았다. 그러면서도 자신은 DBT 그룹에 이름이 올라가 있다는 이유로 전화 세션의 이득은 유지하려 했다. 매일 내게 전화를 했고 전화 세션을 요구했다. 나의 대답은 간단했다.

"그룹에 나가지 않으면 당신은 그룹의 멤버가 아니니까 더이상 내게 전화 세션을 기대하지 마."

톰의 변명은 항상 이러했다. "DBT를 그만둔 게 아니다. 잠시 쉬고 있는 것이다." 왜 쉬고 있느냐고 다그치는 내게 톰은 "DBT가 참 좋은 경험이고 도움이 되는 게 사실이지만 너무나 많은 걸 요구해서 불편했다"고 답했다. 그래서 잠시 쉬며 그것을 계속할지를 생각해보겠다고 했다. 그런데 내가 생각하기에는 이게 참 말이 되지 않는 이야기였다. 처음부터 DBT를 시작하면 환자의 책임은 무엇이고 테라피스트의 책임은 무엇인지 등등 설명을 충분히 했고, 1년 동안 DBT의 요구 사항을 따르지 못할 것 같으면 시작도 하지 말라고 충고했었다. 무엇보다도 난 톰이 DBT를 통해 많이 좋아질 거라는 확신이 있었다. 그런데 그게 판단 착오였다. 톰은 자신이 편한 대로 살아온 사람이었지 DBT에서 요구하는 여러 가지를 1년 동안 지킬 수 있는 성격이 아니었다. 한마디로 톰은 어딘가에 얽매이는 것을 싫어했다.

얼마 후 DBT 테라피스트에게 연락을 받았다. 톰은 DBT 그룹에 세 번을 빠졌고 자신들의 룰에 따라 톰을 DBT 치료 대상에서 제외시켰다고 했다. 당연히 그렇게 해야 했다. 그런 룰을 지키지 못하는 환자를 제외시키지 않고 놔두면, 항상 예외를 인정해야 할 것이고 그렇게 되면 DBT 그룹 자체를 유지하기 힘들 것이다. 그런데 톰은 또 이걸 걸고 넘어졌다.

"나는 잠시 쉬면서 생각할 시간이 필요했을 뿐이다. 어떻게 나를 DBT에서 제외시키는가?"

나는 그렇게 화를 내고 있는 톰에게 이렇게 되물었다.

"당신은 어떻게 그토록 인정하기를 싫어하느냐. 그냥 인정해라. 이미 룰에 대해서는 수도 없이 설명했고 당신은 그걸 지키지 않았다. 당신이 DBT에서 제외된 것은 룰을 지키지 않은 당신 책임이다. DBT의 성격을 알면서 잠시 쉬며 생각한다는 게 말이 되는가?"

톰은 그날 내가 말하는 도중에 벌떡 일어나더니 문을 쾅 닫고는 사무실 밖으로 나가버렸다. 내 말에 단단히 화가 난 모양이었다. 내가 "모든 탓을 네게로 돌려라. 남 탓하지 말고"라는 식으로 이야기했으니 그의 상처를 건드려놓은 셈이었다. 하지만 이런 직접적인 상처 건드리기도 테라피스트로서는 주저하지 말아야 할 때가 있다. 예상대로 톰은 그다음 주 예약시간에 다시 아무 일이 없었다는 듯 찾아왔다. 이런 연유로 그를 위해 시도했던 DBT는 실패로 돌아갔다.

성취감 프로젝트

성격장애인 중에서도 경계선 성격장애인들 치료에 가장 중요한 요소 하나가 바로 성취감을 느끼게 해주는 일이라고 나는 믿는다. 내가 나가는 병원처럼 규모가 큰 곳은 병원 내의 다른 프로그램들과 연계를 시켜서 환자들을 위해 일자리를 제공할 수 있는 이점이 있다. 나는 톰이 컴퓨터 그래픽 쪽으로 취미가 있음을 진작부터 알고 있었다. 나는 그를 직장 내의 직업교육 프로그램과 연계시켜줬다. 교사들은 그를 열심히 훈련시켰다. 그리고 그쪽 분야를 전공으로 해서 대학교에 보내주는 것이 아닌가? 장애인들에게는(정신 장애까지 포함해서) 수업료를 대부분 대학교에서 해결해준다. 톰은 학비를 한 푼도 낼 필요가 없었다.

학교 수업이 톰에게는 무척 재미있고 흥미로웠지만 문제가 있었다. 학교를 가기 전에는 뭔지 모를 불안감으로 항상 떨어야 했다. 나는 그게 당신을 어릴 때부터 괴롭히던 방해자다, 이번에는 이겨라 하면서 그를 채근했다. 그게 효과가 있었는지는 모르겠지만 날이 갈수록 그의 불안감은 줄어들었고 대학교에 재미를 붙이기 시작했다. 거기다가 성적까지 항상 A를 받았다. 톰의 교사들은 이제 톰에게 파트타임 직장을 줄 때가 되었다고 생각했다. 당연히 그들의 생각에 나도 동의했다. 얼마 지나지 않아 톰은 작은 그래픽디자인 회사에 파트타임 직원으로 고용됐다.

삼십대 중반까지의 인생에서 한 번도 경험하지 못했던 대학생활과 직장생활을 톰은 성공적으로 시작했다. 여러 번의 실패에도 불구하고 지속적인 상담을 해주었던 나의 공로도 있을 터이고 병원 내의 유능한 교사들의 공로는 더욱 클 것이다. 그의 어머니로부터도 전화가 왔다. 톰의 인생에서 이렇게 그가 좋아 보였던 적이 없다며 감동의 눈물을 흘렸다.

사랑의 발견

사람 사는 모습이 다 그렇겠지만 나는 환자들을 보면서 그걸 더 자주 볼 기회가 있는 것 같다. 인생에는 항상 기복이 있다. 좋아지는 시기가 있으면 나빠지는 시기에 대해 준비해야 하고 나빠질 때는 좋은 시기에 대한 믿음을 가져야 한다. 톰의 좋은 시기는 일레인과의 어떤 사건으로 인해 꺾이기 시작했다. 앞 편에서도 설명했지만 일레인도 정신적인 트라우마가 많은 사람이었다. 특히 자기 친척들에게 성폭행을 당하기 시작했던 게 8월 여름이었고 톰은 그달에는 그녀를 만나러가지 말았어야 했다. 더군다나 톰과 일레인 두 사람은 시도 때도 없이 싸웠다가도 금세 풀어지는 그런 성격들이었다.

지난 8월에 톰은 일레인과 시간을 보내려고 캘리포니아로 날아갔다. 일레인은 정신이 많이 약해져 있던 때였고 톰은 뭣도 모르고 아무것도 아닌 일로 싸움을 걸었다. 일레인은 그만 폭발해버렸다. 한 성격 한다는 톰조차 질려버릴 정도로 폭발해버렸던 것이다. 급기야 일레인은 톰에게 이런 말을 해버리고 말았다.

"너를 보고 있으면 나를 강간했던 사람들 생각이 나. 날 정신적으로 학대하는 것까지 그 사람들과 다를 게 하나도 없어. 나 이제 너와 더이상 도저히 함께할 수가 없을 것 같아."

톰은 충격을 받고 워싱턴으로 돌아왔다. 하지만 매일 그녀와 전화통화를 수 시간 동안 하는 습관은 여전했다. 과연 정말 두 사람의 관계에 이상이 있는 건지 의아할 정도였다. 그런데 그런 나의 의아함에 카운터펀치를 날리는 사건이 터졌다. 어느 날 병원 사무실로 내게 다급한 전화 한 통이 걸려왔다. 톰이었다. 톰은 너무나 흥분된 데다 울먹인 나머지 제대로 말을 하지 못했다.

"지금 일레인과 통화를 했는데요…… 일레인이…… 일레인이…… 어제 다른 남자와 잤다는 고백을 했어요. 그 남자와는 아무 느낌이 없더라면서 내게 미안하다고……. 내가 어쩌면 좋을지 오늘 당장 만나주겠습니까?"

참 복잡한 관계였다. 그래도 뭔가 이상했다. 톰은 몸과 마음을 분리하는 사람이었다. 자신의 여자친구가 몸은 다른 사람과 함께 있어도 마음만 주지 않으면 만사가 오케이인 사람이 톰이었다. 그런데 이런 흥분되고 울먹이는 목소리는 뭐란 말인가. 그날 나는 퇴근도 못 하고 톰을 만났다. 나는 제일 먼저 톰에게 일레인과의 관계에서 원하는 게 무엇인지를 물어봤다. 그리고 어떻게 해야 나중에 후회되는 감정을 최소화시킬 수 있는지 생각하면서 결정을 내리라는 조언을 해주었다. 물론 몸은 바람을 피워도 마음만 괜찮으면 바람 피운 게 아니라는 그의 평소 철학은 어디로 간 것인지도 물어보았다.

"그녀를 정말 사랑합니다. 사랑한단 말입니다. 내 마음이 이렇게 괴롭고 슬픕니다. 그녀가 미운 게 아니라 그렇게까지 되도록 그녀를 괴롭힌 내가 더 밉단 말입니다. 내가 이기적인 사람이란 것을 압니다. 하지만 난 누구에게도 거짓을 이야기한 적은 없는 것 같습니다. 그게 내 강점이자 약점이기도 하지 않습니까. 한 번도 누군가를 이렇게 사랑한 적은 없습니다. 믿어주세요. 그리고 내가 어찌해야 할지 도와주세요."

난 순간 눈시울이 뜨거워졌다. 사랑을 하면서 드디어 톰이 철이 드는구나 하는 생각이 들었다. 난 톰이 지금 이 순간 진정으로 원하는 것이 무엇인지를 계속 탐구했다. 톰은 결국 이렇게 말했다.

"내가 진정으로 원하는 것은…… 그녀의 행복입니다. 그녀가 행복할 수 있다면 나는 나대로 행복을 찾을 자신이 있습니다. 그러니까 그녀의 행복이 내가 행복하기 위한 선결조건입니다."

나의 조언은 간단했다. 일레인과 계속 대화를 하고 그녀가 원하는 대로 해주라는 말을 했다.

일레인, 그리고 이기심

원하는 대로 해주겠다는 톰의 말에 일레인의 심경 또한 무척 복잡했다. 자신을 사랑해주는 톰을 놓기는 싫었고, 또 아무 일 없었다는 듯 애인관계를 유지하기도 싫었다. 무엇보다도 서로 정신적인 학대를 하는 관계로 돌아가는 게 일레인은 두려웠다. 결국 일레인은 이상한 조건을 내세웠다.

"더이상 애인관계는 하지 말자. 그리고 나는 자유롭게 다른 남자들을 만나고 다닐게. 하지만 내 마음을 정할 때까지 너는 항상 그 자리에 있어주기를 바랄게. 그게 지금 가장 솔직하게 원하는 거야."

톰은 내게 이렇게 말했다.

"사실 나 때문에 그녀가 얼마나 많은 것을 포기하며 살아왔는지 압니다. 또 내가 그녀를 정신적으로 얼마나 괴롭혀왔는지도 압니다. 한 번도 누군가를 위해 내 이기심을 포기한 적이 없습니다만 그녀를 위해 포기하겠습니다."

톰은 정말 그렇게 했다. 계속 일레인에게만 충실했고 여전히 그녀와 매일 전화 통화를 했다. 톰은 여전히 대학 수업을 잘 들었고 직장에도 충실히 나갔다. 톰의 가족들은 일레인에게 분노했지만 오히려 그는 일레인을 비난하는 가족들에게 분노했다. 조금 우울해 보이기는 했지만 일레인과의 관계를 통해 톰은 자아를 고쳐나가고 있는 것 아닌가, 나는 그렇게 긍정적으로 생각하고 있었다. 그런데 지난달에 어떤 일이 터지고 말았다.

톰의 어머니로부터 급한 전화가 걸려왔다. 톰이 요 며칠간 학교와 직장에도 나가지 않고 전화도 없이 조용하기에 아파트에 가보았더니 톰의 상태가 너무나 좋지 않더라는 것이었다. 더군다나 손목의 상처 자국은 그녀를 두려움에 떨게 만들었다. 나는 톰과 통화를 했다. 그는 이렇게 말했다.

"그냥 내 자신이 너무나 증오스러워요. 아무것도 할 수가 없고 몸을 움직이는 것조차 싫어요. 죽고 싶어서 면도칼로 손목을 찔러보았습니다. 아프더라구요. 무서워서 찌르다가 말았습니다."

아뿔싸…… 정신적으로 약한 사람에게 이기심은 때로 그 사람을 지탱해주는 힘일 수도 있다는 누군가의 말이 생각났다. 처음으로 사랑하는 사람을 위해 이기심을 포기했던 톰의 마음속 빈 공간이 이토록 컸단 말인가. 나는 당장 그를 감금병원으로 보냈다. 일주일 후 병원의 사회복지사는 그가 멀쩡해졌다며 내 의견을 들어보지도 않고 그를 집으로 돌려보냈다. 나는 톰을 만나서 그의 상태를 살펴보았는데 여전히 지독한 자괴감과 우울증에 시달리고 있었다. 나는 다시 그를 병원에 보냈다. 이번에는 병원 안에서 그의 상태를 매일 소상하게 체크했다. 그는 퇴원하기 전날 내게 이렇게 말했다.

"병원에서 동료 여자 환자를 만났습니다. 참 아름다운 여자인데 나한테 관심을 가져주더라구요. 우리는 전화번호를 교환했습니다. 일레인에게 죄의식을 느끼지만 저는 병원에서 새로운 에너지를 느꼈습니다. 물론 새로운 약들이 저를 많이 도와주기도 했습니다."

나는 드디어 그가 퇴원하는 데 동의를 했다.

다시 찾은 이기심

이기적인 톰. 그가 퇴원 후 첫 세션에서 내게 이렇게 말했다.

"아무래도 테라피스트를 바꿔야 할 것 같습니다. 난 지금까지 모든 사람들이 시키는 대로 했는데 내가 왜 병원에 들락거려려야 했는지 이해가 되지

이기적인 톰…… 그는 삶의 에너지를 다시 찾았다.

않습니다. 시키는 대로 했으면 내 상태가 좋아져야지 왜 더 나빠져서 병원으로 가게 되었을까요? 거기에는 테라피스트인 당신의 책임이 큽니다."

이 말을 듣는 순간, 나는 화가 났다. 그동안 톰을 위해서 얼마나 많은 일들을 했던가. 그런데 그건 한순간이었다. 그 순간이 지나자 기쁜 마음이 들었다. 이기적인 톰……. 그는 삶의 에너지를 다시 찾은 것이었다.

에필로그

톰은 다시 제자리로 돌아왔다. 테라피스트를 바꾼다고 해서 하고 싶은 대로 하라고 했더니 그다음에 와서 사과를 했다. 일레인과는 계속 그런 관계를 유지하고 있지만 톰은 이제 자신이 살아갈 방법을 깨우쳤다고 했다. 자신의 이기심에 대한 정당성에 대해 말하는 것 같았지만 그냥 두기로 했다.

톰에 대한 나의 장기적인 계획은 이렇다. 톰은 무사히 대학을 졸업할 것이고 그래픽디자이너로 정규직 직장을 얻을 것이다. 자신의 성취를 보면서 마음의 여유가 생길 것이고 가족과 주변 사람들을 끌어안기 시작할 것이다. 그러는 가운데 이번에 일어났던 일들이 또 생길 수 있겠지만 나는 그때마다 그가 장기적인 계획을 포기하지 않도록 모니터링 할 것이다. 세월이 가면서 그의 내공의 벽은 조금씩 두터워질 것이고 그는 어느 순간 이렇게 말할 것이다.

"이젠 누구에게도 그렇게 많이 의지하지 않을 자신이 있습니다. 그동안 정말 고마웠습니다."

내가 너무 큰 꿈을 꾸는 건지 모르겠지만 난 그런 날이 오리라고 믿는다. 지금까지 그가 이룬 성취만으로도 그가 충분히 그런 꿈을 이룰 수 있는 사람임을 증명했다고 생각하기 때문이다. 그는 마약을 끊었고 대학과 직장을 다니고 있다. 아주 오랜 시간 조금씩 앞으로 나아갔던 결과물들이다.

다시 한번 말하지만 정신치료는 건물을 짓기 위해 오랜 시간 차곡차곡 벽돌을 쌓아올리는 과정과 같다. 올리는 속도가 느리기도 하고 때로는 벽돌이 무너져내리기도 하지만 결국 꾸준히 쌓아놓은 튼튼한 벽돌은 남아서 계속 쌓여 올라간다. 순간 뒤를 보면 얼마나 많이 발전해왔는지 알지만 천천히 그렇게 조금씩 해왔기 때문에 발전에 대한 별다른 감흥이 일지 않는 것도 사실이다.

어떤 이들은 정신과 치료를 통해서 빠른 회복을 기대한다. 증상이 경미한 경우는 그게 가능하겠지만 그런 생각을 가지고 오는 대다수의 사람들은 실망감을 안고 떠나간다. 테라피스트들은 마술사가 아니다. 그런 점을 생각해볼 때 오히려 오랜 시간 포기하지 않고 약물치료와 상담치료를 받아왔던 톰의 지속적인 노력은 평가해주고도 남음이 있다.

마지막으로 톰의 이기심에 대해서 한마디 덧붙이겠다. 내가 이 글을 쓰면서 약간 두려운 점이 있었다. 글을 읽는 이 중에 혹시 "이기심은 나를 지탱해주는 힘이었구나. 계속 이기심을 놓지 않고 살아야지"라는 생각을 하는 사람이 있을까 싶어서다. 지금까지 톰에 대한 세 편의 이야기를 통해 설명했지만 톰은 복잡한 정신세계를 가지고 있고 여러 가지 정신병력이 있다. 사회적으로 보면 주변의 도움 없이 이성적으로 혼자서 할 수 있는 일이 드물 만큼 사회적 약자이고 병자이다. 톰의 이기심에 대한 정당성을 일반적으로 적용시키기에는 상당한 무리가 따른다는 말이다.

나는 어느 정도의 이기심이 건강한 것이고 불행한 것인지에 대한 기준을 제시할 만큼 삶의 경험이 많지는 않다. 단지 톰의 경우를 자신에게 적용시키지는 말았으면 하는 바람을 이야기하는 것뿐이다. 난 톰의 이기심을 통해서 그의 사랑에 대한 열정과 갈구를 느낀다. 그에 대한 세 편의 긴 글을 쓰면서 어쩌면 이기심과 사랑은 비슷한 것일 수도 있다는 생각을 했다. 이기심이란 사랑하고 싶은 혹은 사랑받고 싶은 감정의 다른 표현은 아닐까? 테라피스트로서 나는 이기심과 사랑이 연결되어 있는 터널을 언제쯤이면 발견할 수 있을까? 그 길을 알면 많은 사람들에게 도움을 줄 수 있지 않을까?

PSYCHOLOGY
RADIO

제2부

한없이 갈라지는 마음

숲속 설원을 가둔 삼각형의 뾰족한 모서리가 리처드를 짓눌렀다.

레닌그라드에서 온 슬픈 천재

정신분열증은 모든 정신병 중에서도 정점에 있는 병이다. 정신병동에서 오랜 기간 치료받고, 심지어는 평생을 살다시피 하는 사람들의 대다수가 정신분열증을 앓고 있다. 미국 측 통계로 따지면 100명 중 1명꼴로 정신분열증 증세가 있으며, 이 사람들의 절반가량이 병원이나 전문가들을 통해서 공식적으로 정신분열증 판정을 받는다. 이 병의 증세를 기준으로 환자 정신의 상태를 말할 수 있을 정도로 '심각성'의 기준이 되는 그런 병이다. 정신분열증을 앓고 있는 사람들은 역사적으로 인간 이하의 대접을 받아왔는가 하면 의학이 발달한 현재에도 많은 사람들에게 기피의 대상이 되고 있다. 그러니까 많은 환자들이 정신뿐만 아니라 몸 또한 사회와 격리되어 있다는 것이다. 정신분열증은 대략 다음과 같은 증상을 보인다.

• 정신분열증Schizophrenia: 사고의 장애, 망상·환각, 현실과의 괴리감, 기이한 행동 등의 증상을 보이는 대표적인 정신병이다. 정신분열증은 환자에 따라서 제각기 다른 증상을 나타내는 듯하지만, 집약해보면 다음과 같다. 정상적인 논리과정이 깨져서 사고과정 즉, 연상을 하는 데 논리적 연결을 잃거나 토막토막 단절된다. 또한 감정의 표현이 조화롭지 않고, 기분과 생각이 따로 떨어져 일치되지 않으며, 감정이 굳어서 정신이 흐려지고 두 가지의 극단적인 감정을 동시에 지니게 된다. 환자는 병적인 자기세계 속에 파묻혀서 외부와의 접촉을 차단하는 자폐적 증세를 띤다. 이런 기본적인 증상이 복합적으로 일어나, 정상인은 도저히 상상할 수 없는 기묘한 사고와 행동 등의 증세를 보인다.

정신분열증 환자들이 겪고 있는 증상들을 간접적으로나마 경험하게 하는 트레이닝이 있다.

1. 한쪽 귀에다가 이어폰을 끼면 여러 가지로 녹음된 다른 목소리가 들린다. 동시에 옆에 앉은 사람이 내게 말을 건다. 말을 거는 사람의 말을 알아듣기는 하겠는데 이어폰에서 들리는 또다른 목소리들 때문에 그 사람에게 집중을 할 수 없음은 물론이고 종국에는 엉뚱한 반응을 하게 된다.

2. 더 현실적인 트레이닝은 이어폰 대신에 사람이 직접 하는 것이다. 내 양쪽에 두 사람이 앉아 있다. 한 명은 진짜 사람이고 또다른 한 명은 역시 진짜 사람이지만 내 상상 속의 인물이라고 가정한다. 두 사람이 내게 말을

긍정적이든 부정적이든 평범하지 못한 인간의 정신세계야말로 예술과 문화의 역사를 이끌어왔다. 많은 시인, 소설가, 음악가, 화가들이 정신질환을 앓았고 그 기간동안 위대한 작품들을 남겼다. (위쪽 왼편부터 시계 방향으로 모파상, 슈만, 포, 횔덜린)

걸기 시작한다. 너무 헷갈려 귀를 막아버리는 반응을 보인다.

나는 여행과 테라피스트의 이야기가 참 잘 어울린다고 생각한다. '여행' 하면 문화유산보다도 그것을 존재하게 한 그곳의 '사람' 이 생각난다. 그 '사람' 들이 그곳의 환경에서 어떤 생각을 하고 어떻게 '창조' 해왔는지를 알아가는 여행은 항상 내 가슴을 설레게 했다. 달리의 초현실적인 그림과 조각품들, 자신도 의식하지 못했을 것 같은 노숙자 바스키아의 자유에 대한 갈구 그리고 그의 인상적인 작품들, 고흐의 별밤과 귀가 잘린 자화상, 불국사의 놀라운 균형과 종교세계, 로마의 웅장한 원형 경기장과 그곳에서 들리는 고대 군중들의 왜곡된 흥분과 함성의 잔인함, 신과 사후세계에 대한 인간의 끊임없는 갈구를 보여주는 피라미드와 유럽의 웅장한 건물들……

긍정적이든 부정적이든 평범하지 못한 인간의 정신세계야말로 예술과 문화, 역사를 이끌어오는 데 기여했다고 생각한다. 어찌 보면 당연한 말이다. 평범하다면, 우연의 계기가 아니고서야 창조하는 일이 얼마나 힘들겠는가. 물론 평화는 평범함 속에 있다는 평범함의 미학에 동의한다. 하지만 평범하지 않은 정신세계를 다루는 테라피스트로서 여행하는 곳마다 '평범하지 않음' 의 미학을 탐구하게 되는 건 직업병 때문일까?

내가 테라피스트로서 정신분열증을 앓고 있는 사람들에게 해주고 싶은 궁극적인 것 중의 하나가 바로 여기에 있다. 난 그들이 뭔가에 매달려서 평범하지 않은 것을 창조할 수 있게 도와주고 싶다. 이번 글과 앞으로 나올 글들에서 정신분열증을 앓고 있는 서너 명의 환자 이야기가 나올 것이다. 부디 정신분열증이 있는 이들에 대해 이해하고 익숙해질 수 있는 조그만 계기라도 되었으면 하는 바람이다.

리처드, 엇갈린 사랑

리처드는 쉰한 살의 러시아인 남성이다. 구소련 시절, 제2의 도시인 레닌그라드에서 외아들로 태어나고 자랐다. 그의 어머니는 소련에서 인정받는 과학자였다. 그의 어머니가 인정받는 과학자였다는 것은 1991년에 그가 미국으로 이민 올 때의 과정을 보면 증명이 된다. 그 이야기는 좀더 뒤에 하겠다.

리처드의 기억에 의하면 그는 자신이 기억해낼 수 있는 처음의 생애 때부터 고통스러웠다. 그는 항상 우울했고 사람을 사귈 수가 없었으며 아버지를 증오했다. 아버지에 대한 증오는—그가 이것저것 이야기했지만—별다른 계기라고 할 만한 것이 없었다. 어릴 때부터 아버지가 불편했고 대화를 하지 않았으며 그런 게 모여서 이제는 아예 돌이킬 수 없는 사이가 되어버렸다. 그의 아버지 또한 미국에 이민 온 후로 정신분열증 증상을 보이기 시작했고 자주 식칼로 리처드를 위협하기도 했다.

어릴 때부터 리처드는 어머니에 대한 애정이 강했다. 그는 어머니에게 정신적으로나 물질적으로 항상 의지했고, 아버지로부터 어머니를 보호해야 한다는 강박관념이 있었다. 반면 그의 어머니는 남편에 대한 애정이 강했다.

아들이 남편과 문제가 있을 때면 그녀는 항상 남편 편을 들었다.

리처드의 학구열은 어머니를 닮았다. 우울하고 고통스러워해 친구도 없었던 그는 공부를 자신의 친구로 삼았고 유일한 낙으로 삼았다. 그는 항상 우등생이었으며 그에 대한 어머니의 기대는 컸다. 언제인가 그의 어머니가 내 사무실에 아들과 함께 와서는 자신의 아들은 천재라며 자랑했던 기억이 난다. 리처드는 열네 살 때 처음으로 비행기를 타고 시골에 있는 외가 조부모님 댁에 가서 겨울을 보냈다. 그야말로 러시아의 광활한 대자연과 흰 눈이 어우러지고 동물들이 지나다니는 인적이 드문 시골이었다. 그는 난생 처음 자연의 아름다움과 평화를 느꼈다. 그는 그 자연 속에서 그냥 앉아만 있어도 즐거웠고 동물들을 친구로 여기고 지냈다. 그런데 생애 처음 느껴본 즐거움과 평화가 그에게는 독이 되어버렸다.

리처드에게 레닌그라드는 고통 그 자체였다. 무언가 꽉 차 있는 질서가 그의 숨통을 막고 있었다.

레닌그라드의 뾰족한 삼각형

레닌그라드는 리처드에게 고통 그 자체였다. 너무나 질서 있고 뭔가 꽉 차 있는 것 같은 도시, 더군다나 시골의 평화를 맛본 리처드는 더욱 레닌그라드에서 숨을 쉴 수가 없었다. 그렇다고 딱히 시골로 이사 가서 살고 싶은 것은 아니었다. 원한다고 마음대로 할 수 있는 것도 아니었고, 어머니와 항상 함께해야 한다는 강박관념은 여전했다. 그리고 저명한 과학자로서의 어머니는 레닌그라드에 있어야 했다.

시골에서 돌아온 리처드는 다시 혼자가 됐다. 자연 속의 평화도 없었고 친구로 삼을 동물들도 없었다. 단지 그때 느꼈던 평화를 오랫동안 상상하며 곱씹는 일만이 그가 할 수 있는 유일한 일이었다. 그러던 어느 날 집에 있던 리처드에게 이상한 일이 벌어졌다. 그의 평화로운 상상이 현실로 느껴지는 것이었다. 마치 어느 순간 설원의 한가운데에 서 있는 느낌이었다. 그런데 갑자기 모든 숲속 설원의 형상이 삼각형 모형 속에 갇혀버리는 모습이 보였고, 그 삼각형은 180도 돌아서 그의 머리 위에 서 있는 것이 아닌가.

잠시 후였다. 그 뒤집어진 삼각형의 뾰족한 부분이 리처드의 머리를 뚫고 들어왔다. 정말 머리가 아팠고 그 무거운 중압감을 참을 수가 없었다. '이젠 내 유일한 평화였던 대자연도 더이상 내 것이 아니구나' 하고 생각했을 때 리처드는 슬펐다. 그리고 한참을 울었다.

헝겊으로 긴 밧줄을 만들기는 어렵지 않았다. 길고 튼튼하게 만들어야 했다. 그리고 방의 천장과 연결되어 있는 고리에 의자를 밟고 올라가 밧줄을 걸고 당겨보았다. 충분했다. 밧줄의 다른 쪽을 자신의 목에 걸고 발을 딛고 있는 의자를 차버렸다.

의외였다. 그 짧은 순간에 시골에서 느꼈던 평화를 찾을 줄은 몰랐다. '이게 죽는 거구나……' 하는 순간 어머니가 그의 두 다리를 부둥켜안고 비명을 지르는 소리가 꿈결처럼 지나갔다.

리처드의 학업과 결혼생활

열네 살에 있었던 그 사건 이후로 지금까지 37년여 간 그는 정신과 치료를 받아왔다. 지금 생각해보면 옛날이었는데도 구소련에서는 정신과 의료 시스템과 기술적 수준이 괜찮았던 것 같다. 정신병동에 자주 입원을 하고 약물치료를 받으면서도 학업을 병행할 수 있었고, 무사히 대학과 대학원을 우등으로 졸업할 수 있었다. 처음에 그가 전공한 것은 경제학이었다.

그런데 경제 관련 연구소에 근무하면서 소련사회의 경제적 모순에 대해 자꾸만 회의가 들어 다시 전공을 바꿔 공부했다. 경제와는 별 관계가 없는 전기공학과였다. 짧은 시간에 전기공학과를 마쳤으나 리처드는 다시 직장생활에 회의를 느끼게 됐고 이번에는 전공을 간호학으로 바꿨다. 병원에서 간호사로 근무하면서도 그는 끊임없이 공부를 했고 중국의 한의사들 못지않은 침술사로도 유명했다고 한다. 그의 어머니가 와서 자신의 아들은 천재라고 자랑했던 게 이해가 됐다. 리처드의 직장도 참 다양했다. 경제 연구소를 시작으로 해서 전기공학과 관련된 곳에서 일했고 병원에서 간호사로 일하다가 대학의 간호과 교수로 일을 하기도 했다.

리처드는 여자들에게 인기가 많았다. 지금은 마르고 머리숱이 없지만 그가 보여준 러시아에서의 사진들을 보면 모델 뺨칠 정도의 미남이었다. 게다가 튼실한 교육적 배경에 원하는 직장을 항상 구할 수 있는 능력의 소유자였으니 그런 인기는 어쩌면 당연했던 듯하다. 그는 대학을 졸업하자마자 결혼을 했다. 그리고 1년을 채우지 못하고 이혼했다. 몇 년 후에 두번째 결혼을 하지만 이번에는 두 달 만에 이혼했다. 그가 대학교수로 근무할 때 자신을 따르고 유혹하던 제자와 세번째 결혼을 했고 불과 3주 만에 또다시 이혼했다. 그의 이혼 경력은 여기서 끝나지 않는다. 1991년에 미국에 이민 온 후 1년 뒤에 한 여자를 만났고 이번에는 그 여자에 대한 감정이 정말 사랑인 줄 또 믿었다. 그러나 결혼을 하자마자 이혼을 하고 말았다. 그것이 그의 마지막 이혼이었다.

리처드의 잦은 이혼에는 그럴 만한 가슴 아픈 사연이 있다. 리처드는 항상 외로웠고 혼자라는 생각을 하며 살아왔다. 하지만 잠재의식으로부터 사람을 그리워하는 마음 또한 외로움만큼 강렬했다. 그래서 자신에게 다가오는 여자들이 항상 고마웠고 이성적으로 이것저것 생각해서 거절할 만한 심리적 방어벽이 존재하지 않았다. 리처드는 항상 사랑에 희망을 걸었고 그 희망은 네 번의 이혼으로 산산조각이 나버렸다.

그는 성불구에 가까운 사람이었다. 매번 여자들에게 이야기를 하지 않은 게 아니지만 그녀들은 잘 믿으려들지 않았다. 그래서 동료애companionship

네 번의 결혼과 네 번의 이혼…… 그는 동료애를 원했으나 그녀들은 아이와 정상적인 가정을 원했다. 그는 거의 성불구자나 다름없었다.

를 원한 리처드와 반대로 아이와 함께 정상적인 가정을 원한 여자들의 기대는 항상 어긋났다. 더군다나 자유가 제한된 서슬 퍼런 구소련 시대였고, 그런 시대 상황 때문에라도 리처드는 한 번도 결혼 전에 속궁합 확인을 해본 적은 없다고 했다.

여자들에게는 덜하지만 정신분열증은 남자들의 성욕을 많이 감퇴시킨다. 더군다나 그들이 오랜 기간 복용하는 약들은 일정 기간이 지나면 아예 성에 대한 욕구 자체를 희석시킨다. 그렇다고 이들이 정말로 성불구자가 된 것은 아니다. 그에 가까운 증세를 보이는 것뿐이다. 많지는 않지만 성관계 치료를 전문으로 하는 사람들이 있는데, 그런 전문가에게 상담치료를 받거나 다른 종류의 치료를 받으면서 다시 욕구가 살아날 수도 있다. 어쨌든 반복적으로 이뤄진 그의 올바르지 못한 선택은 제대로 된 결혼생활을 한번 해보지 못한 채 네 번의 이혼과 여성 기피라는 업보로 귀결되고 말았다.

미국 이민

1991년에는 소련에서 쿠데타가 일어났고 옐친 등에 의해서 사실상 평화적으로 진압되었다. 이를 계기로 개혁과 개방을 전면에 내세웠던 고르바초프보다 더 강력한 힘을 얻게 된 옐친에 의해서 소련은 더욱 급진적인 개혁에 들어갔고 그해 결국 세계 최초의 공산당이 해체되는 일을 겪었다. 공산당이 해체되면서 수많은 사람들은 하루아침에 실업자로 전락해버렸다.

하지만 그의 어머니는 특별했다. 이곳 워싱턴 지역에 있는 세계적인 명문 대학에 교수로 초빙된 것이었다. 능력 있는 그녀의 수완 덕이었다. 리처드는 쌍수를 들고 어머니의 결정에 환호했다. 그에게는 너무나도 지긋지긋한 상처와 고통만이 배어 있던 러시아였다. 미국에서 새 삶을 시작하리라 결심하면서 그는 가족들과 미국으로 가는 배를 타게 된다. 미국으로 이민을 가는 길은 그야말로 고행길이었다. 해체 순간을 맞은 소련의 혼란 때문이었는지 그의 가족은 비행기를 탈 수가 없었다. 그래서 또다시 어머니의 수완으로 뉴욕으로 향하는 무역선을 탔다. 무역선은 아주 천천히 움직였다. 그의 기억으로는 뉴욕에 도착할 때까지 2주 정도가 걸렸다고 한다.

정신분열증이 있는 리처드에게 제한적 공간에서의 2주일은 엄청난 고통이었다. 하지만 어쩔 수가 없었다. 그의 기억으로는 잠자고 먹고 멍하니 바다를 바라보면서 답답한 가슴을 위로한 게 배 안에서 생활의 전부였다. 뉴욕에는 밤늦게 도착했고 대학 측에서 마련해준 워싱턴의 아파트까지 오는 데 또 수 시간이 걸렸다. 그날 이후 리처드와 어머니는 미국생활에 빠르게 적응해갔다. 그의 어머니는 영어가 아주 유창했고 리처드는 불편하지 않을 정도로 했다. 반면 그의 아버지는 영어를 거의 하지 못했다.

미국에서의 생활

리처드는 또다시 대학생으로 돌아갔다. 러시아에서 받았던 간호사 경험을 살리려면 미국 자격증을 받아야 하는데 그러기 위해서는 어느 정도 필요한 과목을 더 들어야 했다. 그는 얼마 지나지 않아서 미국 간호사 자격증을 받았고 병원에 취직을 하게 됐다. 그사이 아주 마음에 드는 정신과 의사를 만났는데 그 사람이 정신분열증 치료의 권위자였던 펜턴Fenton 박사였다. 펜턴 박사와 관련된 비극적인 사건은 나의 또다른 책 『그들에게 무슨 일이 있었던 걸까?』의 「조승희 편」에서 이야기한 바 있다.

펜턴 박사 살인 사건

일요일, 어느 의사에게서 자신의 환자를 급하게 봐달라는 연락이 왔다. 환자는 열아홉 살의 남자였다. 환자는 자신의 아버지와 함께 왔는데 상담실에는 환자만 들어갔다. 환자와 펜턴 박사 사이에 어떤 말이 오갔는지 모르지만, 환자는 느닷없이 주먹으로 펜턴 박사의 얼굴을 가격했고 손에 피를 묻힌 채 상담실을 나오는 아들을 아버지가 경찰에 신고했다. 그런데 이 열아홉 살 청년은 왜 펜턴 박사를 죽였을까? 바로 자신을 괴롭히는 목소리와 자신의 세계 때문이었다. 약을 먹고 있지 않던 그 청년은 그 증상이 너무나 심해진 정점에서 펜턴 박사를 대면한 것이다. 그가 어느 순간부터 듣던 목소리는 이러했다.

'나는 내 몸에 갇혀 있어. 나를 구해줘. 제발…… 나를 구원해줘. 나에게 자유를 줘…… 도와줘…….'

그렇게 자리를 잘 잡아가나 싶었던 리처드에게 다가온 불행한 사건들의 시작은 1992년에 만난 여자와의 이혼에서 비롯됐다.

리처드의 불행

다음의 세 가지 사건이 또다시 리처드를 불행하게 만들었다.

교통사고의 충격

리처드는 러시아에서 운전을 한 적이 없었다. 그의 정신분열 증세를 생각할 때 운전을 한다는 것조차 그는 상상하고 싶지 않았다. 물론 유난히 조심스러워하고 겁이 많은 성격 탓도 있었다. 그런데 워싱턴에 오자 그는 운전을 하지 않으면 정말 살기 힘들다는 것을 알았다. 전철 노선은 한계가 있었고 시내버스는 시간을 잘 지키지 않았으며 제멋대로였다. 심지어 그의 노쇠한 어머니조차 운전을 하고 다녀야만 했다. 리처드는 어머니를 보호하기 위해서라도 운전을 하겠다고 결심했다.

운전을 시작했지만 그는 항상 뭔가가 두려웠다. 규정 속도를 항상 지켰고 되도록 천천히 몰았지만 다른 운전자들이 그를 보면서 욕지거리를 하기 일쑤였다. 그러다가 어느 날 큰 사고가 났다. 차선이 겹치는 곳에서 트럭과 나란히 달렸는데 미처 차선을 바꾸거나 트럭의 앞쪽이나 뒤로 속도 조절을 하지 못한 리처드와 트럭 운전사의 실수까지 겹쳐버린 것이었다. 차선이 겹쳐지는 곳에서 두 차는 충돌을 했고 리처드는 부상을 당했다.

그때부터 리처드의 학습 능력에 문제가 생기기 시작했다. 교통사고의 충격으로 기억력이 감퇴해버린 것이다. 그의 천재적인 능력의 감퇴는 참 안타까운 일이었다. 그리고 그로 인해 그는 다니던 병원과 간호사직까지 포기해야 했다.

대낮의 강도 사건

몇 년 후에는 대낮에 워싱턴 D.C. 안에서 이런 일을 겪었다. 길을 걷고 있는데 한 흑인이 다가와 그의 이마에 총을 겨누었다. 그는 주머니에서 줄 수 있는 것은 모두 꺼내주었다. 하지만 겁을 집어먹은 리처드를 괴롭히는 게 재미있었는지 이 강도는 그의 이마에 대고 있던 총을 거두지 않고 씩 웃으면서 한참을 있는 것이었다.

열네 살 때 리처드는 자기 스스로를 죽이려 한 적이 있긴 했지만 그 순간은 간절히 살고 싶었다. 리처드는 강도에게 살려달라고 애원을 했다. 강도는 리처드를 발로 마구 짓밟았다. 그리고 쓰레기 같은 놈이라는 욕지거리를 하면서 침을 뱉고 떠났다. 사람은 잔인해지고자 하면 한도 끝도 없다. 이미 잔인해지기로 결심하고 찾아온 강도들에게 매달려 살려달라고 울부짖는 사람의 모습은 유희의 대상일 뿐이다.

리처드에게 이 사건의 여파는 컸다. 인간으로서 마지막 남은 자존심마저 짓밟힌 그 순간에 대해 치를 떨었고 기억하기도 싫어했다. 그때부터 그의 정신분열증 증상에 증오가 덧씌워지기 시작했다. 그의 환상에는 돌아가

신 조부모님이 나타났다. 그리고 그에게 이런 말을 반복하곤 했다.

"리처드야. 너는 세상에 실수로 태어났다. 네 아버지를 죽이고 네 숨도 거
두어들여라."

펜턴 박사의 죽음

그를 지켜주던 유명한 정신분열증 치료의 권위자 펜턴 박사가 리처드
와 같은 정신분열증을 가진 젊은 환자에게 살해를 당하는 사건이 발생했
다. 자세한 사건의 경위는 또다른 책에서 이야기했으니 반복하지 않겠다.
리처드는 이제 아주 깊은 심연의 나락으로 빠져버렸다. 이제 뭘 어쩌란 말
인가.

리처드와의 첫 만남

내가 근무하는 병원에 그가 오게 된 계기는 바로 펜턴 박사의 죽음 때
문이었다. 리처드는 펜턴 박사가 자신의 개인 오피스에서 치료를 하던 환
자였다. 그의 개인 오피스로부터 많은 환자들이 우리 병원으로 찾아왔고,
병원 측에서는 특별한 상황을 고려해서 그들을 기다리게 하지 않고 순식간
에 의사와 테라피스트를 배정해주었다.

펜턴 박사 한 사람에게만 치료를 받던 리처드에게 테라피스트라는 직
종은 좀 생소하게 느껴졌다. 하지만 의사와 테라피스트 두 사람 중심으로

치료를 받아야 한다는 병원의 정책에 그는 별 불평 없이 잘 따라주었다. 하기야 그때 그는 이제 될 대로 되라는 식에다 심한 우울증에 시달리고 있었다. 우리 병원에도 자신의 의지로 온 게 아니라 어머니의 손에 이끌려온 것이었다.

나와 리처드의 만남은 이런 계기로 시작된 것이었다. 리처드의 마음을 여는 것은 참 힘이 드는 일이었다. 그의 테라피스트인 나는 이제 그의 인생의 아주 세심한 부분까지 알고 있다.

원수처럼 으르렁대는 남편과 아들

리처드에게 어머니는 그의 모든 것이었다. 어릴 때의 자살 시도 이후부터 현재까지 이렇게 살아 있는 것도 어머니 때문이고, 구소련이 무너지던 그 시절의 혼란을 피해 미국에 올 수 있게 된 것도 어머니 때문이었으며, 치료를 받고 있는 것 그리고 간호사로 돌아가 사람들을 돕고 싶다는 꿈이라도 간직하고 있는 것조차 어머니 때문이었다고 그는 말했다.

리처드의 어머니

그의 어머니는 러시아에서 알려졌던 과학자였다. 그 때문에 이곳 워싱턴의 한 유명 대학에서 소련이 무너지던 그 해에 교수자리를 줬고 이민을 후원했다. 나는 그녀와 리처드에 대한 문제로 자주 대화를 나누었다. 그녀는 삶에 대한 열정과 지식에 대한 열의와 자신감이 넘쳤으며, 또한 격의 없는 할머니였다. 그녀는 나이가 많아 얼마나 오랫동안 교수직을 수행할지 모르겠지만 러시아 대학에서는 상상도 못 하던 실험들을 매일 학생들과 할 수 있다는 사실이 신기하다고 했다. 그렇게 그녀는 자신이 과학자라는 사실보다 교수라는 사실을 더 자랑스러워했다.

"미국의 교수들만큼 바쁜 사람들이 없을 거예요. 연구하는 것, 가르치는 것 그리고 사회 봉사하는 것, 이 세 가지 일을 하는 게 교수들인데, 그런 균형을 맞추려면 항상 시간이 부족해요. 그런데 나는 사실 나이가 너무 많아요. 그래도 난 교수일이 너무나 마음에 들어 은퇴할 생각이 없어요."

미국에서 은퇴의 의미는 나이가 차면 강제적으로 회사를 그만두어야 하는 그런 것이 아니다. 은퇴를 신청하는 사람에게만 적용된다. 그리고 주와 직장마다 기준이 조금씩 다르지만 은퇴에 대한 커다란 원칙에 대해서는 공통적인 규칙을 따르는데, 한국처럼 나이가 기준이 되지 않는다. 내가 살고 있는 메릴랜드 주의 교사를 예로 들면, 25년 이상 교사로 근무했을 때 은퇴 신청은 가능하지만 은퇴 연금을 100퍼센트 받지 못하며 30년 이상 근무를 한 후 은퇴를 하면 연금이 100퍼센트 보장된다. 또한 메릴랜드 주의 교육 시스템에 속한 환경미화원들에게도 같은 원칙이 적용된다. 종종 10대 후반부터 환경미화원 일을 시작하는 사람들이 있는데, 그들이 30년을 일하고 40대에 은퇴하면 연금을 받게 된다. 실제로 아직 한창 일을 할 수 있는 나이임에도 불구하고 40대에 은퇴를 하고 놀고 있는 사람들도 있는 것을 보면 부정적인 측면도 있는 꽤 희한한 제도인 듯하다.

그런데 나이 육십이 넘어 교수로 임용된 리처드의 어머니는 은퇴 연금을 기대할 수 없었다. 물론 복지 연금을 신청할 수는 있지만 정신병이 있는 남편과 아들인 리처드를 더 잘 돌보기 위해서는 팔순의 노구를 이끌고 강단에 서야만 했다. 그랬다. 리처드의 어머니를 처음 만났을 때, 그녀는 80세의, 열정이 넘치는 그런 교수였다. 가족을 위해서 계속 희생을 하고 있다는 생각이 드는데도 그녀는 교수로서의 자부심을 더 강조했다.

그녀의 암 투병

그런 그녀가 암과 싸우고 있다는 사실을 듣게 된 것은 충격이었다. 왜 이렇게 암에 걸리는 사람들이 많은지…….

"나는 강한 여자요. 절대 죽지 않을 겁니다. 리처드가 행복해지는 모습을 보기 전에는 절대 죽을 수 없습니다. 내가 죽으면 그 아이도 아마 따라서 죽을 겁니다."

정신분열증을 가지고 있는 리처드의 반응은 이러했다.

"내가 어머니를 살릴 수 있습니다. 약과 약초들을 개발해서 해가 떨어지는 정확한 시간에 투여한다면 모든 게 달라질 겁니다. 난 의사들을 믿지 않습니다. 결국 할 수 있는 게 없으면서 뭘 치료하겠다는 것인지 그들을 이해할 수가 없습니다. 하지만 저는 다릅니다. 모든 사람들이 제 계획에 따라준다면 어머니는 암을 극복할 수 있습니다."

리처드는 현실과 많이 동떨어져 있었지만 이러한 믿음이 그를 지탱하고 있었다. 하지만 어머니가 그의 처방 아닌 처방을 따라줄 리 없었고, 암 치료를 받는 그녀의 몸은 날로 쇠약해져갔다. 리처드는 아픈 어머니를 바라보는 안타까움에 자신의 처방에 따르지 않는 그녀를 원망했다. 결국 그녀는 교수직을 사임해야 했고, 집과 병원을 오가며 투병생활을 하게 되었다. 그럼에도 그녀는 가끔씩 힘든 몸을 이끌고 리처드의 상담을 위해 병원 사무실로 찾아와 나를 놀라게 하곤 했다. 하루는 그녀가 이런 말을 했다.

"리처드를 위해 콘도미니엄을 사놓았습니다. 원수처럼 서로 으르렁거리는 남편과 리처드는 나 없이는 함께 살지 못할 것입니다. 하지만 남편은 다른 러시아인 노인들과 즐겁게 생활을 유지할 수 있을 것입니다. 문제는 리처드입니다. 그 아이는 심한 편집증과 정신분열증 때문에 그 누구와도 함께 살지 못할 것입니다. 이제부터 내가 죽는 날까지 내가 사준 집에서 아들이 혼자 살 수 있도록 트레이닝 시킬 것입니다. 테라피스트인 당신도 내 생각에 동의할 것입니다. 정신이 많이 아프기는 해도 여러 가지 천재성이 있는 아이입니다. 본인이 강하게 마음만 먹는다면 충분히 혼자 살아갈 능력이 있는 아이입니다."

마음의 준비

6개월의 시간이 흘렀다. 어머니를 곁에서 돌봐야 한다는 리처드의 고집은 대단해서 그동안 단 하루도 어머니가 사놓은 집에서 기거하지 않았다. 물론 편집성 정신분열증을 앓고 있는 사람에게 가장 위험한 일 중 한 가지가 어딘가에 고립되어 지내는 일이다. 좋게 생각하면 이런 어려운 시기에 혼자 살지 않았다는 긍정적인 면도 있었지만 막상 그의 어머니가 사망한 후, 자신의 집에서 혼자 살 수 있을까 하는 걱정 또한 무척 컸다. 하지만 어쩔 수 없었다. 현실에 부딪혀 그가 그렇게 할 수밖에 없을 때까지 기다리는 것밖에.

이때 그의 어머니는 이제 거동조차 할 수 없었지만 정신은 놀라울 정도로 맑아서 종종 나와 전화통화를 했다. 리처드는 임박한 어머니의 죽음을 현실로 받아들이지 않았다. 자신의 처방대로 하면 어머니를 살릴 수 있다는 비현실적인 믿음을 가지고 어머니의 치료를 돕는 의사와 간호사들에게 화를 내곤 했다. 아무래도 리처드와 그의 아버지가 임종을 앞둔 그녀를 돌보는 데는 무리가 있었다. 그래서 나는 다행히 아직 정신이 맑은 그녀의 동의를 얻어 호스피스를 연결시켜줬다.

개인주의적 성향이 강한 미국에서는 죽음에 임박한 사람들에게 참 여러 가지 도움이 필요하다. 예를 들어, 밥을 먹여준다든지 목욕을 시켜준다든지 약을 챙겨준다든지 변을 치워준다든지 하는 일 말이다. 가족이라면 이런 일을 당연히 해야 할 것 같지만 이게 굉장히 힘들다. 더군다나 죽음을 앞둔 당사자들은 이런 일들로 가족에게 부담이 되는 걸 싫어하는 성향도 강하다. 바로 이런 일들을 호스피스가 맡는다. 호스피스들은 그런 일들을 전문적으로 하기 때문에 당사자나 가족들의 부담 또한 덜하다.

무엇보다도 호스피스들이 해야 하는 더 중요한 일은 죽음을 앞둔 사람과 그 가족들에게 마음의 준비를 시켜주는 일이다. 호스피스들 대부분이 그렇지만, 리처드의 어머니를 돌보게 된 호스피스 또한 참을성이 많았고 자비로움이 느껴지는 그런 여자였다. 그러나 리처드는 자신이 어머니에게 하고 싶은 일들을 호스피스에게 빼앗겼다는 생각을 하면서 호스피스를 면전에서 비난하는 일이 잦아졌다. 그렇지만 리처드의 어머니는 호스피스가 곁에 있게 된 이후부터 몸과 마음이 많이 편안해졌다며 고마워했다. 하루는 리처드가 호스피스를 바꿔달라며 내게 전화를 했다.

"아니 이럴 수가 있습니까? 호스피스가 어머니 병상 앞에서 가족 회의를 하자며 저와 아버지를 불렀습니다. 세상에! 장례 절차에 대해서 의논을 하자더군요. 그 여자 너무 잔인하지 않습니까?"

나는 호스피스들이 하는 일을 잘 알고 있다. 죽음을 앞두었지만 정신이

멀쩡한 사람이 가족과 자신의 장례 절차에 대해서 의논하는 가족 미팅은
―리처드의 말대로 잔인하다는 생각이 들 수도 있지만―사실 무척 중요
한 일이기도 하다. 함께 눈물로 장례 절차에 대해 의논하면서 서로 죽음에
대해서 더 좋게 받아들이고 심적으로나 현실적으로 준비를 하게 되기 때문
이다. 많은 가족들이 나중에 사랑하는 사람의 투병과정에서 무엇이 가장
기억에 남느냐는 질문을 해보면 바로 호스피스가 주관해준 장례에 대한 가
족 미팅이었다고들 이야기할 정도로 무척 감사해한다.

나는 리처드에게 솔직히 이야기했다. 당신의 어머니가 원하는 일을 해
주는 일이야말로 후회가 덜한 일이니 어머니가 동의하고 소망하는 일이라
면 호스피스가 시키는 대로 하라고 말이다.

어머니의 죽음

본의 아니게 나는 그녀의 임종 순간에 거기에 있었다. 그의 테라피스트
로서 앞으로 어떤 도움을 어떻게 줘야 할지에 대해 동료들에게 의견을 구
했고, 담당의사와 함께 한번쯤 그녀의 병상을 방문해도 좋다는 디렉터의
허락을 받았다. 의사와 함께 리처드의 가족이 지금까지 미국에서 살아왔던
아파트에 도착했다. 리처드가 우리의 방문을 고마워하며 문 앞에서 반겼고
영어가 서툰 그의 아버지는 무안한 듯 서서 손을 흔들고 있었다. 그때였다.
방에서 심각한 표정으로 한 여자가 나왔다. 호스피스였다. 그녀는 다급한
목소리로 리처드에게 말했다.

"내 뭐라고 했어! 당신 식대로 하면 어머니가 죽을 거라고 했지?"

"어머니가 지금 숨이 넘어가고 있습니다. 마음의 준비를 단단히 하세요."

그의 아버지는 황급히 방으로 달려갔고 호스피스도 그 뒤를 쫓아 방으로 들어가려는 찰나였다. 리처드가 그녀의 팔을 잡았다. 어찌나 세게 잡았던지 호스피스는 신음소리를 내며 얼굴을 찡그렸다.

"내가 뭐라고 했어! 당신 식대로 하면 내 어머니가 죽을 거라고 했지?"

그때 내가 끼어들며 말했다.

"리처드, 그런 이야기는 나중에 나하고 합시다. 당신 지금 빨리 방으로 들어가야 해. 어머니한테 마지막 인사를 빨리 하란 말이요."

나는 그의 등을 떠밀었다. 그의 뒤로 호스피스가 따라서 방으로 들어갔다. 의사와 나는 거실에서 임종을 기다리기로 했다. 어떻게 표현해야 하나……. 그 신비하고 소중한 마지막 시간, 그건 가족들 몫이었다. 임종의 뒷수습까지 해줄 호스피스가 곁에 있어서 안도감이 들었다. 그래도 혹시 몰라 호스피스의 안전을 위해 의사와 나는 숨을 죽이고 방에서 흘러나오는 소리에 귀를 기울이고 있었다. 한 10분 정도 흘렀나? 방에서 호스피스가 슬픈 표정을 하며 먼저 나왔다.

"이제 다 끝났습니다. 매번 임종을 경험하면서도 항상 힘이 드네요."

내 옆에 서 있던 의사가 그녀를 꼭 껴안으며 이렇게 말했다.

"고맙습니다. 그 말밖에 할 말이 없네요. 너무너무 고맙습니다."

잠시 후 그의 아버지가 방에서 나왔다. 그리고 말없이 부엌 쪽으로 가더니 힘없이 쭈그리고 앉아 통곡을 하기 시작했다. 마지막으로 방에서 리처드가 나왔다. 리처드의 반응은 놀라울 만큼 차가웠다. 눈물은 한 방울도 보이지 않고, 나를 보며 미소까지 지었다. 그리고는 갑자기 현재의 상황과 관계없는 이런저런 이야기들을 했다. 충격 때문에 순간적으로 수많은 목소리들을 듣고 있는 것 같았다.

의사와 나는 잠깐 동안이지만 리처드를 감금병원에 보내야 할지에 대해서 심각한 고민을 해야 했다. 그가 어머니의 장례식에 참석해야 했기 때문이었다. 다행히 시간이 조금 지나고 충격이 가라앉자 리처드의 정신분열증 증상도 차차 줄어들었다. 그녀의 장례식에는 수많은 동료 교수들과 러시아인들이 참석했다. 한 유명한 러시아 시인은 러시아어로 망자를 위한 시를 낭독했다. 그리고 관이 땅속으로 들어갈 때 알아듣기 힘든 말로 리처드가 고함을 질렀다.

리처드 어머니의 장례식이 있은 지 두 달 정도가 되어간다. 나는 리처드와의 세션을 일주일에 두 번으로 늘렸다. 매번 리처드는 그동안 참아왔던 울음을 터뜨리고 간다. 어머니의 임종 전에는 어머니에게 하고 싶은 말을 글로 쓰라는 숙제를 내줬고, 또 그러한 글을 어머니가 편지 형식으로 받아보고 감동을 하기도 했었다. 하지만 그런 모든 기억들이 흐뭇하거나 추억이 되기보다는 오히려 그를 더 슬프게 만들었다. 모든 것이나 마찬가지였던 어머니를 잃은 그에게 위로될 만한 것은 아무것도 없었다.

원수 같은 아버지와 동거 시작

어머니가 생전에 그에게 사준 집에서 원수처럼 지내던 아버지와 살기로 했다는 사실은 놀라운 일이었다. 아버지에 대한 비난도 줄어들었다. 자신의 어머니가 바보 같은 아버지 때문에 평생을 고생했다는 비난과 원망 같은 말들도 어머니의 장례 이후 들어보지 못했다. 아마 진심으로 슬픔을 공유할 사람은 두 사람뿐임을 알았던 게 아닌가 싶다. 또 한 가지는 서로 어머니의 사랑을 독차지하기 위해 경쟁할 이유가 없어졌기 때문이 아닐까 싶기도 하다.

그래도 아직 두 사람은 물과 불 같은 사이다. 거기다가 리처드는 강한 정신분열증, 그의 아버지는 약한 정신분열증을 공유하고 있다. 두 사람 모두 사실은 돌봐줄 이가 필요하다. 더군다나 그의 아버지는 고령의 노인이다. 하지만 싫어했던 아버지라도 얼마나 오래 함께 있을지는 모르는 일이고, 앞으로 리처드가 세상에서 완전히 외톨이로 나머지 시간을 보내야 한다는 사실은 확실한 것 같다.

현재 그는 감금병원에 2주째 들어가 있다. 어머니의 죽음에 대한 스트레스를 극복하지 못하고 있었고 많이 지친 상태에서 정신분열증 증세가 심해져 참 위험해 보였다. 그래서 싫다는 사람을 억지로 그곳에 보낼 수밖에 없었다. 아마 일주일 정도 더 있다가 퇴원할 것 같다. 미국에 와서 장례식에도 여러 번 갔고 그 가족들과의 상담도 많이 했다. 또한 지금까지 많은 환자들의 죽음을 지켜보기도 했다. 그래서 그런가? 죽음에 대해서 별다른 감정의 기복 없이 점점 둔감해져가는 나 자신이 조금 걱정된다.

"매번 임종을 경험하지만 항상 힘이 드네요."

리처드의 어머니를 돌보던 호스피스처럼, 나도 그녀 같은 마음을 가질 수는 없을까? 리처드 어머니의 죽음의 과정을 지켜보면서 항상 궁금했던 게 있었다. 그녀는 과연 행복했을까? 리처드에 관한 두 편의 글을 모두 읽어봤다면 사실 그녀의 인생이 얼마나 파란만장했는지 알 것이다. 그런 인생 경험을 했던 그녀는 죽음에 대해서 어떤 생각을 하고 지냈을까?

내게는 한 가지 믿음이 있다. 삶이 진정으로 행복해지기 위해서는 죽음을 극복해야 한다고 말이다. 물론 세상과 자신을 포기하고, 순간을 참지 못해 자살을 택하는, 혹은 세상이 싫어서 죽는 날만 기다리는 그런 경우를 죽음에 대해 극복했다고 말하는 것은 아니다. 내가 말하는 죽음에 대한 극복은 세상을 사는 동안 충만하고 지속적인 행복을 위해서 죽음에 대한 심리적 극복이 꼭 필요하다는 말이다. 대부분의 사람은 죽음에 대해서 생각하지 않으려는 경향이 강하다. 은퇴 준비는 하지만 100퍼센트 경험하게 되는 죽는 준비는 하지 못한다. 매번 죽는 사람들을 보면서도 아직 모르겠다. 어떻게 하면 죽음을 뛰어넘어 진정으로 행복해질 수 있을까?

미국사회도 '남자다움' 그리고 '여자다움'에 대한 기대 심리의 차이가 참 크다는 걸 느낀다. 그리고 보면 미국도 참 보수적인 나라다.

'가족의 가치'를 당의 제1슬로건으로 내세우는 공화당에서는 가정적인 이미지가 강한 부시집안의 며느리들인 바바라나 로라 여사를 보수층 결집에 이용한다. 부통령 후보로 페일린 주지사가 선택됐을 때 실패한 인사였다는 말이 많이 나왔었다. 특히 16세인 딸이 임신 중이라는 사실이 알려지면서, 또다른 스캔들과 함께 가정을 제대로 돌보지 못한 페일린 주지사에게 수많은 비난이 쏟아졌었다. 덩달아 대통령 후보인 매케인의 지지도가 오바마와 10퍼센트 넘게 차이난다는 여론조사까지 나왔었다. 그런데 불과 며칠 만에 전세가 뒤집혔다. 페일린의 아름다운 외모와 똑 부러지는 전당대회에서의 명연설도 공헌한 바가 컸겠지만, 그보다도 페일린의 임신한 딸이라든지 다운증후군에 걸린 막내아들, 그리고 그 위의 귀여운 두 딸, 이라크 파병을 앞두고 있는 아들과 단정해 보이는 남편 등, 한눈에 봐도 단란하고 행복

대인관계를 잘하지 못하는 사람들은 크게 두 가지 문제에
동의한다. 자신에 대한 기대가 너무 낮거나, 아니면 남에
대한 기대가 너무 높거나.

해 보이는 가족의 모습이 미국인들을 사로잡아버린 것이다.

그리고 갑자기 여론조사에서 매케인이 앞서나간다(물론 공화당 전당대회 직후를 말하는 것이고 그 이후의 분위기는 또 많이 바뀌었다). 여기서 눈여겨봐야 할 부분은 바로 '가정'이라는 단어다. 많은 보수적인 미국인들의 잠재의식에 가정에 대한 일차적인 책임은 일단 여자에게 있다는 사실을 말이다. 이런 식으로 미국사회 또한 '여자다움'과 '남자다움'에 대한 생각이 확연하다. 그리고 그 생각을 이용해 겉으로 드러나는 이미지를 앞세운 선거 전략으로 공화당 전당대회 직후 하루아침에 10퍼센트가 넘는 지지도가 뒤집혀질 만큼 그런 생각을 하고 있는 사람들이 많은 것이다.

반면에 '가정의 가치'를 내세우는 공화당의 남자 후보들을 보자. 메케인 후보는 베트남전쟁에서 무려 5년여의 시간 동안 포로생활을 했지만 꿋꿋하게 그를 기다려줬던 본부인이 있었다. 그런데 이 본부인이 오랜 시간 동안의 스트레스 때문이었는지는 모르겠지만 몸이 무척 아프게 되었고 여자로서의 매력이 전혀 없게 되었던 상황에서 메케인은 이혼을 한다. 최고의 인기를 구가했으며 그것 때문에 아직도 대통령 선거 때마다 공화당의 모델로 인구에 회자되곤 하는 레이건 전 대통령과 낸시 여사는 소문날 정도로 금실이 좋았다. 그런데 사실 낸시 여사 또한 레이건의 두번째 부인이었다.

아버지 부시 대통령의 모범생 모습과는 다르게 아들 부시 대통령은 악동 이미지까지 첨가되어 있었다. 더군다나 40대 전후까지 그는 알코올중독자이면서 마약까지 하고 다녀 집안의 말썽꾼으로 골치를 썩였던 인물이었다. 그런데 유권자들의 심리는 참 묘하다. 예전에 대통령직의 문턱에서 좌절했던 고어 전 부통령에게 모범생이 아닌 부시나 클린턴 같은 악동 이미지만 있었어도 당선되었을 거라는 언론의 심리 분석 기사를 여러 번 읽었었다.

세세한 각도에서 보면 다르지만 좀더 큰 각도에서의 여론의 움직임 등을 보면 이런 식으로 남자와 여자에 대한 무의식적 혹은 의식적 기대감이라든지 가이드라인이 확연하게 차이가 난다. 남자에 대한 그것이 더 자비롭다는 말을 하려는 게 아니다. 그러한 자비는 뭔가 '성공한 남자' 혹은 '출세한 남자'라는 개념과의 연관성을 이야기하려는 것이다. 출세한 남자…… 그러나 바람피우는 남자에게는 '영웅호색'이라는 희한한 말까지 주어지지 않나.

그런데 한편으로는 이런 경우도 흔하다. 고위직에 있거나 출마한 어떤 남자가, 아내가 아닌 다른 여자와 스캔들이 터지면 자리를 물러나든지 선거에서 떨어지든지 하는 게 예삿일이기도 하다. 예전 먼데일 대통령 후보는 외도가 밝혀지는 바람에 쌓아놓았던 지지도가 추풍낙엽처럼 무너졌었고 요전에는 힐러리 상원의원의 든든한 후원자였던 뉴욕 주지사도 콜걸과의 추문 사건으로 자리를 물러나야 했다. 그러면 이들 경우에는 그 영웅호색에 대한 자비가 어디로 간 것일까?

오래전에 이곳 미국에서도 한참 노래방이 인기를 끌어서 친구들과 자주 갔었던 것으로 기억한다. 그때 내가 아는 노래라고는 발라드 곡들밖에 없어서 한창 폼을 잡고 부르다보면 중간에 꼭 어느 녀석이 끝나지도 않은 노래를 꺼버리고 다음 노래로 넘겨버리는 것이었다. 내가 아주 음치에 속하는 것도 아니었다. 그런데 다른 후배 녀석이 같은 노래를 부르는데 중간에 꺼버리지도 않고 박수까지 치고 있는 것 아닌가. 어, 이것 봐라. 사람을 차별한다 싶어 항의를 했더니 이렇게 말하면서 내 말문을 막히게 하는 것이었다.

"폼이 다르잖아! 폼이 나야 끝까지 들을 수 있는 거야."

같은 스캔들이라고 해도 누가 언제 어떤 위치에서 혹은 어떤 상황에서 그런 일을 저질렀는가에 따라 국민이 받아들이는 게 다르다. 그리고 어떤 사람에게는 기대치가 달라서 약점이나 실수가 인간적이면서 평범하게 보이기도 하고 어떤 사람에게는 다시 돌이키기 힘든 일로 받아들여진다. 마치 내가 발라드를 부르면 기계를 꺼버리고 후배가 같은 노래를 부르면 박수를 치던 그런 다른 기대 심리 말이다.

보통 사람들은 여론이라는 바람에 잘 휩쓸려간다. 그런 바람 속에서는 어떤 이성이라는 것을 찾기가 힘들 때도 많다. 정치인들은 보통 사람들의 그런 점을 이용하려고 기를 쓰고 연구한다. 제일 잘 먹히는 것이 신선한 이미지 정치와 이슈를 선점하는 일이다. 그것을 통해서 구체적인 콘텐츠를 보고 생각할 겨를도 없이 보통 사람들의 기대는 한없이 올라가버리는 최면에 걸린다. 그렇게 해서 누군가가 당선되면 순식간에 실망하고 그 사람에 대한 기대의 거품이 빠지는 것을 반복한다.

위에서 이야기했던 그런 심리들은 사람과 사람 사이의 개인적 관계에서도 쉽게 볼 수 있다. 세대가 다른 어른들이 내게 갖은 기대 심리가 있고 나는 또 나대로의 다른 기대 심리들이 있다. 정치인에 대한 기대에서부터 사회에 대한, 배우자에 대한, 친구에 대한 기대 심리들이 있다.

가장 중요한 것은 자기 자신에 대한 기대 심리다. 자신을 남과 대비시켜서 냉정하고 이성적으로 생각해보면 타인에 대한 나의 기대 심리라는 것은 온갖 모순으로 형성되어 있는 신기루일 뿐이다. '가정의 가치'를 모토로 내

걸고 있는 미국의 공화당과 조금은 더 진보적인 민주당을 포함한 정치인들을 예로 들면서 정치적 기술에 요동치는 신기루 같은 이곳 여론을 이야기했다. 이성적으로 조금만 생각해도 사람마다 그리고 남자와 여자마다 또한 상황마다 바뀌고 달라지는 그런 중심 없는 기대 심리들을 이곳 보통 사람들은 가지고 있다. 그렇지 않고서야 같은 실수를 해놓고서도 누구에게는 악동 이미지가 도움이 되고 누구는 정치계에서 떠나야 하는 불공정한 일은 있을 수 없다.

그런데 이게 어찌 미국만 그렇겠는가. 예전에 386 의원들이 광주에 참배하러 가서는 여인네들이 나오는 술집에 가 술판을 벌이다가 여론의 호된 질타를 받은 적이 있었다. 그리고 그들의 소속 정당의 지지도가 뚝 떨어졌다. 그런데 어느 당은 추문 사건이 잊힐 만하면 벌어지고 또 벌어지고 해도 별다른 여론의 반응이 없었다. 이런 식으로 생각하면 한국의 보통 사람들이 가지고 있는 중심 없는 기대 심리의 모순 또한 끝이 없다.

상담을 하다보면 대인관계 때문에 고민하는 사람들 또한 많이 만난다. 물론 본인에게 정신적인 병—특히 불안증이나 극심한 의존증—이 있으면 더욱 힘들어진다. 그런데 그런 정신적인 병이 없는데도 대인관계에 대한 고민이 있어 찾아 오는 보통 사람들을 상담해보면 많은 분들이 크게 두 가지의 문제점에 서로 동의를 하게 된다.

1. 자신에 대한 기대가 너무 낮은 경우: 자신에게 불공평한 사람들

A. 겸손하다고 생각될 수 있으나 이런 사람들은 진심으로 겸손해서 탈이 난 경우다. 나름대로 다른 사람보다 잘하는 그런 재능이 있어도 그걸 부끄럽게 생각하고 내세우지를 못한다. 또한 내성적이고 부끄러움을 많이 탄다. 자신보다 더 나은 사람에게 가이드라인을 두고 자신을 평가하는 바람에 본인은 자주 낙담하게 된다.

B. 자신이 하고 싶은 일을 하고 있지 않거나 뭘 해야 할지 혹은 뭘 좋아하는지조차 모르는 사람들이다. 아예 자신이 현재 하고 있는 일 자체에 대한 기대가 없다. 그런데 사실 사람은 각자 성격도 다르고 특색이 달라서 자신에게 맞는 그런 분야는 어딘가에 반드시 존재한다. 그런데 그 점을 생각지 않고 별다른 동기의식 없이 지낸다.

2. 남에 대한 기대가 너무 높은 경우: 남에게 불공평한 사람들

A. 예를 들어 자신도 같은 실수를 하면서 남이 하는 실수에 대해 심한 비난을 한다.

B. 상담해보면 자신의 못난 점에 대해 잘 알고 있으면서도 평소에는 그걸 덮는 게 습관이 되어 있어 의식을 하지 않고 지내며 다른 사람이 자신과 비슷한 모습을 보일 때 그 사람을 싫어하는 경향이 있다.

C. 자신에게는 자비롭고 남에게는 엄하다. 그런데 모두에게 어느 정도

이런 경향이 있기는 하다.

　결국 이런 문제들이 있다는 것을 인지하고 인정하고 나서야 본격적으로 상담을 통해 자신의 문제를 극복해나가는 연습을 하게 된다. 그 해결 방법은 자신과 남에 대한 기대 심리를 '중용'에 맞추어나가는 것이다. 물론 대인관계에 문제가 있는 사람들은 위의 이슈들이 아니고 다른 복잡한 사정들이 있는 그런 사람들 또한 많기 때문에 '기대 심리'가 전부라고 오해하는 독자들은 없으리라 생각한다.

　'기대 심리'가 집단으로 얽히게 되면 개인과는 다르게 극단적으로 나타나는 경향이 강하다. 그리고 집단의 심리는 이성적인 능력이 떨어진다. 그것은 위에 나열했던 정치 부분의 이야기들을 봐도 그렇고 국가와 국가 간의, 종교 간의 혹은 민족 간의 감정 문제만 봐도 그러하다. 작게는 왕따 문제에서부터 지연·학연을 따지는 문화까지 마치 이성적인 개인들을 최면의 상태로 몰아가는 듯하다.

"얼마 남지 않은 선한 사람들에게 악마를 알려야 해요."

세상의 모든 악마들

애드리안에게 한국어를 가르쳐주면 비교적 또렷한 발음으로 따라한다.

그녀가 태어나고 자라온 터키라는 나라와 한국의 언어권을 크게 분류하면 우랄 알타이 어족에 속한다고 하는데, 그런 생각을 미리 하고 사람을 봐서 그런지 언어적으로 비슷한 게 자꾸 눈에 띈다. 터키의 시골에 가면 물건을 잔뜩 들고 버스를 타는 할머니들을 볼 수 있는데 그들이 '아이고'라고 한다는 말을 들은 것도 같다.

그녀는 터키 어딘가에서 마흔 살까지 살았다. 미국생활은 12년을 했으니 그녀의 나이는 쉰둘이다. 그녀의 터키에서의 생활은 온갖 비밀로 덮여 있다. 어느 곳에서 자랐고 가족관계는 어떠했는지조차 알 도리가 없다. 애드리안이 나를 신뢰하기 시작한 이후 자신에 대해 조금씩 말해주기는 했지만 아직도 40년 동안의 터키생활과 그녀의 삶이 어땠는지는 잘 알지 못한다. 터키에 친인척들이 있다는 사실과 그녀가 고등학교 교사였다는 점, 그리고 대부분이 무슬림들인 나라에서 드물게 기독교 신자였다는 것 정도가 그녀의 터키생활에 대해 내가 아는 전부였다.

하지만 그녀의 지난 12년간 미국생활에 대해서는 비교적 소상히 알고 있다. 미국에 오자마자 결혼을 했고 그 남편과 1년 후에 이혼했다. 언젠가부터 헛것이 보이고 헛소리가 들리기 시작했는지 모르겠지만 그녀는 증상이 심해져서 다니던 직장도 그만두고 장애인 보조금으로 살아가야 했다.

"나는 지극히 정상인입니다."

그녀는 나를 2년 전 처음 만나면서부터 이 점을 강조했다. 그녀에게 있어 그녀가 경험하는 모든 환상들은 사실이었고 그것을 믿지 못하는 사람들은 적이었다. 그걸 믿는 척하는 사람 역시 그녀에게는 적이었다. 이 때문에 많은 전문가들이 성격까지 무척 괴팍한 그녀와 일을 하지 못하고 떠나갔다. 하지만 이상하게도 그녀와 나는 뭔가가 잘 맞았다. 내가 지난 2년여 간 그녀를 치료 할 수 있었던 이유는 간단했다. 나는 그녀의 환상을 믿었던 것이다.

환상#1 악마의 소리

국가에서는 애드리안이 장애인 정부 보조금으로 아파트에 살 수 있도록 해주었다. 그런데 아파트 사무실 측과 주정부에서는 이내 그녀를 눈엣

가시처럼 여겼다. 좀 오래된 아파트에서는 여기저기서 소리가 들린다. 이웃이 음악을 틀어놓으면 크게 들려서 그것 또한 고역이다. 그런데 애드리안은 그 모든 소리들을 악마의 소리로 단정했다. 당연히 그녀에게는 그런 소리를 내는 이웃들은 악마를 위해서 일하는 사람들이었다.

그녀는 시도 때도 없이 경찰을 불렀고 참다못한 경찰서에서는 그녀에게 경고장을 보냈다. 그것뿐만 아니라 아파트 사무실 측에서는 그녀가 나가기를 원했고, 그동안 아파트 비용을 지원했던 정부에서는 다시는 그러지 않겠다는 확약서에 서명하지 않으면 더이상 아파트 비용을 지원해줄 수 없다고 했다. 하지만 애드리안 입장에서는 그 누구와도 타협할 수 없었다. 타협하는 것은 악마에게 순종하는 것이라고 생각했다. 결국 그녀는 그동안 살던 아파트에서 쫓겨났고 거리로 내몰렸다.

애드리안은 짐 가방 하나 달랑 들고 내가 일하는 병원 로비에 앉아 있었다. 그녀를 위한 다른 방법이 없었다. 예전부터 생각했던 대로 노숙자들이 모여 있는 쉘터shelter, 보호소에 보내는 방법 외에는⋯⋯. 애드리안이 쉘터에서 지낸 지 3일 후, 쉘터에 있는 스태프로부터 연락이 왔다. 그녀는 그곳의 모든 사람들을 저주했고 다짜고짜 짐을 싸더니 사라졌다고 했다. 쉘터에서는 물건이 잘 없어지기 때문에 애드리안은 항상 끌고 다니는 짐 가방에 무척 민감했다. 그곳에는 자신의 보물이 들어 있었기 때문이었다. 잠깐 자리를 비운 뒤 자신의 짐 가방이 흐트러져 있다고 생각한 애드리안은 더이상 그곳의 환경을 참지 못하고 3일 만에 나가버린 것이었다.

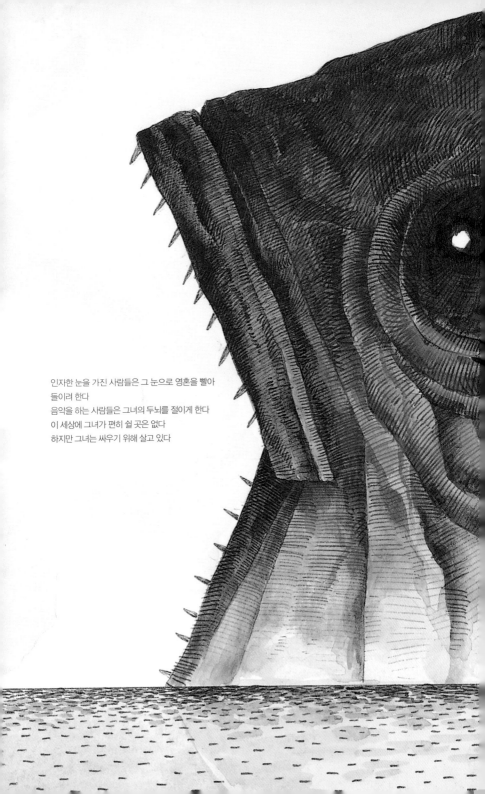

인자한 눈을 가진 사람들은 그 눈으로 영혼을 빨아
들이려 한다
음악을 하는 사람들은 그녀의 두뇌를 절이게 한다
이 세상에 그녀가 편히 쉴 곳은 없다
하지만 그녀는 싸우기 위해 살고 있다

그 쉘터는 이곳 워싱턴 지역에서 제일 좋은 시설을 갖추고 있었다. 많은 사람들이 이름을 올려놓아서 오랜 시간 기다려야 들어갈 수 있는 곳이었다. 애드리안이 아파트에서 쫓겨나자마자 그 쉘터에 들어갈 수 있었던 것은 혹시나 하는 마음으로 내가 미리 그녀의 이름을 올려놓았기 때문이었다. 애드리안은 타협하는 인물이 아니었고 결국 아파트에서 쫓겨날 거라고 생각했다. 그래서 미리 준비해놓은 것이었는데 그녀는 의논도 없이 그렇게 살 곳을 또 포기했다.

환상#2 악마의 폭행

애드리안은 하루도 편하게 잠을 잘 수가 없었다. 매일 끔찍하게 생긴 악마가 그녀의 왼쪽 어깨에 붙어서 살다가 그녀가 잠든 사이 성폭행을 한다고 믿었다. 그녀는 틈만 나면 자신의 왼쪽 어깨를 때렸다. 세션 중에도 갑자기 일어나 자신의 왼쪽 어깨를 때리곤 했다. 그녀를 공격하는 것은 왼쪽 어깨에 붙은 악마뿐만이 아니었다. 그녀가 밖에서 마주치는 대부분의 사람은 그 악마와 협력하는 관계였다.

그녀는 자신의 저서를 출판한 적이 있었다. 1000페이지가 넘는 엄청난 분량이었다. 800쪽까지만 한 권에 넣을 수 있는데도 그녀는 단 한 개의 메시지라도 빠뜨릴 수 없다면서 고집을 부렸다. 할 수 없이 출판사에서는 부록처럼 엮어 나머지 200쪽은 작은 책으로 엮었다. 어떻게 출판을 하게 된 건지도 비밀이었다. 책에는 자신의 이름도 가명으로 되어 있었다. 오로지 그녀가 출판을 했던 이유는 단 한 가지뿐이었다. '세상에 얼마 남지 않은 선한 사람들에게 악마에 대해 알려주기 위해서였다.'

그녀의 책에는 이런 시가 씌어 있었다.

악마의 폭행

버스를 타고 흥얼대며 노래 부르는 사람들은 / 그녀를 조롱하는 악마들이다 / 손짓을 하며 뭔가를 이야기하는 사람들은 / 손으로 그녀를 저주하는 악마들이다 / 다리를 벌리고 자리에 앉아 있는 사람들은 / 그녀에게 성폭행의 신호를 보내는 악마들이다 / 코를 훌쩍대는 사람들은 / 악마의 피를 마시고 있는 사람들이다 / 인자한 눈을 가진 사람들은 그 눈으로 영혼을 빨아들이려 한다 / 음악을 하는 사람들은 그녀의 두뇌를 절이게 한다 / 이 세상에 그녀가 편히 쉴 곳은 없다 / 하지만 그녀는 싸우기 위해 살고 있다 / 신은 싸우라고 명하신다 / 그녀의 유일한 힘이신 신이시여! / 하루 빨리 저 악마들을 처단해주소서

애드리안과의 상담 시간

애드리안의 상담 시간이 끼어 있는 날은 고역이었다. 내가 다리를 꼬면 무릎 부분이 그녀를 향하지 말아야 하고 웃지도 말아야 했으며 입 모양을

크게 해서 이가 보여서도 안 됐다. 너무 깊은 눈으로 자신을 쳐다보지 말라고 했으며 손을 자주 움직이지도 말라고 했다. 그렇다고 눈을 쳐다보지 않으면 또 자신의 말을 듣지 않는다며 싫어했다. 게다가 의자 소리를 내서도 안 되고 숨소리를 크게 내서도 안 되며, 목소리를 조금도 크게 내서도 안 되고 단어 하나 하나는 그녀가 생각하기에 정제된 것들로 써야 했다.

　도를 닦는 것인지 그녀를 위해 상담을 해주는 것인지 아니면 그녀에게 매주 한 번씩 벌을 서는 것인지 묘한 기분이었다. 하지만 나는 그녀가 시키는 대로 했다. 그녀의 그런 점을 고쳐줘야 한다고 생각하는 것은 커다란 오판이었다. 이미 수많은 테라피스트와 의사들이 그녀로부터 해고됐다. 위에서 말한 것처럼 애드리안에게 타협이란 없었다. 나는 그녀에게 마지막 희망일지도 몰랐다. 그러니 그녀에게 테라피스트인 내가 악마가 아니고 세상에 얼마 남지 않은 선한 사람이 되는 게 일단 중요했다. 처음 몇 달간은 상담이고 뭐고 없었다. 그녀는 쉴새없이 매일 경험하고 있는 악마에 대해서 이야기했고 나는 머리부터 발끝까지 표정부터 몸의 움직임까지 조심하고 또 조심해야 했다. 어느 날은 이런 웃지 못할 일도 있었다.

　"이 우주는 세 단계로 나누어져 있어요. 1단계는 이 지구입니다. 2단계는 하느님이 만들고 있는 다른 우주입니다. 3단계는 바로 천국입니다. 그 천국의 가장 중심이 되는 윗자리에 가보면 바로 거기에 그분이 있더라구요. 그분요…… 호머 심슨*."

천국의 가장 중심…… 거기에 그분이 있더라구요.

참 이럴 때는 어찌해야 할지 모르겠다. 환자는 심각하게 자신의 환상을 말하고 있고, 나는 그걸 웃음 거리로 삼을 생각이 전혀 없는데 참을 수 없는 웃음보는 터지려 하고, 환자의 눈은 정성을 다해 쳐다봐야 하고……. 혀를 깨물기도 하고 슬픈 생각을 해봐도 되지 않는다. 그렇다고 웃으면 그야말로 비전문가적인unprofessional 짓이라 나중에 무슨 결과를 경험해야 할지 모른다. 그래서 나는 그 짓을 하고 말았다. 들고 있던 커피를 기침하는 척하며 키보드에 쏟아버렸다.

❊ 미국 코미디만화 주인공

선하디 선한 환자는 걱정이 돼서 연신 내게 묻는다. "괜찮아요? 정말 괜찮죠?" 우리는 그날 키보드와 책상을 닦느라 결국 시간을 다 보냈다. 그 키보드는 이미 '골'로 가서 새 걸로 바꿀 수밖에 없었지만. 나는 더한 짓도 할 수 있었을 것 같다. 신뢰를 위해서라면 이놈의 웃음보는……. 생각해보면 본의 아니게 예의에 어긋나는 짓도 많이 했다. 그 이야기를 여기서 다 할 순 없지만.

그렇게 몇 달이 흘렀고 나와 애드리안에게 변화가 일어나기 시작했다. 나는 애드리안이 편해지기 시작했다. 처음에는 모든 걸 그녀의 가이드라인에 맞춰 조심했지만 이젠 따로 조심한다는 생각이 필요 없어진 것이다. 일주일에 한 번씩 벌서다시피 했던 게 습관이 돼서 결국 아무렇지도 않게 된 것이다. 그렇게 되고 나니 이젠 서로 편안하게 의사소통을 할 수가 있었다. 애드리안은 내가 세상에 얼마 남지 않은 선인이라고 믿었고—악마 이야기 이외에—그녀의 마음을 보여주었다. 나를 진심으로 신뢰하기 시작했던 것이다. 그리고 이전에 병원의 누구에게도 하지 않던 출판된 자신의 책 이야기를 내게 하며 보여주었다. 그녀의 소중한 책들은 그녀가 항상 끌고 다니는 바퀴 달린 가방에 들어 있었다. 누군가 자신의 가방을 만졌다는 생각을 했을 때 쉘터를 뛰쳐나간 것도 소중하게 생각하는 책에 대한 이유가 가장 컸다.

노숙자가 된 애드리안
쉘터에서 나간 애드리안은 갈 곳이 없었다. 내게 연락했으면 일단 병원에 입원시켜놓고 시간을 벌며 다른 쉘터를 찾았겠지만 그녀는 연락을 하지 않았다. 이미 내가 자신을 위해서 수고를 많이 해주었기 때문에 미안한 마음에 연락을 할 수 없었다고 했다. 갈 곳이 없던 그녀는 한 종합병원의 벤치에 앉았다. 왠지 종합병원은 밤을 지새우기에 안전할 것 같아서 버스를 타고 그곳에 간 것이었다. 해가 지고 나니 추웠다. 그런데 그 순간 악마의 그림자들이 보이기 시작했다. 그녀는 눈을 감고 필사적으로 기도했다. 눈을 떠보니 그녀 앞에 한 건장한 사람이 그녀를 노려보며 서 있었다. 그녀는 드디어 악마가 자신을 죽이려 한다고 생각했다.

"아까부터 계속 봐왔는데 이제 이 병원에서 나가주세요."

병원 경비원이었다. 애드리안은 그 경비원에게 호통을 치며 눈앞에서 사라지라고 했다. 자신이 무슨 불법적인 일을 한 것도 아니고 병원 안에 앉아 있던 것도 아닌데 병원 밖으로 나가달라니…… 벤치에 앉아 있는 게 불법이냐고 따져 물었다. 경비원은 순순히 물러갔고 그녀는 그 벤치에 앉아 밤을 지새웠다.

다음 날은 먹을 것을 사러 식료품점에 들렀다. 그러고는 그 앞 의자에 앉아 음식을 먹으려고 하는데 어떤 사람이 그녀 앞에 지폐를 던져놓았다. 그녀는 화가 머리끝까지 솟아올라 돈을 던져준 사람에게 지폐를 던지고는 다시 의자로 돌아와 음식을 먹었다. 그 사람 입장에서는 선행을 베푼 것이었는데 그녀 입장에서는 자존심을 짓밟혔던 것이다. 조금 기운을 차린 애드리안은 공중전화에 있는 전화번호부를 뒤적거렸다. 그리고는 터키 대사관을 비롯해 여러 터키인들에게 전화를 걸었다.

"저는 터키인입니다. 지금 살 곳이 없습니다. 싼 가격인지는 알지만 난 지금 한 달에 200불밖에 지불할 수가 없습니다. 대신 집 안을 항상 깨끗이 청소해줄 것이고 필요하면 밥도 하겠습니다. 또 필요한 심부름도 할 것입니다. 제안을 받아들이시겠습니까?"

애드리안다운 당당한 제안이었다. 그리고 그날 그녀는 딸을 막 시집보내고 혼자 큰 집에 살고 있는 한 노인의 집으로 들어가게 되었다. 이것으로 그녀의 노숙자생활은 막을 내렸다. 그런데 약 5개월 후에는 그 노인이 악마의 조력자로 변했고, 그녀는 어느 여간호사 집으로 또다시 이사를 갔다. 그곳에 사는 사람들은 독실한 크리스천들이라 악마 짓을 하지 않을 것이라는 기대가 있었다. 하지만 금세 새로운 주인집의 사람들도 악마가 되어버렸고, 그녀는 또다시 다른 집을 찾기 위해 요즘도 노력하고 있다.

테라피스트가 그녀에게 하는 일

그녀가 세션에 빠진 적은 지난 2년간 다섯 번도 채 되지 않는다. 그것도 병원에 입원했다든가 하는 일로 어쩔 수 없이 빠진 것이었고 출석률 100퍼센트로 보아도 무방할 것이다. 이것은 대단한 기록이 아닐 수 없다. 내가 그녀의 정신분열증을 고치는 데 어떤 도움을 준 것도 아닌데 그녀는 왜 그렇게 열심히 나를 보러 찾아왔을까. 애드리안은 그녀가 신뢰할 수 있는 이른바 선한 사람이 필요했고 세상과 소통할 곳이 필요했다. 또한 그녀의 말을 믿어줄 사람이 필요했다. 그녀에게 테라피스트인 나는 선인이고 유일한 의사소통의 통로였다.

나는 그녀의 말을 믿었다. 그녀가 경험하는 모든 악마에 대한 환상과 고통을 믿는다. 그런 일이 객관적으로 일어난다는 것을 믿는 것은 아니다. 그녀가 경험하는 세계는 가상이 아니라 그녀가 정말 매일 경험하는 일들이다. 심한 정신분열증 때문에 겪는 일이라 해도 그녀에게 그것은 현실이다.

테라피스트는 상대방이 겪는 그 현실을 진심으로 인정한 다음 치료에 대한 목표를 설정해야 한다. 하지만 솔직히 그녀의 증상이 너무나 심하기 때문에 정신분열증 자체에 대한 치료 목표는 존재하지 않는다. 그게 잘못되었다고 한다면 내 능력이 여기까지라고 말할 수밖에 없다. 그래도 어찌 보면 그녀와 나의 그런 관계가 지금까지 그녀를 살게 했고 에너지를 충전시켜줄 수 있었다. 예를 한 가지 들어보면, 그녀는 어느 날 너무 지쳐서 이렇게 말했다.

"나 이제 죽어야겠어요. 사는 게 항상 고통스럽지만 이젠 몸도 마음도 지쳐서 더이상 악마들과 싸울 여력이 없어요."

"세상에는 악마들 천지야. 그런데 나는 더 이상 악마들과 싸울 힘이 없어요."

그녀가 자살을 생각하고 있을지도 모른다고 생각했다. 심각한 얼굴로 꼬치꼬치 캐물으니 구체적인 계획까지 다 털어놓았다. 나는 그녀가 과거에 어떻게 악마들과 치열하게 싸웠는지를 설명했다. 또 당신이 그렇게 믿는 신이 왜 당신에게 그것을 분별할 능력을 주었는지 잘 생각해보라고 했다. 사실 이 질문은 그녀가 내게 예전에 했던 질문이었다. 마지막으로 한마디 더 덧붙였다.

"당신이 자살을 하게 되면 악마는 승리의 환호성을 지를 것입니다. 기껏 그렇게 하려고 지금까지 싸웠습니까? 당신이 받드는 신 대신 악마에게 승리를 안겨주려 한다 이거죠?"

내 말을 들은 애드리안은 잠시 침묵을 하며 심각하게 생각했다. 그리고 그녀는 내게 약속했다. 자신은 죽는 순간까지 사명을 다할 것이고 절대 자신을 해치는 일은 없을 거라고 말이다.

정신분열증 환자들에게 약물치료만 필요하지 테라피스트는 필요 없다고 생각한다면 그건 크게 잘못된 생각이다. 정신분열증을 앓고 있는 사람들이야말로 테라피스트가 필요하다. 그들은 세상과 의사소통할 통로가 필요하고 그들의 안전에 대해 조언하고 지켜줄 신뢰할 만한 사람이 필요하다. 그들이 신뢰할 수 있는 사람이라야 조언을 들을 수 있기 때문이다.

"당신들의 사랑을 인정할게요, 미안해요"

전직 아나운서의 네번째 남자

이번 이야기는 바보 같은 여자인 엘리자벳의 정신분열 증상과 그녀의 남편 라이언, 그리고 라이언의 동거녀인 낸시 세 사람의 이해하기 힘들었던 관계에 대한 이야기다.

• 엘리자벳

이야기의 주인공인 52세의 흑인 여인이다. 미국으로 온 그녀는 백인인지 흑인인지 헷갈릴 정도로 곱슬기가 전혀 없는 긴 생머리에 하얀 피부를 가지고 있었다. 자신의 그런 외모 때문에 흑인 문화보다는 백인 문화에 더 익숙했고 주변 사람들도 친인척을 제외하고 모두 백인들이었다. 그럼에도 불구하고 그녀는 그동안 생긴 대로 살았고 정체성 문제로 고민한 적은 없다고 한다.

나는 사실 그녀가 40대 초반 정도 된 줄 알았다. 젊었을 때 방송국 캐스터였던 게 몸에 배어서 그런지는 몰라도 참 단정했고 정돈된 사람이란 인상을 받았고 매우 아름다웠다. 어쩌면 그 아름다움이 그녀를 병들게 했는지도 모른다. 그녀의 아름다움이 원인이었던 것처럼 그녀의 증상을 이야기할 때마다 빠지지 않는 게 '남자 문제'였다.

• 라이언

엘리자벳의 현재 남편이다. 그녀와 직장에서 만났고 혼인신고를 한 지는 3년 됐다고 하는데 그녀와는 사람들이 이해하기 힘든 관계를 유지하고 있었다. 지난 3년간 그는 자신의 집에서 다른 여자와 동거를 하고 있었던 것이다. 그리고는 엘리자벳과 주말마다 그녀 어머니 집으로 가서 시간을 보냈다.

• 낸시

낸시는 라이언이 지난 3년간 함께 살던 동거녀다. 라이언의 옛날 직장 동료였고 엘리자벳과 개인적으로 아는 관계는 아니었다.

과거의 남자들과 정신분열증의 시작

엘리자벳의 정신분열증은 그녀의 남자들과의 힘들었던 과거의 관계들이 많은 원인을 제공했다.

엘리자벳, 그녀의 남편 라이언 그리고 라이언의 동거녀 낸시…… 라이언은 왜 다른 여자와 살았으며, 엘리자벳은 왜 그것을 허락했을까?

• 첫번째 남자, 동성애자

고등학교를 졸업하기 6개월 전에 학교에서 첫사랑을 만났다. 자기보다 한 학년 어린 미식축구 선수였다. 운동에 몰두하는 터프한 모습과는 다른 상냥함에 반했고 점심시간마다 그 남자 주변에서 눈을 맞추려고 노력했다. 그 남자 또한 티를 내지는 않았지만 엘리자벳을 주목하고 있었고, 그들은 자연스럽게 서로 점심을 함께하는 사이가 되고 커플이 될 수 있었다.

엘리자벳은 행복했다. 꿈에 그리던 이상형인 남자가 자신의 남자친구여서 행복했다. 그러나 언젠가부터 학생들이 남자친구와 그녀에 대해 뭔가 수군거리고 있었다. 그녀는 그들이 자신을 질투하는 거겠지 하는 생각에 소문의 내용을 알려고 하지도 않았다. 하지만 결국 그 수군대는 소리가 엘리자벳의 귀에 들어오고 말았다. 엘리자벳은 충격이 컸지만 믿을 수가 없었다. 그래서 남자친구에게 그 소문의 진상을 확인하고자 했다.

"너 동성애자 아니지?"

남자친구가 아니라고 대답해주길 원했다. 그게 사실이라도 자신을 위해서 아니라는 말을 듣고 싶어했다. 하지만 남자친구는 당황하는 기색조차 없이 당당하게 말했다.

"나 동성애자야. 널 속인 게 아니라 나도 최근에 알았어. 미안해."

세상이 더욱 보수적이었던 수십 년 전에는 이 경험이 그녀에게는 아마 큰 충격이었을 것이다.

• 두번째 남자, 친구의 애인

엘리자벳은 대학에서 많은 남자들을 만났다. 그냥 친구관계를 유지하는 남자들도 있었고 간혹 사귀기도 했다. 그러나 사랑이라고 할 수 있을 만큼 누군가에게 푹 빠지지는 않았다. 누군가를 사랑하게 되면 그녀가 가진 모든 것을 긁어내서 희생이라도 할 수 있을 것 같은 자신의 성격이 두려웠다. 게다가 그녀는 꼭 남자들에게만 그러는 게 아니고 친구들이 필요하다면 자신이 꼭 써야 하는 돈도 다 털어서 줘버렸다. 때로는 빚이라도 얻어서 그렇게 했다.

그녀는 두번째 사랑을 대학 3학년 때 만났다. 그를 열정적으로 사랑했고 행복하다고 생각했다. 대학교를 졸업하자마자 그 남자와 약혼을 하고 함께 살았다. 그런데 알고 보니 그는 그녀의 가장 친한 친구의 애인이었다. 그녀는 이 사실을 알았지만 전혀 화가 나지 않았다. 단지 이 남자가 자신을 떠날 것이 두려워 모르는 척했다. 하지만 이런 관계가 결혼까지 무사히 진행될 리가 없었다. 어느 날 그가 엘리자벳에게 물었다.

"너 알고 있었지?"

엘리자벳은 최선을 다해서 자신은 아무것도 모른다고 발뺌했지만 그 남자는 유유히 짐을 싸서 함께 살던 아파트에서 나가버렸다. 그것이 그 남자와의 마지막이었다.

• 세번째 남자, 직장 상사 그리고 다른 여자의 남편

엘리자벳은 입사하기 힘들다는 메인 방송국에 취직을 했다. 꿈을 이루었다며 기뻐했지만 이것은 또다른 고통의 시작이었다. 가정까지 있는 직장 상사가 그녀를 괴롭혔던 것이다. 그녀의 직장 상사는 감정의 변동이 무척 심한 사람이었다. 특히 그녀에게는 더 심하게 대했다. 무엇보다 괴로웠던 건 항상 그녀를 개인적으로 만나기를 원했고 때로는 성관계를 요구했다는 점이다. 그때나 지금이나 그녀를 보호해줄 법적인 장치가 있지만 그녀는 그렇게까지 할 만큼 당찬 성격은 아니었다. 항상 수동적이었고 혼자서 괴로워하고 가슴으로 삭히는 버릇이 있었다.

어느 날은 그가 그녀를 호텔로 불렀다. 취재차 의논할 게 있다는 상투적인 이유였다. 호텔의 카페에서 만나기로 하고 그녀는 그곳으로 향했다. 그런데 아무리 기다려도 상사는 나타나지 않았다. 그녀는 오히려 잘됐다며 안도의 한숨을 내쉬었다. 그다음 날 상사는 직장에 나오지 않았다. 엘리자벳은 이게 무슨 일일까 하는 호기심에 알아보니 교통사고가 나서 병원에 입원해 있었다. 엘리자벳은 그가 늦게 일을 마치고 그녀를 만나기 위해 헐레벌떡 달려오다가 사고가 난 것이라고 제멋대로 믿어버렸다. 크게 다친

것은 아니었지만 그 일이 엘리자벳의 마음을 움직이기 시작했다. 사랑의 감정은 아니었으나 한자성어로 하면 측은지심이 생기기 시작한 것이다. 올바르고 충분한 이유는 아니었지만 그날 엘리자벳은 결심했다.

'이제부터 난 이 남자가 시키는 대로 할 것이다. 그게 내 운명인가보다.'

그렇게 1년 정도의 시간이 흘렀다. 눈이 와서 혼잡해진 뉴욕 맨해튼의 밤은 왠지 모르게 운치가 있었다. 항상 거닐던 거리이지만 그날따라 그런 아름다움에 대한 기분이 유난히 강하게 들었다. 그녀는 직장 상사의 팔짱을 끼고 있었고 도시의 아름다움에 취하며 이런 고민을 했다.

'이젠 사랑해도 될까……?'

그 순간 앞에서 어떤 여자가 다가오고 있었다. 헝클어진 머리에 마스카라가 뒤범벅이 된 얼굴이었다. 순간 귀신 같다는 생각이 밀려오며 등골이 오싹함을 느꼈다. 옆에 서 있는 그도 똑같은 느낌이었는지 그의 팔뚝에서부터 극도의 긴장감이 느껴졌다.

"탕! 탕! 탕!"

그녀가 들은 것은 세 발의 총소리였다. 남자가 고꾸라졌을 때 그 귀신 같은 여자는 엘리자벳의 이마에 권총을 겨누고 있었다. 뜨거워야 할 총구

멍에서 차가운 기운이 느껴진다고 생각했다. 이건 귀신이 틀림없다는 생각을 했다. 그 귀신은 직장 상사의 아내였다. 그 귀신은 엘리자벳에게 총을 쏘지 않았다. 귀신은 자비를 베풀어준 것이 아니었다. 그녀가 말하기를 당신을 쏘지 않은 것은 평생을 살며 고통을 겪게 하는 것이야말로 진정한 복수라고 했다는 것이다. 이 사건이 엘리자벳의 정신분열증이 시작되는 직접적 원인이 되었다. 이런 종류의 경험은 사실 영화에서처럼 단순하지가 않다. '외상후 스트레스 증후군PTSD'은 기본이고 '우울증'도 기본이다. 의외로 이런 끔찍한 경험들이 '정신분열증'으로 발전되는 경우 또한 허다하다.

항상 그때 그 귀신과 자신이 사귀었던 남자들 그리고 주변 친구들이 그녀의 정신분열적인 세계에 존재했다. 귀신은 항상 자신을 괴롭히는 두려운 존재였고 다른 등장인물들은 목소리로 그녀에게 잔소리를 하는 존재들이었다. 그녀는 자신의 꿈같던 방송국 일을 그만두고 직장을 옮겨다니며 이런 저런 일들을 많이 했다. 출판사에서 일했고 학교 대리교사로도 있다가 자기 어머니를 따라서 워싱턴지역으로 이사를 오게 되었다. 그녀가 마지막으로 일을 했던 풀타임 직장은 집이 없는 사람들에게 살 곳을 마련해주는 정부기관이었다. 그리고 그곳에서 엘리자벳이 만난 사람이 라이언이었다.

• 네번째 남자, 그녀의 마지막 사랑

엘리자벳은 라이언을 자신의 마지막 사랑이라고 했다. 라이언은 전처 소생의 아이가 셋이나 있었다. 하지만 남자는 식구들 누구와도 오랫동안 연락을 하지 않고 지냈다. 연락처도 알지 못했으며 사는 곳은 더더욱 알 수가 없었다. 엘리자벳에게조차 그 부분에 대해서는 말을 아꼈다. 두 사람이 사랑에 빠진 계기는 단순했다. 엘리자벳의 말에 의하면 라이언은 한눈에 그녀에게 반했다고 했고 그녀는 자신같이 부족한 사람을 그토록 사랑해주는 그가 고마웠다고 했다. 두 사람이 사귀는 시간이 길어질수록 엘리자벳의 마음은 더 깊어갔고 나중에는 라이언이 자신의 마지막 사랑이라고 자신 있게 말할 수 있을 정도가 됐다.

그런데 엘리자벳의 마음에 항상 걸리는 문제가 하나 있었다. 라이언이 있는 집에는 낸시라고 하는 또다른 여자가 룸메이트란 명목으로 기거하고 있었던 것이다. 거기에 대해서 엘리자벳이 따져 물으면 라이언은 항상 이렇게 대답했다.

"낸시는 내 친구일 뿐이야."

과거 경험이 많은 엘리자벳으로서는 이런 문제를 예전처럼 쉬쉬하거나 순순히 넘어가거나 할 사안이 아니었다. 그래서 그 여자를 택하든지 자신을 택하라며 강력하게 의사 전달을 했다. 그런데 라이언의 입에서 의외의 말이 나왔다.

"우리 결혼하자."

그 한마디에 모든 것이 녹는 느낌이었고 두 사람은 다음날 법원에 가서 혼인신고를 했다. 그렇게 해서—결혼식은 없었지만—두 사람은 법적인 부부가 되었다. 그런데 혼인신고를 했음에도 불구하고 살림을 합치지는 못했다. 남편의 집에 기거하고 있는 낸시 때문이었다. 남편은 이런저런 핑계를 대며 낸시를 곧 내보내겠다는 약속을 했다. 그때까지만 참아달라고 했고 엘리자벳은 그의 말을 믿었다. 그러나 아무리 기다려도 남편은 그 여자를 내보내지 않았다. 그래서 엘리자벳 자신이 직접 말하겠노라고 했다. 그러자 남편은 다른 핑계를 댔다.

"사실 내가 많이 아프다. 그 여자가 돌봐주지 않으면 난 건강이 아주 나빠질 거야. 너도 알다시피 내가 얼마나 자주 병원에 다니니? 몸이 좋지 않아 운전도 못 하는 나를 위해 그 여자가 그런 수고까지 해주고 있어."

엘리자벳은 기가 막혔다. 남편의 건강이 좋지 못하다는 건 진작 알고 있었지만 꼭 그 여자가 돌봐줘야 한다니…… 정신분열증이 있는 자신은 믿지 못하겠다는 말 아닌가?

웬만한 여자 같았으면 남자에게 분노하면서 벌써 그만두었을 일을 엘리자벳은 그럴 마음이 전혀 없었다. 엘리자벳에게 남편에 대한 분노의 감정은 전혀 찾아볼 수가 없었다. 그녀의 목표는 자신의 남편을 독차지하는 것뿐이었다. 그래서 처음으로 낸시에게 전화를 해 남편 집에서 떠나달라고 부탁했다. 낸시는 너무도 놀라워하면서 엘리자벳에게 라이언과 어떻게 지내는 관계인지를 물었다.

"난 라이언의 아내입니다."

그 말을 들은 낸시는 흐느끼기 시작했다. 낸시의 말에 따르면 그녀는 엘리자벳과 라이언의 관계를 전혀 눈치채지 못하고 있었던 것이다.

여기까지 이야기를 듣고 나는 라이언이 참 파렴치하다고 생각했다. 낸시는 엘리자벳에게 사과했다. 자신이 둘의 관계를 알고 있었다면 라이언과 한집에서 이렇게 오랫동안 머물지는 않았을 것이라는 말을 했고, 당연히 이사를 가야 한다는 데에 동의했다. 그런데 그녀가 갈 곳이 없었다. 그녀는 한 달의 말미를 달라고 했다. 엘리자벳의 어머니로부터 내게 전화가 왔다.

"당신은 엘리자벳의 테라피스트니까 그 아이가 어떻게 하는 게 맞는지 잘 말해줄 수 있을 것 아닙니까?"

나는 그녀의 어머니가 라이언과 헤어지도록 재촉해달라는 말을 하려는 줄 알았다. 그런데 이렇게 말하는 것이 아닌가.

"라이언의 집으로 들어가라고 해주십시오. 이제는 그 아이가 자신의 권리를 주장하며 살 수 있게 해주십시오."

엘리자벳이나 그녀의 어머니는 똑같았다. 라이언에 대해서 단 한마디의 욕도 하지 않았다. 그러고 보니 엘리자벳으로부터 그동안 상처를 주고 간 많은 남자들에 대해서—어쩌면 자신의 인생을 망친 남자들에 대한—원망의 말을 들어본 적이 없었다. 그녀는 바보인 건가 착한 건가. 어릴 적 그녀의 가정환경은 어떠했고 어떤 교육을 받으며 자라왔을까? 그날 나는 그녀의 어머니와 많은 이야기를 나누었다. 평소에 엘리자벳에게 들었던 이야기 이외에도 그녀를 이해하는 데 귀중한 시간이었다.

이어지는 글은 엘리자벳의 두번째 이야기, 힘겨운 치료과정에 대한 여정이다. 다행히 그녀에게는 내가 소통의 장이 되는 것 이외에도 어느 정도 치료에 도움을 줄 수 있는 여지가 있었다. 내가 엘리자벳에게 그녀의 이야기를 글로 써도 되느냐는 말을 했을 때 그녀는 웃으며 이렇게 말했다.

"그렇게 하세요. 그런데 제 이야기를 읽고 누군가가 바보처럼 사는 제 인생을 따라하지 않을까 걱정입니다."

엘리자벳은 아예 이성적인 생각을 할 줄 모르는 여자가 아니었다.

두 여자와 한 남자의 동거

남편의 갑작스런 죽음

엘리자벳은 어릴 때부터 욕심 없이 예쁘게 커준 아이였습니다. 하지만 그 아이에겐 항상 빈 공간이 있었는데 바로 아버지의 자리였습니다. 내가 그 아이를 임신했을 즈음에 아이 아버지가 죽었습니다. 심장마비였습니다. 어찌할 도리가 없었습니다. 멀쩡한 사람에게 갑자기 병이 찾아와서는 행복한 가정을 파괴해버렸습니다.

원래 함께 있던 사람이 가고 나면 더 아쉽고 잘해주지 못해 미안하고 그렇습니다. 내 남편이 갑자기 가고 나니 그 사람이 얼마나 착하고 좋은 사람이었는지 느낄 수 있었습니다. 하루하루 눈물로 지새웠습니다. 엘리자벳 위로 네 살 터울의 오빠가 하나 있습니다. 그 아들이 내겐 큰 위안이었습니다. 아들은 아버지에 대한 추억들이 미세하나마 있었고 그 이야기들을 엘

"남편이 죽고 너무 힘들었어요. 뱃속에 있는 엘리자
벳을 낳아야 할지 고민에 빠지기도 했죠."

리자벳에게 해주며 자랐습니다.

내 인생은 송두리째 변했습니다. 가끔씩 파트타임으로만 일하던 평범
한 가정주부에서 한 가정을 혼자서 책임져야 하는 인생으로 변한 것입니
다. 주변 친척들을 보면 그게 큰 고민거리가 아닌 듯했습니다. 아무 곳에
나가서 아버지가 누구인지도 확실치 않은 아이를 임신해오는 사람들도 많
았습니다. 제대로 된 가정에 대한 의식도 의지도 없이 그렇게 사는 사람이
많은 게 우리들 문화였습니다.

그렇게 보면 나는 좀 특별한 경우였습니다. 죽은 남편이나 저나 서로만
을 사랑했고 서로에게만 충실했습니다. 그리고 남편은 능력이 있었습니다.

제가 일을 할 필요도 없었지만 남편도 제가 집안일에만 충실하기를 원했습니다. 대학을 졸업하기도 훨씬 전에 만난 남편인지라 막상 그가 죽고 나서 한 가정을 책임져야 한다는 것이 제겐 얼마나 힘든 일이었는지 모릅니다. 그래서 잠깐이지만 뱃속에 있는 엘리자벳을 낳아야 하는가라는 고민에 빠지기도 했습니다. 가장 힘든 건 죽은 남편이 너무나 보고 싶어서 빨리 죽고 싶었다는 사실입니다. 아이들을 생각해서라도 이러면 안 되지 하고 마음을 고쳐먹다가도 또다시 그런 생각이 들기도 했습니다.

죽은 남편의 친구

난 사정이 여의치 않아 유명해지지는 못했지만 그래도 괜찮은 피아니스트였습니다. 피아노 개인교습을 시작했고 많은 학생들을 모았습니다. 그것으로 아들과 엘리자벳을 열심히 키웠습니다. 아들은 나를 닮았는지 음악 쪽에 관심이 많았고 지금은 재즈 연주자로 색소폰을 불고 있습니다. 엘리자벳은 책을 읽고 글 쓰는 일을 좋아했습니다. 또 내성적이었고 감성적이었습니다. 엘리자벳의 그러한 성격 또한 나를 닮은 것입니다. 아이들은 이렇게 나에게 많은 영향을 받으며 자랐습니다.

나를 좋아하는 남자가 있었습니다. 남편의 오랜 친구였습니다. 아이들도 그를 삼촌이라 부르면서 잘 따랐습니다. 설마 나 때문에 헤어진 건 아니었겠지만 그 사람이 자신의 아내와 이혼 후에 내게 고백을 하더군요. 그 사람의 감정을 내가 전혀 몰랐던 게 아니었기 때문에 그렇게 놀라진 않았지

"죽은 남편의 친구가 나를 좋아했어요. 그렇지만
나는 죽은 남편을 마음에서 놓은 적이 없어요."

만 막상 고백을 듣고 보니 너무나 고민이 됐습니다. 그 이는 좋은 사람이었
고 아이들도 너무나 좋아했습니다.

그러나 나는 죽은 남편을 마음에서 한시도 놓아준 적이 없었습니다. 한
순간도 그를 잃은 마음에서 자유롭지 못했고 슬프지 않았던 적이 없는 것
같습니다. 아이들은 종종 구석에서 눈물을 훔치는 나의 모습을 보고 자랐
습니다. 또한 죽은 남편을 잊지 못하는 내 마음을 아이들도 이해하고 있었
습니다. 그렇더라도 남편 친구의 마음을 받아줄 수가 없었습니다.

아이들과 함께 집에 있던 어느 한낮이었습니다. 나는 분명히 죽은 남편

을 보았습니다. 살아 있을 때처럼 아무 일 없었다는 듯 흔들의자에 앉아 있었습니다. 너무나 반가워 달려가 안기고 싶었지만 아이들이 있어서 그렇게 할 수 없었습니다. 아이들 눈에는 보이지 않고 내 눈에만 보이는 현상이었으니 말입니다. 그런데 그 일이 내게 얼마나 큰 위로가 됐는지 모릅니다. 남편이 항상 함께하고 있다는 확신이 들었기 때문입니다. 난 남편이 죽은 후 평생을 이렇게 혼자 살아왔지만 사실 죽은 남편과 살아왔다고 하는 게 맞는 말일 겁니다.

슈만, 클라라, 그리고 브람스의 이야기

슈만과 클라라는 유명한 음악가 부부였다. 두 사람은 금실이 참 좋았고 아이들도 많이 낳아 행복하게 살고 있었다. 재능 있던 피아니스트 클라라는 슈만을 내조하는 것에 더 가치를 두고 무대에 잘 서지 않았다. 그녀의 음악적인 재능이 만개했던 것은 슈만의 사망 이후였다.

어느 날 슈만의 친구이자 제자였던 브람스가 그녀를 찾아왔다. 이내 사랑을 고백하면서 프러포즈를 한다. 아이들도 선하고 세심한 성격의 브람스를 좋아하던 터였다. 하지만 클라라는 그의 사랑을 받아들이지 못한다. 죽은 슈만에 대한 사랑이 여전해서 다른 사람이 들어올 틈이 없었기 때문이다. 클라라는 여생을 활발히 음악활동을 하면서 주로 남편의 곡들을 연주하며 다녔고 죽는 날까지 슈만을 가슴에 두고 미망인으로 살았다.

브람스 또한 대단했다. 평생 동안 클라라를 사모하면서 독신으로 살았다. 잠깐 약혼했다가 파혼한 적이 있지만 클라라에 대한 연정 때문에 파혼할 수밖에 없었다는 말도 있었다. 평생 연모했지만 우정으로만 교류했던 클라라의 사망은 브람스에게 말할 수 없는 정신적 고통을 안겨준다. 그 충격 때문이었는지 브람스 자신도 클라라가 사망한 바로 다음 해에 암으로 세상을 떠난다. 브람스의 음악들을 들어보면 참 우울하다. 그런데 그들의 사랑 이야기를 생각하며 그의 음악을 들으면 가슴 시린 감동이 잔잔하게 몰려온다.

그런데 엘리자벳 어머니의 삶이 이 세 음악가들의 사랑 이야기와 너무나 흡사했다. 게다가 피아니스트라는 직업까지 말이다. 그래서 죽은 남편이 흔들의자에 앉아 있는 것을 봤다는 부분에서는 이 할머니 또한 정신분열 증세로 인해 현실과 괴리를 보이고 동경하던 다른 사람의 이야기를 자신의 것으로 착각하는 것이 아닌가 하는 생각이 들기도 했다.

내가 다니는 병원에서는 이런 식으로 훈련받았다. 어떤 정신적인 이유로 이야기의 진실성 여부에 대한 확신이 없으면 먼저 그 사람에 대한 병원에서의 관련 기록들을 면밀히 살펴본다. 보통 다른 곳에서의 아주 오래된 기록들까지 우리 병원으로 다 보내온다. 또 한 가지 확인할 일은 주변 사람들과의 이야기가 본인의 이야기와 일치하는지의 여부다. 엘리자벳의 기록들을 읽어보고 그녀의 이야기를 들어보았지만 그녀 어머니의 이야기가 사실이 아니라는 증거는 아무것도 없었다. 단지 의자에 앉아 있던 죽은 남편

피아니스트인 엘리자벳의 어머니의 삶은 슈만과 클라라 그리고 브람스, 이 세 음악가들의 이야기를 떠올리게 했다. 클라라는 슈만을 마음 깊이 사랑했으며, 브람스는 클라라를 죽을 때까지 잊지 못했다.

을 보았다는 부분이 좀 걸리긴 했지만, 사실 한 사람에 대해서 죽도록 생각하고 마음 아파하고 있으면 희한한 경험들을 이리저리 많이 하는 게 인간이다. 그런 단편적이고 한 번 있었던 경험을 가지고 정신분열증이니 하고 생각하는 것이야말로 그녀의 고귀한 사랑을 왜곡할 수 있는 돌팔이 짓이라는 생각이 들어 나는 그녀 말을 진심으로 믿기로 했다.

한마디로 엘리자벳의 어머니 또한 대단한 사람이 아닐 수 없었다. 슈만의 아내 클라라나 엘리자벳의 어머니나 그녀들의 사랑을 받았던 남자들은 죽어서도 행복할 것 같았다.

죽은 아버지를 상상하는 엘리자벳

엘리자벳 어머니의 이야기는 이러했다. 엘리자벳은 아버지 없이 컸지만 항상 아버지를 상상하고 있었다. 그녀의 어머니도 항상 남편 이야기를 들려주었고 오빠도 얼마 되지 않은 기억의 잔상들을 이야기했다. 엘리자벳은 단 한 번도 만난 적이 없던 아버지를 깊이 사랑하게 되었다. 그래서 혼자 있을 때면 아버지를 상상하며 이런저런 이야기를 하는 버릇이 생겼다.

"그 아이는 아버지에 대한 갈망과 사랑이 깊었습니다. 나를 닮은 것이지요. 평생 남편을 놓지 못했던 나를 보면서 자란 것입니다. 그게 그대로 그 아이의 성격이 되어버렸습니다. 어떤 남자가 자신을 진심으로 사랑한다 생각하면 그게 누구라도 놓지를 못하는 성격이 되어버린 것입니다. 자신을 사랑해주는 남자를 항상 그리워하던 아버지의 감정으로 왜곡시켜 받아들이는 것입니다. 그리고 그런 남자가 나타날 때마다 놓지를 못하고 산산이 부서질 때까지 매달리는 것입니다. 그 마음을 내가 압니다. 내가 놓지 못하듯이 그 아이 또한 필사적으로 잡아야 하는 것입니다. 그래야 그 아이가 살 수 있습니다."

그러니까 지난 글에서 마쳤던 그녀 어머니와의 대화가 여기서 그대로 이어지는 것이다.

"라이언의 집으로 들어가라고 해주십시오. 그래서 이제는 그 아이가 자신의 권리를 주장하며 살 수 있게 해주십시오."

라이언의 집으로 들어간 엘리자벳

낸시가 약속한 한 달의 말미가 지났지만 그녀는 라이언의 집에서 떠나지 못하고 있었다. 엘리자벳에게는 많은 가구와 짐들을 가지고 마땅히 갈 곳을 찾기가 수월치 않다는 변명을 댔다. 그런데 엘리자벳이 그녀답지 않은 대단한 결정을 행동으로 옮겼다. 어느 날 갑자기 짐을 싸들고 남편인 라이언의 집으로 이사를 들어가버린 것이다. 그녀 어머니가 원하는 일이긴 했지만 나는 정말 그렇게 하라고 말을 한 적이 없었다. 여자 둘과 남자 한 명, 이렇게 애정관계가 있는 세 명이 동거하는 모습은 상상만 해도 기가 찰 노릇이었다.

다행이 낸시는 상식이 있는 여자였다. 애초부터 엘리자벳이 라이언의 아내인지를 알지 못하고 라이언과 동거를 하게 된 것이었다. 그 사실을 불과 한 달 전에 알았고 이사를 가고자 했지만 걸리는 게 너무 많아 나가지를 못하고 있던 차였다. 나중에 안 사실이지만 낸시가 가장 마음에 걸려하던 것이 라이언의 건강 문제였다. 함께 살면서 세심하게 라이언을 돌봐주었고 그 덕에 그의 건강이 회복되어가는 기미가 보이던 차였다. 그런데 이렇게 엘리자벳이 들어와버린 것이었다. 라이언은 아무 말도 하지 않았다. 하기야 그가 무슨 말을 할 면목이 있는 것도 아니었다.

낸시는 이틀 후에 정말 이사를 가겠노라고 약속했다. 그리고 그 이틀 동안 엘리자벳을 화나게 했다. 모두를 속여왔던 엉터리 남편에게도 화를 내지 않던 엘리자벳이 낸시에게 화를 냈던 이유는 낸시가 이틀 동안 그녀를 가르치려 했기 때문이었다. 하나부터 열까지 남편의 건강을 챙기는 일에 대해서 낸시는 귀가 따갑게 이야기를 했다. 아무리 성격 좋은 엘리자벳이라도 더이상은 참을 수가 없었다.

"나는 내 방식대로 할 겁니다. 내가 라이언의 아내입니다. 당신이 자꾸만 이러는 게 너무 불편합니다."

이틀 후에 낸시는 떠났다. 그녀의 가구들을 포함한 살림살이들도 그대로 놓고 가방 하나만 든 채였다. 그녀가 떠나는 날 라이언은 방에서 나오지 않았고 엘리자벳은 그녀를 마중했다. 낸시는 눈물을 흘리고 있었고 엘리자벳은 잘 가라는 말만 하고 문을 닫았다. 부엌 테이블에는 그녀가 남겨놓은 전화번호가 하나 있었지만 이젠 아무런 관심도 없었다.

두 달간의 신혼

혼인 신고를 한 지 3년여 만이었다. 생전 처음으로 남편이라는 사람과 단둘이 생활하게 된 것이다. 엘리자벳은 행복했다. 몸이 아파서 직장에도 나갈 수 없는 남편이지만 평생 넣어놓은 은퇴연금으로 거의 모든 게 해결

가능했고 그녀는 장애인 보조금을 받고 생활할 수 있었다. 나름대로 여러 가지 합병증이 있는 남편을 열심히 돌봤고 그렇게 하면서 행복함을 느낄 수가 있었다.

하지만 그것뿐이었다. 단 두 달······

자리에서 일어설 수조차 없는 남편을 위해 그녀가 할 수 있는 일은 구급차를 부르는 일뿐이었다. 그녀 말에 의하면 화근은 그녀와 라이언과의 기온 차에 있었다. 엘리자벳은 항상 몸이 뜨거운 편이었고 라이언은 그 반대였다. 추운 겨울이었는데도 엘리자벳은 난방의 온도를 제대로 맞추지 못했다. 라이언은 추위에 벌벌 떨면서도 별다른 불평 한마디 하지 않았다. 그래서 엘리자벳은 항상 이 정도 기온이면 괜찮겠거니 했다. 하지만 라이언은 허리의 디스크가 도져서 일어나지 못했던 것이다. 게다가 라이언은 심장병까지 있었다.

병원에 실려간 라이언은 순식간에 디스크 수술을 받았다. 그런데 그게 다가 아니었다. 심장 수술까지 받아야 한다는 의사의 소견이 있었고 보호자의 동의가 필요했다. 그래서 아내인 엘리자벳이 동의를 해줬다. 라이언은 또다시 별다른 의견조차 없었다. 낸시가 떠나고 나서 아예 세상을 잃어버린 사람인 듯했다. 그다음에는 도대체 의학적으로 어찌된 이야기인지 난 잘 이해하지 못했다. 허리디스크 수술을 받고 얼마 후에 심장 수술을 받은

"그 아이는 아버지에 대한 갈망과 사랑이 깊었어요. 그게 그대로 그 아이의 성격이 되었던 겁니다. 어떤 남자가 자신을 진심으로 사랑한다고 느끼면 놓지를 못했어요. 자신을 사랑해주는 남자를, 항상 그리워하던 아버지로 받아들이는 겁니다."

라이언이 말하기조차 힘들어하는 반신불수가 돼서 나온 것이다. 일종의 뇌졸중까지 생긴 것이다.

병원 측에서는 라이언처럼 몸이 아파 거동하기 힘든 사람들을 모아놓고 돌보는 요양소를 소개해준다. 그리고 그 요양소로 이사를 한다. 얼마나 그곳에 있어야 할 것 같으냐는 엘리자벳의 질문에 의사는 이렇게 대답했다.

"평생 동안요."

그렇게 단 두 달의 신혼생활이 깨졌다. 엘리자벳은 내게 이렇게 말했다.

"내가 들어가지 않고 낸시하고 계속 살게 놓아두었으면 아마 두 사람 지금도 잘 살고 있었을 겁니다. 이제 이해가 돼요. 두 사람 참 많이 사랑하는 사람들이었습니다."

엘리자벳은 낸시가 남겨놓은 전화번호를 찾아냈고 그녀에게 전화를 했다. 먼저 남편에게 일어났던 일들에 대해서 설명했고 두 사람의 사랑을 인정할 수 없었다던 사실에 대해 사과했다. 일주일에 3일은 낸시가 남편과 요양소에서 시간을 보낸다. 그리고 나머지 날들은 엘리자벳이 채운다. 낸시가 다녀간 다음 날이면 남편의 얼굴에 혈색이 도는 것을 엘리자벳은 감지할 수 있었다. 엘리자벳은 조금이라도 더 기분 좋아하는 남편의 모습을 원할 뿐이라고 했다. 그래서 낸시가 이제는 너무나 고마운 사람이 됐다. 나는 그런 사랑을 두 여자에게 받는 라이언은 아파도 참 행복한 남자라는 생각이 들었다.

엘리자벳의 세계

엘리자벳의 정신분열증 세계는 이러했다. 낮에는 자신과 예전에 사귀었던 남자들과 또 그 남자들과 관련 있던 여자들의 목소리로 시끄러웠다. 그 목소리들은 끊임없이 엘리자벳에게 이것저것 명령을 내렸다. 때로는 그 목소리들이 엘리자벳을 위험에 빠뜨리기도 했다. 운전을 하다가 자신도 모르게 목소리에 현혹돼서 빨간불에 차를 움직여 사고가 난 적도 있었다. 밤에는 예전 맨해튼에서 겪었던 귀신이 나타나서 그녀를 괴롭혔다. 자주 보는 귀신인데 나타날 때마다 두려워 잠을 이루기가 힘들었다. 그런데 그녀의 정신분열증은 이른바 'manageable schizophrenia'였다. 즉 관리가 가능한 정신분열증이라는 말이다.

앞 편 이야기에 등장했던 애드리안의 경우는 관리에 한계가 있는 정신분열증이었다. 나의 전작 『그들에게 무슨 일이 있었던 걸까?』에 나오는 폴 아저씨의 경우는 자신의 병을 잘 인지하고 있었다. 그래서 자신의 환상을 사실이라고 주장하는 일이 없었다. 엘리자벳의 경우가 폴 아저씨의 경우와 비슷했다. 자신의 병에 대해서 잘 알고 있었다. 문제는 그녀가 자신의 정신분열증을 어떻게 관리해야 하는지에 대해서 잘 알지 못한다는 데에 있었다.

• 약물치료

이것은 매우 기본적이고 효과적인 치료 방법이었다. 자신의 약물에 대한 반응을 끊임없이 감시할 줄 아는 능력이 중요했고 그런 방법으로 자신에게 제일 맞는 약을 찾아나가는 게 중요했다. 세션 중에 이런 셀프 모니터링self-monitoring 하는 방법에 대해서 계속 연습한 결과 매우 좋은 효과가 있었다. 밤에 나타나 자신을 괴롭히는 귀신을 제거할 수 있었던 것이다. 물론 다시 나타나기도 했지만 그건 약에 변화를 줄 때가 되었다는 일종의 신호로 받아들일 수 있는 여유를 가질 수 있게 되었다.

• 인지행동치료

여러 가지 복잡한 내용이 있지만 요점은 간단했다. 사실과 환상에 대해 구분하는 능력을 향상시키는 일, 그러기 위해서는 자신에게 들리는 모든 환상의 목소리들을 조정할 수 있다는 믿음을 가져야 했다. 이건 아주 당연해야 할 믿음이었다. 내가 없으면 나를 괴롭히는 목소리들도 존재할 곳이 없어진다. 그래서 사실은 그들이 나를 제일 두려워한다. 명령을 내려야 할 존재는 목소리가 아니라 바로 나 자신이다. 엘리자벳 또한 이 점을 믿기 시작했다. 그리고 아주 당연하게 받아들이는 정도가 되었을 때, 목소리들에게 조금씩 명령을 내리는 연습을 하기 시작한다. 이러한 치료법은 많은 성과를 거두었다. 지금 그녀는 더이상 목소리들 때문에 뭔가를 두려워하는 일은 거의 없다. 더이상 위험에 빠지는 일들도 없어졌다.

엘리자벳을 보고 있으면 여러 가지 생각이 든다. 특히 이렇게 착한 사람이 온전하게 자신을 사랑해줄 남자들을 제대로 만나오지 못한 점에 대해서 안타까운 생각이 크다. 그녀가 일생 동안 원했던 것은 진정한 사랑이었다. 그러기 위해서 진정한 사랑을 주면서 살아왔던 그녀다. 그리고 그 사랑 때문에 많은 상처를 받다가 결국 정신분열증이라는 큰 병까지 얻게 된 것이다.

난 그녀가 존경스럽다. 그렇게 상처를 받아왔으면서도 변하지 않는 바보 같은 그녀가 참 좋다. 세상이 공정하다면 그녀는 꼭 행복해질 것이고, 공정하지 않다면 계속 퍼주고만 있을 것이다. 하지만 퍼주는 사랑 때문에 행복해하는 사람이 바로 엘리자벳이다.

명상에 들다

친구와 천황산에 올라갔었다. 높은 산봉우리 두 개를 넘어야 했다. 쌀쌀했지만 맑은 날씨가 참 좋았던 11월 초의 가을이었다. 산에 오르는 동안 아무도 마주치지 않았다. 등산길이 아닌 샛길을 타고 그저 올라가기만 했다. 친구와 나는 별로 할 말이 없었다. 그저 땀을 뻘뻘 흘리며 산에 오르기만 했다. 그러다가 중간에 쉬던 곳은 파란 풀들이 울창한 확 트인 땅이었다. 산중턱에 저런 곳이 있었다니! 바람이 그 풀들을 흔들었다. 그것뿐이었다. 다른 소리는 아무것도 들리지 않았다. 완벽한 침묵. 나는 눈을 감았다.

잠에서 깨다

'이젠 눈들을 뜨세요.'

앤디는 왜 이런 질문을 던져가지고 사람 마음을 심난하게 했는지 모르겠다. 지금까지 살아온 인생 중에서 가장 행복한 순간을 상상하라고 했을 때 나는 왜 뜬금없이 천황산 중턱에서의 그 풀밭과 내가 느꼈던 가장 완벽했던 침묵의 순간을 기억해냈을까.

그런데 이번 주 명상 담당인 앤디에게는 제대로 걸려들었다. 눈을 뜬 다음 그리고 그 이후까지 나는 자주 생각했다. 나는 왜 그때의 일을 가장 행복했던 때로 갑자기 떠올렸을까. 삶에 대한 온갖 고민이 머리에 가득했을 때였다. 내가 미래에 무슨 일을 해야 하는지, 무엇을 좋아하는지 도저히 감을 잡을 수 없어 방황하고 고민하던 그런 때였다. 거기다가 한 번도 가본 적이 없던 미국으로의 이민을 얼마 남겨놓지 않고 아끼던 사람들과 하루하루 작별을 고하고 와서는 밀려오는 외로움과 고독감을 감당하지 못해 잠을 이루지 못하던 그런 괴로운 시간들이었다. 그리고 그때 함께했던 그 친구는 이미 세상 사람이 아니다. 오히려 그 친구와의 추억은 내게 안타까움과 괴로움을 줄 뿐이었다. 그런데 그때의 일이 생각나다니…… 천황산은 세상을 떠난 친구 생각에 떠오르기만 해도 가슴이 저려오는 그런 곳이 아니던가.

그날 나는 하루 종일 심난했다. 명상 시간에 나는 왜 그 생각을 했을까. 그때 내가 행복했을까. 그럴 리가 없는데…….

쉽게 말하기 힘든 말

모두들 행복하기 위해 부단히 애를 쓰며 살지만 병원에서 만나는 수많은 환자들에게 나는 행복이란 단어를 쉽사리 꺼낼 수가 없다. 심각하고 지속적이고 평생 동안 품고 살아야 할 그런 병들을 앓고 있는 사람들이기 때문이다. 조금이라도 사회에 더 적응하고 증상을 줄일 수 있도록 내가 도움을 주지만 조금 더 나아졌다고 해서 이들이 행복을 느끼지는 않는다. 증상이 좋아진 사람은 더 좋아진 상태가 그 사람의 가이드라인이 된다. 그래서 어떤 어려움을 겪을 때, 예전의 좋지 않았던 그 상태를 떠올리며 그래도 지금은 더 나아졌다는 생각을 하지는 않는다. 그들에게 현재의 어려움은 그저 어려움일 뿐이다. 그 어려움을 겪을 때 환자들은 과거의 심했던 그 증상으로 또다시 돌아가곤 한다. 그러다보면 환자와 나는 마치 다람쥐 쳇바퀴 돌듯 처음부터 다시 시작을 한다.

그러한 심한 병이 없는 보통 사람들도 비슷한 점이 있다. 인생에서 성취한 것이 있다면 그 지점이 새로운 출발점이고 삶의 기준점이 된다. 그 지점에서 움직이지 못하고 있다면 거기에서 퇴보를 느끼고 지루함을 느끼며 실패감을 맛본다. 앞으로 가지 못하고 있는데 시간은 참 빨리도 간다. 마음은 조급해진다.

그런데 사실 앞으로 간다고 해서 행복해질 수 있을까? 짧은 시간 그걸 느낄 수는 있겠지만 또다시 우리들의 기준점은 그 지점이 돼버리고 다시 예전의 그 불안한 마음으로 살게 되는 자신을 보게 되는 것이다. 그럼 진정으로 행복한 사람은 누구일까?

나는 행복을 갈구하고 있는가……

감자 먹는 사람들

고흐의 〈감자 먹는 사람들〉이라는 그림을 보면서 자신의 가난했던 한때를 그리워하며 한없는 추억에 빠지다가 우울증을 겪게 되는, 어떤 성공한 남자의 이야기를 그린 드라마가 기억난다. 너무 어렸을 때라 그 드라마의 결론이 어떻게 되었는지는 기억나지 않지만 〈감자 먹는 사람들〉의 그림을 슬프게 매일 바라보던 주인공의 모습이 너무나 인상적이었다.

그 주인공이 아마 그 시절로 돌아가고 싶어서 그러지는 않았을 것이라고 확신한다. 돌아가기에는 이미 성취해온 것들이 너무나 많았다. 감자를 먹고 있는 투박하고 가난한 농부들의 행복한 모습을 보면서 더이상 그런 소박한 것에 행복을 느낄 수가 없는 자신에 대한 한탄과 삶에 대한 허무감이 주인공을 우울하게 했을 것이다.

실제 내가 목격하고 있는 가난이라는 것은 성공한 사람이 그런 한때를 그리워하는 모습조차 사치로 느껴질 만큼 비참한 것이다. 내가 살고 있는 이곳 워싱턴 지역의 쉘터에는 매일 노숙자들로 가득하다. 일찍 와서 줄을 서지 못해 돌아가는 사람들이 더 많다. 나머지 사람들은 자신의 짐을 보따리에 짊어지고 길거리의 어딘가에서 노숙을 하게 된다. 보따리조차 귀찮은 사람들은 그걸 버리고 몸만 달랑 거리로 나간다. 그리고 밤이 되면 신문지를 구해 몸을 덮고, 버렸던 그 보따리를 그리워한다.

배고픔이라는 것은 더 많은 숙고가 필요한 문제다. 배고픔이라는 것은 사람의 이성을 잃게 만든다. 너무나 굶어 이성을 잃은 사람은 잔인해진다. 정말 처절하게 굶주리다보면 보기만 해도 토할 것 같은 음식들—예를 들어 쓰레기통의 벌레들이 긴 상한 음식이나 뛰어다니는 길거리의 동물들까지 먹을 수 있다는 그런 믿을 수 없는 심리적 힘이 생긴다. 이들에게 한 끼의 음식과 하루라도 따뜻하게 잘 수 있는 누추한 장소나마 얼마나 행복감을 줄 수 있는지는 어렵지 않게 상상할 수 있다. 삶의 기준이란 처한 상황에 따라 이렇게 다르다.

고흐의 그림 속에서 감자를 먹고 있는 가난한 농부들은 작은 램프 아래의 테이블에 모여 연기가 펄펄 나는 막 찐 듯한 감자와 커피를 마시고 있다. 노동에 찌든 고단한 모습들이 여지없이 보임에도 불구하고 그 순간만큼은 언뜻 행복이 깃든 오붓함이 느껴진다.

그런데 최소한 내게는 그렇다. 그 순간이 진정 행복일 수는 없다. 그런 식으로 행복한 순간들은 내게도 참 많다. 내 아이들을 안았을 때, 아내와 여행을 갔을 때, 일을 다 마쳐놓고 책 한 권 읽을 여유가 있을 때…… 그런데 그런 보이는 순간의 이면에 있는 그 사람의 일상까지 부러워할 수 있을까? 그래야만 그것에 대한 진정성을 인정할 수 있겠다.

나는 고흐 그림에서 연기가 모락모락 나는 감자와 커피 그리고 오붓한 모습이 부럽다. 그런데 그 농부들의 일상이 부럽지는 않다. 아마 내게 그런 일상이 주어진다면 하루도 견디지 못할 듯하다.

돈 많은 사람들 그리고 자유

부자들이 가난한 사람들보다 행복한 건 사실이다. 가난한 사람들에게 돈이 행복을 보장해주지 않는다는 식으로 위로하는 사람이 있으면 그 사람의 입을 막고 싶다. 그런 말은 가난한 사람들에게 할 말이 아니다. 돈이 있으면 세상에서 할 수 있는 일이 너무나 많다. 아마 대부분의 하고 싶은 일들을 할 수 있다고 하는 게 솔직한 말인 것 같다.

심지어 사람의 마음까지도 가져오는 경우를 많이 본다. 같은 조건이면 돈 있는 집안으로 장가보내고 시집보내고 싶어하는 게 보통 부모들의 마음이다. 우리 보통 사람들은 돈을 한 푼이라도 더 벌기 위해서 노력한다. 보통 출세했다고 하는 말의 기준은 돈을 얼마나 버는가 하는 것이나 사회적인 위치를 의미한다. 일반적으로는 높은 사회적 위치는 그만한 돈으로—판공비나 연구비 등을 포함해서—대우해주니 두 가지가 따로 가지는 않는다. 이렇게 세상의 거의 모든 일들을 할 수 있는 사람들은 얼마나 행복할까?

그런데 꼭 그들이 행복할 것이라는 말을 하기가 꺼려진다. 회사를 운영하는 사람이라면 하루하루 조마조마해하면서 그 회사를 운영한다. 규모가 큰 회사일수록 통제에는 한계가 있고 어디서 어떤 일이 터질지 알 수 없기 때문이다. 그 조마조마한 마음이라는 게 보통은 아닌 듯하다. 몸은 여러 가지 지병에 시달리고 정신적인 스트레스가 쌓여 우울증과 불안증에 시달리기 일쑤다. 그러한 스트레스가 상대적으로 적은 그들의 자녀들은 능력 있는 부모를 만난 덕에 어릴 때부터 호강이라는 것을 하며 자라지만 어찌된 건지 그들의 집안에서 〈감자먹는 사람들〉의 호젓한 분위기는 찾아볼 수가 없다.

어떤 자녀들은 자라면서 돈으로 인한 자신들의 자유를 만끽한다. 그 자유라는 것은 아무래도 돈이 있음으로 해서 뭐든 할 수 있는 데서 오는 그런 종류의 자유다. 그런데 이 '자유'라는 게 사실은 독이다. 자유롭게 오랜 시간 동안 놀고 즐기는 것을 반복하다보면 나중에는 무엇을 해도 재미가 없어지는 그러한 경지(?)를 경험한다. 그건 꼭 부자들이 아니더라도 마찬가지이긴 하다. 노숙자이길 원했던 유명한 거리의 미술가 바스키아나 본래 히피족들의 저항정신에 기인했던 자유까지도 역설적이지만 끊임없는 자유에 대한 갈구는 결국 우울증을 부르기도 하며 사람을 황폐하게 만든다. 그런데 돈으로 즐기는 자유는 히피 정신이 있는 그것도 아니고 바스키아의 예술과 접목된 그 무엇도 아니다.

또 한 가지는 부잣집 부모님이 가진 자녀들에 대한 권위다. 돈 없는 부모보다 재산 있는 부모가 자녀들에게 미치는 힘이 더 강하다는 것은 이제 현실을 넘어 상식이 되어버렸다. 그런데 재산이 너무 많은 부모와 자녀의 관계에서, 그 자녀는 어릴 때부터 위축되어 자라왔고 그게 자라면서 탈이 나는 경우 또한 많이 있는 듯하다. 수많은 예들이 생각나지만 내가 직접적으로 알지도 못하고 허락을 받을 수 없는 사람들의 그런 이야기를 한다면 명예훼손이 될 것 같아서 나라를 예로 들어보겠다.

우리나라의 자살률도 예전보다 훨씬 높아졌고 지금은 세계 최고 수준이라는 말까지 있다. 다음 편 '자살과 논리'에서 자살을 주제로 더 자세히 이야기하겠지만, 사실 오래전부터 변함없이 자살률이 높은 나라 중 하나가 복지의 천국 덴마크다. 덴마크뿐 아니다. 이른바 '요람에서 무덤까지' 라고 비유하는 세계 최고의 복지 시스템을 가지고 있는 유럽의 많은 나라에서 매일 수많은 사람이 자살로 생을 마친다. 그렇다고 해서 복지 시스템이 문제라는 등의 엉뚱한 생각을 하는 사람은 없었으면 한다. 이미 말했듯이 가난이라고 하는 것은 생각보다 비참한 일이고, 살아갈 수 있게 제대로 보장해주는 일은 기본적인 인권 문제이기 때문이다.

나 또한 부자가 되기 위해서 노력하는 사람이다. 그러니 특별히 부자들에 대해서 부정적인 것만 끄집어낼 이유가 없다. 이른바 노블리스 오블리제를 실천하며 살고 있는 많은 부자들을 우리는 수도 없이 알고 있다. 꼭 그것을 실천하지 않더라도 사업을 잘 이끌어서 지역경제에, 넓게는 나라에 도움이 되는 기업의 오너들 또한 많이 있다. 그중에서도 화목한 가정까지 일구고 겸손하고 건강하게 자녀들을 잘 성장시킨 사람들을 보면 참 부럽다.

그럼에도 불구하고—돈 있는 게 가난보다는 백 배 좋은 것이라고 할지라도 그리고 그 위치에서 겪고 있는 그런 고민들과 나름대로 겪고 있는 고통 이야기를 들어보면—돈이라고 하는 것이 임시적인 행복을 줄 수는 있을지언정 결국 지속적인 행복을 유지하는 필요충분조건이 되지는 못한다는 사실이다.

보통 사람들의 행복과 나

찢어지게 가난한 사람도 아니고 반대로 너무 부자도 아닌 평범한 사람들이 나는 제일 행복해 보인다. 보통 사람들은 잠깐의 일상 탈출을 통해 부자가 된 경험에 황홀해할 수 있고 가난한 사람과 가장 가깝게 있을 수 있다. 여기저기서 상처받을 곳은 많지만 그래도 극단에 위치하지 않아 상대적으로 더 안정되어 보인다.

내가 천황산 중턱에서 느꼈던 그때 그 침묵의 평화로움을 한순간 행복했던 때로 생각해냈던 이유가 무엇이었을까? 마음으로는 방황하고 있었고 그때 함께 있었던 그 친구는 세상을 떠났다. 하지만 진정으로 변하지 않는 어떤 행복에 대한 갈구가 내게는 아직 존재하는 것 같다. 그리고 여느 보통 사람들과 같이 내가 만들어놓은 내 일상을 하루하루 바쁘게 살면서 그러한 갈구를 잊었던 것 같다. 그리고 나는 그때 천황산에서부터 멈춰버렸다.

그래서 자꾸 이런 질문을 하게 되는 요즘이다.

나는 잘 살고 있는가. 행복을 위해서⋯⋯.

마틴 루터 킹은 헨리에게 무슨 잘못을 했을까?

마틴 루터 킹을 증오하는 남자

1960년대의 미국

1960년대는 미국인들의 정신 문화에 엄청난 변화가 있었던 시기다. 일단 가족 문화만 해도 60년대 이전과 이후는 완전히 다르다. 60년대 이전 미국인들의 가족 문화는 상당히 보수적이었다. 힐러리 클린턴 상원의원의 자서전에도 그런 이야기가 언뜻 나오는데, 힐러리의 외할머니는 당시 자신이 이혼녀라는 사실을 사회에 드러내는 걸 엄청나게 부끄러운 일로 여겼다고 한다. 60년대는 또한 마틴 루터 킹 목사의 비폭력 인권운동이 결실을 보던 때였다. 여기저기서 킹 목사를 중심으로 한 시위가 벌어지고 있었고 또한 말콤 엑스 같은 강경파들의 시위가 폭력으로 변질되기도 하던 때였다. 수많은 양심 있는 백인들 또한 흑인들의 시위에 함께 참여하기도 했지만, 1968년에는 백인에 의해 킹 목사가 암살되는 불상사도 발생했다.

1960년대 미국은 엄청난 격변의 시기였다. 그리고 이 시기는 최소한 헨리에게는 정신분열증의 원인이 되었다.

1964년에는 드디어 연방정부에서 민권법을 통과시킨다. 지금은 상상할 수 없는 일이지만 그전까지만 해도 흑인들은 백인과 다른 화장실을 써야 했고 버스를 타도 흑인 지정석에 앉아야 했다. 흑인이 백인들이 주 구성원인 직장에 들어가는 것은 기대하기도 힘든 일이었고 학교나 병원 등도 백인과 흑인 사용처가 나뉘어 있었다. 민권법의 통과는 이러한 차별들을 불법화시켰다. 대학가는 반전운동으로 얼룩졌고 젊은이들 사이에서는 허무주의가 팽배해 히피문화를 몰고 왔다.

내가 살아봤던 시대가 아니라서 60년대 미국인들의 정신적 변화를 경험을 토대로 한 논리로 설명하지는 못하겠지만, 최소한 헨리에게는 60년대에 겪은 일들이 그가 얻은 정신분열증이라는 병의 원인이 되었다. 도대체 당시 사회현상들과 그는 무슨 연관이 있을까.

헨리의 가정환경 그리고 킹 목사에 대한 원한

현재 58세인 헨리는 흑인이고 1950년에 조지아 주의 빈민가에서 태어났다. 헨리의 집안은 좀 특이했다. 자리를 잡은 곳은 빈민가였지만 헨리의 집안 자체가 가난하지는 않았다. 부모님은 금실이 무척 좋았고 자식 사랑 또한 대단했다. 당시의 흑인들로서는 참 드문 경우이지만 두 누나들로부터 헨리까지 대학 교육을 시켰다.

예전이나 지금이나 미국에서는 대학에 들어가면 학자금을 융자받는다든지, 일을 하면서 본인 스스로가 대학생활 자금을 충당한다. 물론 대학생인 자식에게 돈을 대주는 부모들도 있지만 이곳의 문화는 예전이나 지금이나 변함없이 본인이 할 수 있는 만큼 버는 게 당연시 된다. 그래서 공부를 마친 미국의 젊은이들은 사회에 정식으로 첫발을 내딛는 순간부터 많은 빚을 짊어지고 시작한다.

하여튼 이러한 미국 문화에서—더군다나 교육에 대한 기회와 동기 유발에 한계가 있던 시대의 흑인 문화권에서—마치 한국 부모들 같은 열정으로 자식 세 명을 학비와 생활비까지 책임지면서 대학 공부를 시켰던 헨리의 부모가 특이해 보였다. 그런데 더 특이하게 생각되었던 것은 그렇게 자식을 생각하고 재산까지 어느 정도 있던 사람들이 이사를 가지 않고 그곳 위험한 흑인 빈민가에 살며 '맹모삼천지교'를 실천하지 않았다는 사실이다. 하지만 헨리의 설명을 들어보니 어느 정도 이해가 갔다. 그의 부모님은 작은 식료품 가게를 했다. 동네에서 그러한 식료품 가게는 헨리의 부모님이 하는 곳밖에 없어 독점할 수 있었으며, 때문에 그 동네 바깥으로 이사를 갈 수 없었다. 만약 타지역에 살면서 가게로 출근을 했다면 동네 사람들에게 왕따를 당했을 테고 가족의 유일한 수입원인 식료품 가게의 매상도 형편 없었을 것이라고 했다.

헨리는 대강 이러한 환경에서 그의 10대를 1960년대에 보냈다. 나름대로는 부족한 것을 모르고 자라던 그였고 성격도 소극적이고 얌전했다. 특별히 사회에 대한 불만이 있지는 않았지만 그에게도 마틴 루터 킹 목사는 영웅이었다. 그의 말에 의하면 킹 목사가 그의 소극적인 성격을 깨우기 시작했다고 했다.

내가 킹 목사의 어떤 점에 영향을 받아 그의 성격이 변했는지 구체적인 설명을 해달라고 하자 그는 말을 더듬기 시작했다. 분명히 연관이 있는 것 같은데 잘 설명할 수가 없어 답답해하는 것 같았다. 아니면 별다른 연관이 없는지도 모른다는 생각을 하고 있을 때였다. 몸까지 우람한 헨리가 갑자기 소리를 질렀다.

"내가 왜 그놈 이야길 이렇게 계속 해야 해? 사실은 그놈이 내 인생 망쳤어!"

순식간에 일어난 일이라 당황하고 있을 때 옆방의 동료 테라피스트가 별일 없냐며 노크까지 할 정도였다. 그 정도로 그는 큰 소리를 질렀다. 그게 헨리와의 첫번째 세션이었기 때문에 나는 잘 몰랐다. 나중에 알고 보니 그는 약간의 청각장애가 있었다. 테라피스트와 마주 앉아 조곤조곤 이야기하는 소리는 별다른 문제없이 들을 수 있었지만 밖으로 나가 다른 소리들과 섞이면 의사소통을 하는 데 많은 장애가 있었다. 그러한 청각장애가 그에게 영향을 미쳐서 그의 목소리는 소리를 지르는 것 같았고 손은 항상 수화를 하듯 크게 움직이며 대화를 했다. 게다가 그가 정말 화가 났을 때 지르는 소리는 평소의 큰 소리에 대볼 것도 없이 우렁찼다. 무슨 일인지는 몰랐지만 그의 인생과 마틴 루터 킹은 어떤 연관이 분명 있을 것 같았다.

뜨거웠던 헨리의 60년대

헨리가 먼저 그 이야기를 꺼내기 시작했다. 실은 그가 하고 싶은 이야기였는데 내가 중간 중간 질문을 해서 자신이 하고 싶은 말들이 엉키는 게 싫었다고 했다. 어떤 환자들은 중간에 하는 질문이 대화에 커다란 도움을 준다. 그런데 헨리는 그런 성격이 아니었다. 그래서 오늘은 내가 아무 말도 하지 않고 듣고만 있을 테니 하고 싶은 말들을 모두 하라고 했다. 그리고 헨리가 살았던 1960년대의 이야기가 시작됐다.

헨리의 이야기

1960년대 중반까지 나는 조지아 주에서 중고등학교를 마쳤습니다. 그때까지도 내 인생은 그냥 평범했습니다. 모든 흑인들이 마틴 루터 킹 목사에 대해 환호를 보냈던 걸로 알고 있지요? 사실 언론에 자주 나와 그의 이름이 귀에 익었을 뿐이지 당시의 나를 비롯해서 주변 친구들, 그리고 동네 사람들은 그가 하는 일에 별다른 관심이 없었습니다. 그냥 하루하루 살아가는 데 바빴을 뿐입니다. 어차피 따로 몰려 살았기 때문에 백인들과의 트러블이라는 걸 느끼는 경우가 드물기도 했습니다.

동네에는 직장 없이 여기저기 쾌락만 쫓아다니는 젊은이들로 넘쳐났습니다. 친구들은 학교가 파하고 나면 스쿨버스가 내려주는 곳에서부터 집까지 있는 힘을 다해 달려야 했습니다. 그러지 않으면 여기저기 지나다니는 건달들에게 걸려 매 맞고 소지품을 빼앗기기 일쑤였습니다.

그런데 나는 그런 걱정 없이 중고등학교를 다녔습니다. 다 아버지 덕이었습니다. 그 동네에서 식품 가게를 하던 아버지는 가게를 위험한 환경에서 지켜줄 사람들이 필요했습니다. 그래서 갱 조직의 두목쯤 되는 사람과 계약 비슷한 것을 맺었던 걸로 기억합니다. 그 갱의 조직원들이 내 가족과 나 그리고 가게까지 잘 지켜준 거지요.

60년대 말에 나는 대학에 들어가기 위해 준비하고 있었습니다. 그런데 무서워서 미칠 것 같았습니다. 대학 입학을 앞둔 학생들 사이에서는 이런 소문이 돌았습니다. 베트남 전쟁에 징병되면 흑인들은 최전선에 배치된다는 것이었습니다. 언론에서는 전쟁의 끔찍한 참상을 매일 대서특필했습니다. 내가 그러한 전쟁에 가서 죽을지도 모른다는 생각은 남은 인생을 내 맘대로 자유롭게 살고자 하는 의지를 불태웠습니다. 부모님도 법도 그리고 갱단조차도 나를 방해할 수 없었습니다. 어차피 그곳에서 죽을지도 모르는 인생 그 누가 나를 방해할 수 있단 말입니까.

그때서야 마틴 루터 킹 목사가 눈에 들어왔습니다. 흑인 인권운동을 하는 사람인 줄 알고 있었는데 반전운동과 노동운동을 주도하고 있었습니다. 그한테는 흑인과 백인이 따로 없었습니다. 그가 하는 말 한마디 한마디는 내 인생의 교과서가 되기 시작했습니다. 반전운동은 내 목숨이 달린 문제라 그의 말이 더 잘 들어왔던 것 같습니다.

일단 뉴욕에 있는 대학에 입학했습니다. 입학하자마자 공부보다는 각종 반전 시위에 참여했습니다. 경찰과의 대치와 몸싸움으로 인해 저의 대

마틴 루터 킹은 헨리에게는 인생의 모델이었다.

학생활은 분노로 얼룩졌습니다. 특히 당시의 경찰들은 마구잡이식으로 시위를 진압했습니다. 곤봉에 맞아 피를 흘리면 흘릴수록 동료들과 나는 더 똘똘 뭉쳤습니다.

　마틴 루터 킹 목사는 그 당시에 흑인들에게 많은 불만을 샀습니다. 그때까지 제 인생의 모델 같은 사람이 동료들에게 욕을 먹는 걸 보고 적잖이 충격을 받았습니다. 동료들의 불만은 두 가지였습니다. 킹 목사가 주도하는 온건한 운동으로는 사회를 바꿀 수 없다는 것이었습니다. 그리고 자신들처럼 강경하게 시위하는 사람들 덕에 나온 결과물들을 마치 킹 목사 자신의 공로인 것처럼 만끽한다는 게 가장 큰 불만이었습니다. 그 말을 듣고 킹 목사 주도의 시위를 보니 참 굴욕적이더라고요. 평화행진을 하다가 경찰들이 막아서면 그 앞에 무릎 꿇고 기도하다가 해산하는 식이었습니다. 또 한 가지의 불만은 킹 목사가 노벨상을 받은 후 변해버렸다는 것입니다. 그는 더이상 흑인들의 인권운동가가 아니었습니다. 백인들의 문제라도 인권이 관련되는 문제가 있으면 달려가는 식이었습니다. 그런 태도 때문에 그는 기회주의자로 비난을 받았습니다.

내가 원래 주관이 그다지 뚜렷한 사람이 아닙니다. 주변에서 누가 이야기하면 그 말을 믿고 따랐습니다. 그래서 동료들처럼 킹 목사를 싫어하기 시작했을 때였습니다. 킹 목사가 백인들이 많은 지역의 환경미화원 집회에 참여했다가 호텔에서 백인에게 암살당했다는 소식을 들었습니다. 미국 전역에서 폭동이 일어났습니다. 이때부터 동료들과 사이가 벌어지기 시작했습니다. 나는 이해할 수가 없었습니다. 그렇게 킹 목사에 대해서 비난을 하던 동료들이 분노를 이기지 못해 폭동에 참여하는 모습이 위선적으로 보였습니다. 언제는 킹 목사를 존경한다며 나를 비난하더니 이제는 그를 그리워하는 폭동에 참여하지 않는다며 나를 비난하는 것이었습니다.

이름은 말할 수 없지만 그중의 한 동료와는 아예 원수처럼 지내게 되었습니다. 무슨 철학 같은 것도 없는 놈이 나를 비난하고 따돌렸습니다. 그놈에겐 자신과 동조하는 사람은 친구고 그렇지 않은 사람은 모두 분노의 대상이었습니다. 폭동이나 시위에 참여하든 말든 그건 내 자유였습니다. 그런데 자유로워지기 위해 참여했던 학생운동이 이렇게 내 마음을 불편하게 하고 구속할 줄은 몰랐습니다.

모든 게 귀찮았습니다. 킹 목사, 베트남전쟁, 인권, 동료…… 모두들 상황에 따라 요란한 이유를 붙이는 사람들이었습니다. 다 싫었습니다. 게다가 그놈과는 다른 개인적 원한이 또 있었습니다. 내 누이와 사귀고 싶어하는 걸 내가 떼어놓았거든요. 방법은 간단했습니다. 그놈에 대해 나쁜 이야기를 누이에게 하면 그만이었습니다. 아름다운 누이 주변에는 다른 남자들도 많았으니까요. 그런데 그걸 알고 이놈이 나를 더 싫어했던 것 같습니다.

내가 다니던 뉴욕의 대학 캠퍼스에서 나오면 바로 흑인 동네였습니다. 폭동과 집회의 다른 점이 뭔 줄 알아요? 폭동은 총소리가 납니다. 차는 뒤집어지고 불이 납니다. 나는 그날 얌전히 대학 캠퍼스에서 나와 시끄러운 폭동을 무시하고 길을 걷고 있었을 뿐입니다. 그냥 작은 돌멩이로 머리를 따끔하게 얻어맞는 느낌이었습니다. 그리고 내 눈앞의 화면들이 마치 TV가 고장 날 때처럼 선을 그리며 꺼지려 하고 있었습니다. 그 순간 멀찌감치 뛰어가는 그놈의 뒷모습을 본 게 마지막이었습니다. 그놈은 나중에 아니라고 발뺌을 했지만 난 분명히 봤습니다. 그놈이 내 머리에 총을 쐈습니다.

그 이후로 내 인생은 완전히 바뀌었습니다. 총을 맞아 징집을 피하기는 했지만 그건 별다른 의미가 없었습니다. 베트남에서 총을 맞든 미국에서 총을 맞든 총 맞은 건 마찬가지 아닙니까. 아니, 다른 점이 있기는 합니다. 베트남에서 총 맞은 사람은 영웅이 되었고 미국에서 총 맞은 사람은 이렇게 쓰레기가 되어 있습니다.

헨리의 증상들

머리에 총을 맞고도 기적적으로 살아난 헨리는 6개월 정도의 요양 후에 다시 뉴욕의 학교로 돌아온다. 그의 부모는 그가 조지아 주에 있는 집과 가까운 곳으로 옮기기를 원했지만 그는 무슨 이유에서인지 고집을 부린다. 대학생활을 얼마 하지도 못하고 그런 일을 당했던 터라 막상 공부를 하려고 하니 너무나 힘들었다. 더 큰 문제는 총상의 후유증들이었다. 헨리가 앓기 시작하던 증상들은 아래와 같다.

- 머리가 깨질 듯이 자주 아팠다. 어떤 약을 먹어도 듣지 않았다.
- 청각에 문제가 생기기 시작했다.
- 심한 우울증을 겪는 날이 많아졌다.
- 심하게 나는 화를 다스리는 것은 어림도 없었고 자신의 몸에 상처를 입히는 날이 잦았다. 자살 시도가 아닌 일종의 학대 행위였다.
- 귀에서 시끄러운 여러 소리가 들렸는데, 주변 사람들은 그런 소리들을 듣지 못한다는 걸 알았을 때 자신에게 정신분열증 증세가 있음을 인정했다.(이 점은 이전 글에서 이야기한 'manageable schizophrenia'에 해당한다. 내가 어느 정도 도움을 줄 수도 있을 것 같았다.)
- 외상후스트레스장애PTSD 증상이 있었다. 악몽이 두려워 제대로 잠들기를 두려워한 것은 둘째 문제이고 두려움과 걱정 때문에 제대로 길을 걸을 수가 없었다. 그런 상황인데도 왜 총상을 당했던 그곳으로 돌아갔는지 의

문이었다.

이런 고통들을 헨리는 이를 악물며 극복하려고 했다. 결국 대학에 입학한 지 8년 만에 졸업장을 받았다. 전공도 여러 번 바꾸다가 본인이 처음에 원했던 기계공학과는 관계가 없는 사회학으로 학위를 받았다. 그런데 그가 졸업하게 된 건 꼭 자신의 노력 때문만은 아니었다. 코카인 등의 마약 복용으로 고통을 잊고 졸업이 가능했다고 했다. 그는 마약의 미학을 내게 설파했다. 마약을 하고 나면 머리가 아프지 않았고 기분이 좋아졌으며 두려워하던 길도 얼마든지 걸어다닐 수 있었다고 했다.

그가 사실 충격으로 머리에 부상을 입은 후 가족이 있는 조지아 주를 놔두고 뉴욕을 고집했던 것도 당시에는 뉴욕이 마약을 구하기가 더 수월했기 때문이었다. 더군다나 부모님과 떨어져있는 게 마약을 복용하는 데 심리적으로 덜 부담스러웠을 것이다. 나는 먼저, 그가 겪었을 마약의 부작용에 대해서 제대로 설명을 해야 했다.

코카인 등의 마약이 약으로 사용되는 경우도 있다. 하지만 그건 그걸 다룰 수 있는 의사의 처방 안에서만 가능하다. 마약의 효과는 잠깐뿐이다. 그 효과가 지나고 나면 여러 가지 위험이 다가온다. 당신은 마약의 효과가 지나갔을 때 더 커다란 분위기의 변화를 겪었을 것이고 머리는 더 아팠을 것이다. 귀에서 들리는 소리들은 더 커졌을 것이고 몸은 한없이 쇠약해졌을 것이다. 내 말을 들은 헨리는 이미 다 알고 있다는 듯이 빙그레 웃었다.

그리고 한마디를 더 덧붙였다.

"부작용 때문에 아침마다 배까지 무척 아팠습니다. 머리도 아프고 배도 아프고 수십 년간 그렇게 살아왔습니다. 여기저기 정신과 의사들이나 가끔 찾아다니며 약을 받아먹는 척도 했고 당신 같은 테라피스트를 만나서 협조하는 척도 했습니다. 하지만 솔직히 말해서 내가 그렇게 한 것은 나라에서 주는 장애인 보조금을 유지하기 위해서였습니다. 당신 같은 사람들의 편지나 사인이 필요하잖아요."

그는 천연덕스럽게 너무나 솔직하게 계속 이야기를 이어갔다.

"그런데 의사와 테라피스트를 그렇게 자주 바꾸게 된 이유가 뭔 줄 압니까? 내가 그들의 치료 계획에 아무런 협조를 하지 않았기 때문입니다. 약을 제대로 먹지도 않고 만나러 잘 오지도 않는 사람을 계속 보겠습니까? 그런데 이제는 좀 치료를 받아보려고 왔습니다. 이제는 너무나 지쳤습니다. 의지할 곳이 필요합니다. 나 같은 사람을 치료할 수 있겠습니까?"

40년간 참아온 헨리의 복수심

헨리는 대학생 때 폭동에서 자신에게 총상을 입힌 친구에 대한 분노를 자주 이야기했다. 상담을 통해서 그 분노를 진정시키려고 아무리 노력해도 소용이 없었다. 한참을 이야기하다가도 그가 내리는 결론은 결국 복수로 귀결되곤 했다.

꿈 많던 대학교 초년생 시절부터 그런 황당한 일로 자신의 인생이 꼬여버렸으니 그 분노가 이해되지 않는 건 아니었다. 하지만 그가 반복적으로 말하는 '복수'라는 건 무엇을 이야기하는 건지 그리고 그 총격 사건이 일어난 이후 지난 40여 년간 하지 못한 복수를 왜 지금에 와서 자꾸 언급하는지 그의 목적이 조금은 모호했다.

헨리는 그동안 복수를 참아온 것에 대해 이렇게 설명했다.

그는 지난 40년간 복수라는 단어를 잊은 적도 없거니와 계획을 바꾼 적도 없다. 하지만 그의 부모님은 헨리에게 최선을 다했고 헨리 자신도 부모님의 고마움을 잘 알고 있다(다만 헨리와 부모님과의 관계는 무척이나 한국적이다). 결국 헨리는 자신을 사랑하고 보살펴 주는 부모님 때문에 40여 년간 그놈을 응징하지 못하고 복수를 참아 왔던 것뿐이라는 것이다.

정신분열증상과 마약중독

뉴욕에서 오랜 기간 대학공부를 마치고 조지아 주로 돌아온 헨리는 얼마 전까지 부모님과 함께 살았다. 그동안 여러 직장에 다녔지만 한 직장에 정착하지 못했고, 그래서 주로 부모님의 가게 일을 도와주는 게 정작 그가 하는 일이 되어버렸다.

그가 그동안 제대로 된 직장을 가지지 못한 이유는 두 가지다.

첫째는 그의 '정신분열증상' 때문이었다. 예를 들어, 어느 직장에서 자신이 할 일을 다 해놓았다는 생각을 하고 있을 때 그의 상관이 달려와서 왜 일을 하지 않았느냐고 다그치는 상황이 자주 발생했다. 특히 몸이 피곤할 때면 그런 증상이 더 자주 발생했는데 직장에서 자신이 일을 하고 있는 건지 아닌지 구별을 못했다. 결국에는 꿈인지 생시인지 분간하기 어려운 '호접몽' 지경에 이르러서야 직장을 그만두곤 했다.

그래서 헨리 자신은 직장에서 나름대로 최선을 다했다는 생각을 하고 있었다. 직장을 얻으려고 시도도 하지 않고 포기한 것이 아니라 자신의 정신분열증 때문에 견디지 못할 정도가 되어서 그만두었기 때문이다. 하기야 총상을 입은 후에도 자신이 사고를 당했던 그 지역으로 돌아가 기어코 대학을 마쳤던 그의 이력을 생각하면 그는 충분히 직장 일에도 최선을 다했을 것이라고 생각된다.

하지만 두번째 이유인 '마약복용문제'를 생각하면 그가 꼭 최선을 다했다는 생각이 들지는 않았다. 그가 비록 마약 덕분에 오래전 뉴욕에서의 사고를 극복하고 그곳에서 대학교를 다니고 졸업할 수 있게 했다고 주장했지만 그건 좀 비약이 심한 말이다.

술을 과다하게 마시고 취한 상태를 생각해보면—마약과의 느낌은 다르다고 해도—어느 정도 헨리가 주장하는 바를 이해할 수 있다. 술에 취한 상태에서는 정신적으로나 육체적으로 마비가 된다. 취한 사람은 그래서 용기가 생긴다. 그래서 술에 취하게 되면 평소에 하지 못할 말이나 행동을 술의 힘을 빌려서 혹은 실수로 마구 하게 되는데 이것은 그 사람이 정말 용기가 있어서가 아니다.

바로 정신과 육체의 마비현상 때문이다. 더군다나 어느 정도 봐줄 구석이 있는 술과는 달리 마약은 '적당한' 양이라는 게 없다. 일단 마약의 황홀함을 경험한 사람은 그 달콤함에서 헤어 나오기 힘들다.

자, 헨리의 경험담을 들어보자. 마약의 중독성은 술의 달콤함과는 어떻게 다른지 확연히 구별할 수 있을 것이다.

"그걸 처음 경험한 날, 너무도 행복했습니다. 몸의 고통이라든지 마음 속의 분노 같은 것은 아무것도 아니라는 걸 알았습니다. 내 주변의 모든 것들은 화려한 금으로 장식되어 있었고 저는 그곳을 날아다니고 있었습니다. 아무것도 원할 게 없었습니다. 그냥 모든 게 아름다웠고 세상과 사람들은 있는 그대로가 천국이었습니다."

헨리의 경험담을 듣고는 이것은 완전히 해탈의 경지라는 생각이 들었다. 이러한 심리 상태로 이끌어 줄 수 있는 마약은 술처럼 적당량이라는 것을 적용할 수가 없다. 단지 약으로서의 마약은 그쪽 분야에 자신 있는 의사만이 처방을 해주는 경우가 드물게 있을 뿐이다.

헨리는 이미 마약의 폐단을 잘 알고 있었다. 마약은 자신의 몸을 무척 쇠약하게 만들었고 정신과 약은 더이상 효과가 없고, 정신분열증상은 더욱 심화되는 악순환을 반복했다는 것을 본인도 인정했다. 그러나 그는 마약을 끊을 의지가 없었다. 자신의 삶에 대한 분노와 자신을 끊임없이 괴롭히는 두통은 그를 더욱 마약에 매달리게 했다. 마약의 효과가 지나고 나면 훨씬 괴로워진다는 것을 알면서도 어쩔 수 없었다. 마약 중독이었다.

한국의 경우는 주로 마약을 구할 수 있는 특정 계층의 사람들이 뉴스에 나오기도 하고 사회에 물의를 일으키는 경우가 종종 있지만 마약 자체가 전체적인 사회 문제까지 되지 않는다. 마약을 구하기도 어렵거니와 그만큼 마약복용자는 소수이기 때문에 효과적인 감시와 관리가 가능하다.그런데 미국은 어떤가. 고등학교 때의 한 은사님께서 우스갯소리로 이런 말을 했던 게 기억난다.

"한국은 학교에서 담배 끊으라는 말은 해도 마약 끊으라는 말은 안하잖아."

뭐, 맞는 말씀이다. 미국은 중·고등학교 때부터 아이들이 마약에 노출되어 있는 게 사실이다. 부모와 떨어져서 대학교의 기숙사 생활이나 외지 생활을 하면서 마약에 손을 대기 더 쉬워진다. 논란이 많은 대마초는 기본이고 많이 사용하는 코카인도 마음만 먹으면 쉽게 구할 수 있다. 그래서 자녀를 둔 한인 교포들은 혹시나 자신의 자녀들이 마약을 하지는 않을까 노심초사한다.

마약에의 노출은 대학생이 되고 성인이 되면서 더 늘어난다. 미국의 지도자들을 쉽게 예로 들면 마약이 얼마나 일반적인지 알 수 있는데 부시와 클린턴, 모범생 같았던 고어까지 자신들의 경험을 인정했다. 이렇게 미국에서는 마약은 누구나 쉽게 접할 수 있는 것이다.

헨리의 경우도 총상 이후 다시 뉴욕으로 돌아가겠다고 고집했던 이유 중의 하나가 바로 마약이었다. 부모님이 있는 고향인 조지아 주보다는 뉴욕에서 지내는 것이 마약 복용에 더 수월했고 부모님에 대한 죄의식도 덜했기 때문이었다.

헨리의 가족 그리고 흑인들의 가족문화

뉴욕에서 힘겹게 대학을 마친 헨리는 뉴욕에서 직장 생활을 하려했지만 자신의 정신분열증상 때문에 그것도 여의치 않아 결국 조지아 주로 돌아왔다. 여기에서도 이런저런 직장을 다녀 보았지만 결국 다시 돌아오는 곳은 부모님 품이었다.

부모님이 살지 않는 곳에서 마약을 자유롭게 하고 싶었던 마음도 컸지만, 아무리 발버둥을 쳐도 자꾸만 부모에게로 귀결되어 버리는 자신을 극복하고 싶은 마음이 더 컸다고 했다. 그런 일들이 반복되고 세월이 흘렀고 그의 부모는 조금씩 노쇠해져 갔다.

어느날 그의 아버지가 뇌졸중으로 쓰러지셨다. 헨리는 아버지가 쓰러진 날부터 약 5년여의 시간을 가게 일과 아버지를 돌보면서 지냈다. 두 누나들은 오래전에 독립해서 먼 곳에서 자신들의 가족들과 함께 살고 있었고 어머니도 몸이 좋지 않아 결국 아버지를 돌볼 사람은 헨리 자신뿐이었다.

그러나 아버지가 오랫동안 경영해오던 가게를 헨리가 늙고 병든 어머니의 도움만으로 잘 꾸려나갈리 만무했다. 예전 직장에서의 간단한 일도 자신의 증상들 때문에 어려워하던 헨리였다. 결국 어릴 때부터 온가족의 수입원이었던 가게를 정리할 수밖에 없었고 아무 하는 일 없이 5년간 아버지의 병간호에만 치중했다. 그런데 사실 이 병간호가 무척 힘든 일이다. 뇌졸중에 걸린 분들을 간호하는 데 얼마나 손가는 일이 많고 하루가 금방 가는지는 굳이 설명하지 않겠다. 다만 폭력이 난무하고 가족이라는 개념이 상실된 흑인지역의 한가운데서 살아오던 헨리 가족들의 *끈끈함*은 독특한 것이고 감동적인 것이다.

대부분의 흑인가정은 한국인들이 정상으로 생각하는 그런 가정이 아니다. 또한 흑인여자들의 고통은 기가 막힐 정도다. 다 그렇다는 것은 아니지만 흑인 가족문화에서 심심치 않게 볼 수 있는 예를 한번 들어보면 이렇다.

결혼하지도 않은 딸이 어느날 부모에게 임신을 통보한다. 부모는 좋아하면서 딸에게 축하를 해준다. 딸은 아이를 낳고 그 딸을 임신시켰던 남자친구는 여전히 자신의 집에서 생활을 한다. 아이를 낳았다고 해서 특별히 본인들 서로에게 '책임'이라고 하는 개념이 크게 존재하지 않는다. 그래서 아이가 있는 흑인 엄마들은 미혼모들이 과반수를 훨씬 상회한다.

결혼도 하지 않은 딸이 임신해서 들어오면 부모가 화를 내는 게 아니라 축하를 해줄 만큼 흑인여자들에게 '미혼모'라는 개념은 아무렇지도 않은 것이다. 그렇게 혼자서 아이를 낳고 키워나가야 하는 여자들의 고생은 또 얼마나 크겠는가. 그런데도 많은 흑인 여인네들은 아이들을 줄줄이 낳는다. 그리고 자녀들의 아버지가 각각 다른 경우가 얼마나 많은지 모른다.

그런데 국가는 이런 미혼모들과 아이들을 잘 살아갈 수 있게 도와준다. 적지 않은 보조금이 나오고 보험은 물론 음식값까지 나온다. 또 아파트나 집을 살 때도 많은 혜택을 주며 법으로 아이 아버지에게도 책임을 지게 해준다. 한국도 비슷하겠지만 아이의 아버지는 아이가 성인이 될 때까지 무조건 자신의 수입에서 일정 부분을 아이 엄마 통장에 넣어줘야 한다.

내가 지난 시간부터 헨리의 지극히 정상적인 가정과 가족 구성원 서로에 대한 헌신을 보고 자꾸만 대단하다고 생각하는 것은 바로 이러한 흑인들의 사회적 환경을 알기 때문이다.

부모의 죽음과 슬픔

당연히 헨리는 아버지의 죽음에 대해서 마음의 준비를 하고 있었다. 그런데 그의 어머니가 먼저 세상을 떠나버리고 말았다. 노쇠하고 기력이 다했던 게 이유였는데 어머니의 죽음이 그를 깊은 슬픔에 빠지게 했고 불과 6개월 후에 그의 아버지도 세상을 떠났다.

아버지 병간호를 하면서 지치기도 했었지만 잘 견딜 수가 있었는데, 어머니에 대한 슬픔은 쉽게 잊을 수 없었다. 아버지는 자신이 오랜 시간 간호를 했으니 어느 정도 은혜를 갚았다는 생각이 있는데 어머니에게는 아무것도 해준 기억이 없어 그를 괴롭히는 것 같았다.

한마디로 어머니가 헨리 자신의 총기사고와 정신분열증 그리고 마약복용 때문에 노심초사하며 눈물만 흘리다가 말년에는 아버지 병간호를 하다가 세상을 떠났다는 사실에 너무 괴로워했다.

그런데 헨리는 이런 슬픔들을 분노심으로 극복하려 했다. 이 모든 슬픔의 원인은 바로 자신을 총으로 쏜 그놈에게 있다는 것이었다. 그 일만 없었다면 자신은 건강한 정신과 육체를 가지고 부모님의 기대에 부응해서 그분들의 마음을 편하게 할 수 있었을 것이라고 했다.

협조적이지 않았던 헨리의 치료

헨리는 앞에서 말했듯 의사나 테라피스트에게 협조적이지 않았다. 그 중에서도 예약시간에 잘 나타나지 않는 게 가장 큰 문제였다. 헨리 자신은 이번에도 필요할 때 의사나 나의 편지만 챙겨갈 생각이었는지 모르지만 내게는 어림도 없는 일이었다. 나는 계획을 실행에 옮겼다.

나는 헨리를 무단히도 괴롭혔다. 그가 예약시간에 나타나지 않으면 다음 예약시간을 정해주고 매일 그의 집에 전화를 하면서 예약 확인을 해줬다. 만약 또 나타나지 않으면 하루에 두 번씩 예약확인을 해줄 것이고 그런 식으로 10번이라도 전화하겠다는 말을 했다. 그렇게 헨리에게 하루에 세 번이나 전화를 한 적이 있다.

그런데 의외로 이렇게 테라피스트가 직접 전화해서 챙겨주고 괴롭히는 일이 얼마나 커다란 긍정적인 효과를 일으키는지 모른다. 어느 순간인가부터 헨리는 빠지지 않고 예약시간에 나타나기 시작했고, 사정이 있어서 오지 못하는 날에는 자신이 무슨 큰 죄라도 진 사람처럼 내게 몇 번이고 구구절절 이유를 설명했다. 나로서는 일단 제일 중요한 부분에서 성공을 한 것이다.

치료의 우선순위

어떤 정신병을 앓고 있는 환자라도 그 환자가 마약이나 알코올중독 증세가 있다면 치료의 우선순위는 후자 쪽이 먼저다. 예를 들어서 헨리가 아무리 자신의 정신분열증에 대해서 약을 먹고 상담을 받는다고 해도 마약을 끊지 않는 이상에는 다른 치료 효과에 한계가 있는 것이다. 그래서 나와의 개인적 상담 이외에도 마약에 대한 상담을 해주는 병원 내의 그룹 치료 프로그램에 보내기도 하고 병원 밖의 다른 프로그램에 연결해 주기도 하는 등 여러 가지를 했지만 아무 소용이 없었다.

헨리는 계속 코카인을 흡입했다. 이 정도의 중독이라면 전문적으로 감금치료를 하는 곳으로 보내야 한다는 결론을 내리고 그를 설득하기 시작했다. 하지만 그게 또 잘 되지 않았다. 헨리는 논리는 이러했다.

'언젠가는 어차피 그런 장기치료를 받을 의향이 있다. 그런데 지금은 아니다.'

중독증세가 있는 사람들은 항상 이게 문제다. 바로 '지금'이 그 때인데 항상 다음으로 연기한다.

아무리 마약 때문에 문제가 있어도 정신과 약을 주기는 해야겠는데……. 담당 의사는 고민에 빠졌다. 약을 줘도 헨리가 꾸준히 복용할 것이라는 믿음이 없었기 때문이었다. 위에서 '호접몽'을 말하면서 그의 증상이 현실과 환상을 헷갈리는 것이라고 이야기했다. 그 증상을 가진 사람이 가족의 아무런 도움 없이 혼자 꾸준히 약을 복용할 것이라고 믿어버리는 것 자체가 넌센스다.

그런데 담당의사는 기가 막힌 아이디어를 냈다. 병원에 올 때마다 그에게 주사약을 투입하는 것이다. 정신과 약 중에서도 주사로 투입할 수 있는 약들은 효과가 오래가고 강하다. 헨리는 처음에 이 아이디어에 반대했다. 자신은 주사로 마약을 투입하는 생각이 들어 그걸 할 수 없다고 했다.

하지만 나는 그를 설득했다. 마약하는 사람이 마약을 투입시킨다는 생각이 들어 주사를 맞을 수 없다는 게 말이 되는가. 결국 몇 번만 해보고 다시 이야기하기로 하는 선에서 말을 얼버무렸다. 결국 헨리는 병원에서 주사를 맞기 시작했고 그가 반대했었던 것과는 달리 꾸준히 주사를 맞았다. 그 이유는 간단했다. 주사약의 효과가 예상보다도 좋다는 것을 본인이 느꼈기 때문이다.

원수를 살해하다

상담을 오래 하다보면 생각지도 않던 일들을 많이 경험한다. 그래서 아무리 상대방이 편해도 테라피스트는 긴장의 끈을 놓지 말아야 한다. 물론 긴장하면서도 그 표시를 내지 않는 것 또한 중요하다.

헨리와의 세션 중에 항상 다뤄지는 문제는 그의 분노였다. 자신을 총으로 쏴서 인생을 망치고 부모를 고생시킨 '그놈'은 아직도 뉴욕에 살고 있다고 했다. 그런데 그 사람에 대해 내겐 충분한 정보를 주지 않았다.

헨리의 분노가 어찌나 큰지 거기에 대해서 손을 대기가 너무 힘들었다. 대개는 반복적으로 자신의 분노를 꺼내면서 다른 것과 융화시키고 약해지고 하는 과정을 거치는데 헨리는 전혀 그런 기미가 보이지 않았다.

어느날 헨리는 아무 통보 없이 세션에 오지 않았다. 그리고 그 다음 주에는 의사와 간호사와의 주사예약도 빠져 버렸다. 전화를 해도 받지 않았고 연락도 없었다. 헨리가 적어놓은 비상연락망에 연락을 해보았더니 다른 주에 있는 그의 누나였는데 그녀도 그가 어디로 갔는지 알지 못했다.

그러던 어느날, 그가 환한 표정을 하고 병원에 나타났다. 예약도 없이 말이다. 이게 도대체 무슨 일일까.

"드디어 내 원수를 죽였습니다. 나는 그놈이 뉴욕의 어디서 무슨 일을 하며 살고 있는지 이미 다 파악하고 있었습니다. 한적한 골목길에서 총을 그놈의 머리에 댔습니다. 그놈이 살려달라고 빌더군요. 나는 총을 쏘기 전에 최대한 시간을 끌었습니다. 그놈의 고통과 공포를 극대화시킬 필요가 있었습니다. 내 고통에 대한 보상이었습니다. 총을 쐈을 때 원수가 죽어가는 모습을 보며 이젠 모든 걸 다 내려놓겠다는 생각을 했습니다."

'뭐야 이거! 살인을 했다는 말이잖아.'

나는 경찰에 신고했다. 그리고 헨리는 한참 조사와 심문을 받았고, 뉴욕에서는 시체유기장소를 찾으면서 한동안 수선을 떨더니 경찰은 이런 결론을 내렸다.

'헨리의 살인 자백은 아무 근거가 없다.'

나는 그의, 이번 사건뿐 아니라 그동안 했던 말들에 대해서 다시 조각을 맞춰나가야 했다. 도대체 어디서부터 어디까지가 환상이고 거짓이고 진실인지를 분간해야 했기 때문이다.

일단 그의 두 누나들과 통화했다. 그들은 그동안 나에게 했던 헨리의 이야기가 모두 사실이라는 것을 증언했다. 살인사건만 빼놓고 말이다. 헨리의 두 누이들 모두 헨리가 죽었다고 하는 그 사람을 수십 년 전에 본 적이 있었다고 했지만 어디에 살고 이름이 무엇인지는 기억나지 않는다고 했다. 그리고 헨리가 누군가에게 해를 끼칠만한 사람이 아니라고 했다.

자신의 동생을 보호하기 위해서인가. 정말 헨리는 살인을 했을까. 경찰에서 이미 조사를 했고 아무 근거가 없는 일이라고 결론을 내렸지만 너무나 찜찜했다. 그러면 헨리에게 총을 쐈던 그 사람을 찾아보면 되는데 헨리를 포함해서 그의 가족 누구도 그 사람의 이름을 말하지 않았을 뿐만 아니라 헨리가 사고를 당했던 정황상 누가 총을 쐈다는 것을 알기란 불가능한 상황이었다는 결론을 경찰은 내렸다.

그런데 그 진실을 알 수 없는 살인사건 이후 헨리가 바뀐 것은 확실했다. 일단 불가능할 것 같던 마약을 몇 달간 끊는 희망을 보여 주었다. 고질병이었던 두통도 많이 사라졌다. 이거 살인을 한 게 맞나? 그런 식으로 복잡하게 생각할수록 사건은 자꾸만 미궁 속으로 빠져 들어가는 기분이었다.

이것 참 황당한 일 아닌가. 본인은 살인을 했다고 하고 경찰은 아니라고 하는데 막상 죽인 사람 이름을 대보라고 하면 말을 하지 못한다. 하지만 그의 누나들은 그에게 총을 쐈던 그 원수를 옛날에 본 적이 있었다고 하고 말이다. 거기다가 원수를 제거했다는 그 이후에 뚜렷한 회복 증세까지 보이는데 뭐가 진실인지 알 수 없었다.

헨리의 치료는 계속하고 있다. 인간적으로 헨리가 얼마나 좋은 사람인지 모른다. 나도 그의 누나들 말처럼 헨리가 누군가에게 해를 끼칠 만한 사람이 아니라고 믿고 싶다. 그런데 사람의 정신이라는 것은 너무나 가변 요소가 많고 오묘해서 다른 사람으로 변해버리는 것은 한순간이다.

내가 정신치료를 해오면서 느끼게 된 게 바로 이 점이다. 나는 누구의 정신도 믿지 않는다. 가령 어떤 사람이 선하고 어떤 사람이 나쁘고 어떤 사람은 도덕군자이고 어떤 사람은 방탕하다는 그런 개념들을 믿지 않는다. 자신의 마음을 다스리고 어떤 방향으로 살아가려는 노력을 보이는 것과 각자 성격의 특성과 개성이 있을 뿐이다. 깨끗하고 성스러운 정신을 타고나는 사람은 없다. 현재 그런 정신을 유지한다고 해도 언제 어떻게 변화할지는 알 수 없는 일이다.

그래서 나는 사람에 대해 기대하지 않는 경향이 있다. 그렇기 때문에 실망도 하지 않는다. 특별히 존경하는 위인들도 없다. 내가 언젠가 긍정적인 사고방식의 소유자라고 말했었지만 이 점만큼은 너무 부정적인지도 모르겠다. 그렇게 어떤 정해진 정신을 믿지 않기 때문에 헨리가 아무리 착한 사람이라고 해도 본인이 이야기하는 살인 여부에 대해서는 진위 여부를 아직 모르겠다. 단지 나는 하던 대로 열심히 치료할 생각이다. 처음에 내게 왔던 헨리와 현재의 헨리는 너무나 다르다. 많이 회복되었다.

파란만장했던 그의 삶이 이제는 안정되고 평화로울 수만 있다면 좋겠다. 그리고 욕심이기는 하지만 어느 날 헨리 이야기를 또 한다면—회복되어진 헨리가—자신의 환상과 증오가 자신을 살인자로 착각하게 만들었다는 이야기를 했으면 좋겠다.

PSYCHOLOGY
RADIO

제3부

너의 꺼질 듯한 마음불빛

"바오로가 누구예요? 저처럼 나쁜사람이었어요?"

미국에서의 백수생활

내게는 불편했던 틴에이저

학교에서 전공을 공부할 때 결심한 바가 있었다.

'절대로 틴에이저들을 상담하지 않으리라……'

그 당시에 그런 결심을 하게 된 것은 나의 인턴 경험 때문이다. 인턴생활을 하던 병원에서 문제아들을 상담하라며 고등학교로 파견을 보낸 적이 있었는데, 이때 멋진 상담가가 되겠다는 나의 꿈이 완전히 깨지고 말았다. 아이들은 어디론가 줄행랑을 치고, 상담을 한다고 해도 자신의 문제에 대해서 진실을 말하는 게 아니라 거짓말을 하며 시간을 때우기 일쑤였다. 거기다가 어떤 부모는 내가 제대로 상담해보지도 못한 자신의 아이 문제를 내 탓이라며 나에 대해 불평까지 늘어놓았다. 그때 나는 대학원생이었고 현장 경험이 전무할 때였다. 당연히 이런 모든 일들이 내게는 낯설었고 곤혹스러웠다. 이렇게 어려웠던 인턴생활이 상담가로서의 내 첫 경험이었다. 그런데 세월이 한참 흐른 후에 병원 일 이외에 내 개인 사무실을 열고 파트타임을 시작하고 난 이후, 지금은 개인 사무실의 클라이언트들의 70퍼센트가 틴에이저들이 되었다.

내가 데니스를 처음 만났을 때 그 아이는 열여섯 살이었다. 개인 사무실로 오는 백인 남자아이 데니스는 첫 만남부터 나를 굉장히 불편하게 했다. 질문을 하면 아무 반응이 없을 때가 많았고, 막상 대답을 하더라도 욕설을 하거나 동문서답을 하기 일쑤였다. 게다가 항상 고개를 푹 숙이고 눈을 맞추지 않았다. 어쩌다가 눈이라도 마주치면 그 커다란 덩치로 금방 달려들 듯이 경멸하는 눈으로 나를 바라보았다. 나는 도대체 이 아이가 내게 왜 그러는지를 알 수가 없었다.

틴에이저들을 상담하지 않겠다던 나의 결심이 어떻게 바뀌게 되었는지, 그 계기가 되었던 데니스란 아이에 대해서 긴 이야기를 하고자 한다. 데니스에 대한 상담과정을 이해하려면 먼저 나의 과거 이야기부터 시작해야 한다. 털어놓기가 약간 꺼려지기도 하는 개인적인 이야기이지만 지금 이렇게 쓸 수 있는 것은 아마도 그게 벌써 추억이라고 말할 수 있을 만큼 극복에 성공했기에 가능한 일인 것 같다.

데니스의 마음은 뭐랄까, 깨지기 쉬운 유리로 만들어진 것 같았다. 집 밖으로 나가면 주변의 모든 것들이 그를 불안에 떨게 했다.

미국에서의 백수생활

미국을 흔히 '기회의 땅'이라고 하는데 최소한 내게는 그 말이 맞다. 가고 싶었던 학교에서 공부를 했고 원하던 직장에 들어가서 오랫동안 꿈꿔오던 테라피스트가 되었으니 말이다. 하지만 그 기회를 얻기 위해 나는 많은 어려움을 겪었다. 테라피스트가 사실은 입으로 먹고사는 직종이 아닌가. 아무리 미국에서 전공을 공부했다고 하지만 나는 한국에서 성장했고 미국에 와서도 한국말을 하는 부모님과 함께 살았으며 한국인 친구들과 주로 어울려 다녔다. 그래서 언어의 장벽이 상당할 수밖에 없었다. 거기다가—지금에 와서 하는 말이지만—학교 영어와 직장 영어는 또 얼마나 다르던지……. 테라피스트라는 직업은 환자들을 상대할 때 언어적으로도 민감해야 하고 세심해야 하는데 도대체 미국의 어느 직장에서 나를 고용할까 하는 좌절감에 빠지기도 했었다.

내가 살고 있는 워싱턴 지역에는 한인들이 많아서 한국 사람들을 대상으로 상담을 하는 곳도 있었다. 처음 취업을 고민할 때 그곳에서 오라고도 했었지만 나는 가지 않았다. 그곳은 나의 꿈과는 거리가 멀었기 때문이었다. 나는 이곳의 주류사회에 들어가 더 많은 사람들과 다양한 사람들을 상대하고 싶었다. 하지만 테라피스트가 되기 위해서는 또다른 힘들고 머나먼 여정이 나를 기다리고 있었다. 나는 일반 카운슬러직을 얻기 위해 여러 미국 병원에 지원을 해야 했다. 일단 병원에 취직을 해놓고 시간이 지나 자격증을 받아서 테라피스트가 되겠다고 생각했지만 결과는 처음부터 참담했다. 완벽하지 못한 영어와 발음으로 인터뷰는 왜 왔느냐는 식의 핀잔을 듣는 수모까지 당했다. 그래도 어쩌겠는가. 어딘가에서 부를 때까지 줄기차게 인터뷰를 다니는 수밖에.

가령 이런 식이었다. 일주일에 십여 곳을 지원하면 두 군데 정도에서 인터뷰를 하자고 연락이 왔다. 그리고 막상 인터뷰를 마치면 백인 면접관들은 실망스런 표정을 하거나 혹은 핀잔을 주거나 나중에 연락하겠다고만 했다. 그렇게 5개월이 흐르자 미국에 이민 오기 전 한국에서의 지긋지긋했던 백수생활에 이어 두번째 백수생활의 염증을 뼈저리게 느끼기 시작했다. 첫번째 백수생활 때에는 그래도 마음의 긴박감 같은 것은 없었다. 이민 허가가 눈앞으로 다가왔다는 생각에 가족들 모두 특별한 계획 없이 이민 준비만 하면서 그저 시간을 흘려보냈던 때였다. 그러나 이번에는 근본적으로 다른 상황이었다.

가족들에게 상당히 눈치가 보였다. 자랑스럽게 생각하던 아들이 그리고 형이 사실은 이렇게 능력 없는 사람이었다는 것을 어찌 알았겠는가. 아, 지금도 기억난다. 은행에 다니던, 나보다 생활력이 강한 동생이 어느 날 어머니를 통해 내게 용돈을 줬던 그 일을 말이다. 그래도 꼴에 남은 자존심이 있어서 동생에게 단단히 경고를 했더랬다. 그때는 정말 눈앞이 캄캄했다. 그리고 속으로 혼자 이런 말을 되뇌곤 했었다.

'거지 되는 거 정말 쉬운 일이었구나.'

그것은 정말 쉬운 일이었다. 젊고 사지 멀쩡한 사람도 직장이 없이 집을 나가면 쉽게 거지가 될 수 있었다. 부모님이 나를 돌보는 게 점점 부담이 됐다. 그런 생각까지 하게 되자 예전에 오라고 했던 한국 직장이라도 들어갈 걸, 하는 후회도 들었다. 그래서 다시 그곳에 알아봤더니 이미 다른 한인을 고용했다고 했다. 그때 나는 정말 갈 곳이 없었다.

꿈을 이루겠다는 마음에, 그리고 학교를 다닐 때의 좋은 성적으로 잘난 척하면서 나는 공부만 마치면 여기저기서 나를 모셔갈 줄 알았다. 그런데 대학에서의 성적은 전혀 쓸모가 없었고 더군다나 내 분야는 아주 유창한 언어능력과 상담능력이 중요했다. 그보다 더 힘들었던 일은 다른 분야를 전공했던 주변의 친구들이었다. 나보다 훨씬 엉터리 영어를 한다고 생각했던 친구들이 주류사회의 훌륭한 직장에 보란 듯이 들어가는 게 아닌가. 나는 그때서야 받아들였다. 나는 특별한 사람이 아니다.

'내 자신의 거품들이 내 앞길을 막고 있었구나. 한심하고 교만한 놈⋯⋯.'

그때 내 마음은 자존심이고 뭐고 남아 있는 것이 없이 밑바닥으로 떨어져 있었다. 선택할 수 있는 두 가지 길이 있었다. 인생을 포기하고 폐인처럼 살든지 아니면 다시 시작하든지 말이다. 평범한 나는 다시 시작하는 길을 택했다. 그리고 평범한 눈을 가지고 다시 미국 직장에 이력서를 넣기 시작했다. 이번에는 더 눈을 낮춰서 대학원 졸업자들이 아니라 2년제 대학 졸업자들도 지원할 자격이 있는 그야말로 박봉의 카운슬러 자리를 집중 공략했다. 병원에 들어가면 주로 환자들을 위해 막일을 하는 그런 카운슬러 자리였다. 이젠 그나마 조금 겸손해져서 대학 다닐 때 아르바이트로 일하던 공항의 청소부 일까지 생각했다. 그리고 그런 박봉의 카운슬러 자리가 청소부 일보다는 덜 힘들 것이라며 내 자신을 위로했다.

그런데…… 미국 병원들은 그 자리조차도 내게 허락하지 않았다. 내가 그 정도까지 무능력한 건 아니라고 생각했는데 뭐가 문제였을까. 그때부터 내 자신의 정신적인 문제에 대해 의심하기 시작했다. 멀쩡하게 미국의 정규 대학과 대학원을 졸업하고서 그런 초보 수준의 카운슬러 자리조차 면접 실패를 반복하는 데에는 뭔가 정신적인 문제가 있을 거라는 생각이 들었다.

네 가지 트라우마

나는 그동안 내가 배웠던 이론들을 끄집어내면서 나 자신을 분석하고 또 분석했다. 어릴 때부터 써놓았던─꽤 유치해 보이는─일기장까지 꼼꼼히 읽었다. 그랬더니 오랫동안 무의식적으로 부정하며 혹은 잊으며 살아왔던 나 자신에 대한 이슈들이 하나하나 정리가 되어갔다.

정체성 위기 Identity Crisis

나는 초등학교 1학년 때부터 성인이 되어 미국에 이민 올 때까지 아버지 없이 자랐다. 하지만 아버지가 없는 것은 아니었다. 한 달에 한 번 꼴로 아버지의 전화 목소리를 들으면서 자랐고 물적으로도 아버지는 최선을 다했다. 어머니는 혼자서 자식들을 키우면서 유난스러울 만큼 엄격했다. 많은 사랑을 느낄 수 있었던 반면에 그 엄격함에 항상 불안한 마음을 가지고 살았던 것 같다. 뭐랄까, 내가 이렇게 하면 혹은 이렇게 말하면 혼나지는 않을까 하는 불안감을 오랫동안 안고 살았다. 그래서 나를 포장하는 데 능한 사람으로 자랐다. 혼나지 않으려면 변명을 해야 했고 거짓말을 해야 했다. 꾸중을 들을지 몰라서 멀쩡한 일도 꾸며대는 일이 잦았다.

게다가 평범한 사람을 천재로 둔갑시켜버리는 친인척들이 많았다. 너무 엄격했던 어머니도 그리고 한없이 둥둥 띄워주던 친척들도—나를 그만큼 아꼈던 것이었지만—평범한 아이를 천재로 믿었다. 그들에게 나는 완벽하게 보여야 했다. 그래도 스스로 긍정적인 면만 발전시켰으면 좋았을 텐데 그러지 못했다. 나는 너무나 소심한 편이었다. 나는 그렇게 자라면서 어느새 내 자신이 누구인지 혼란스러워할 지경이 되었다. 그리고 그런 습성을 나는 미국에까지 고스란히 가지고 왔다.

강박증 OCD

이걸로 고생한 생각을 하면 지금도 끔찍하다. 아주 어릴 때부터 중학교 때까지 강박증 때문에 고생을 했고 고등학교 때부터 차차 나아져갔다. 나는 짝수에 집착했다. 문을 닫으면 두 번 닫아야 했고 그리고 두 번의 짝수를 또다른 짝수와 맞추기 위해서 문을 두 번 더 닫았다. 말하자면 2+2다.

하지만 곧 4+4를 만들어야 했고 8+8을 만들어야 했다. 16+16까지도 다 반사였고 상황이 허락하면 그 이상까지도 가능했다. 문을 닫고 여는 일의 반복은 한 가지 예일 뿐이고 내 주변의 모든 사물이 내게는 그런 강박증의 대상이었다. 미국에 와서는 아예 강박증이라고 부를 수 없을 정도가 되었지만 아주 가끔씩 무의식중에 뜬금없이 등장하는 그 증상은 아직도 나를 놀라게 하곤 한다.

십자가 Cross

나는 내가 언제인지도 모를 만큼 어릴 때부터 십자가 때문에 고생을 하며 살았다. 전쟁터에서 죽은 시체를 처음 보고 구역질을 하는 사람들을 영화를 통해 본 적이 있다. 그런데 내게 그와 비슷한 증상이 생겼다. 어쩌면 영화에서의 그 사람들보다 더 심했을지도 모른다. 나는 십자가를 보면 그랬다.예수님이 매달려 있는 십자가를 보고 나면 길게는 한 달 정도 제대로 밥을 먹지 못했다. 그 이유도 모르는 어머니의 근심은 늘어만 갔다. 하지만 어릴 때부터 성당에 나가야 했고 주말마다 십자가 앞에 서 있어야 했다. 그런 반복적인 성당과의 인연 덕분에 자라면서 점점 사라져가기는 했지만 이 증상은 아직도 많은 부분 남아 있다. 단지 지금은 생활에 불편을 주지 않기 때문에 심각하게 생각하지는 않는다.

얼마 전엔 이런 일도 있었다. 집에서 TV를 보면서 밥을 먹고 있는데 역사 채널에서 난데없이 예수님이 피 흘리고 있는 십자가를 보여주는 게 아닌가. 다빈치 코드에 대한 프로그램이었는데 당장 채널을 돌렸다. 그런데 거기서 끝난 게 아니다. 배가 고팠었는데 순식간에 사라진 식욕 때문에 밥상을 정리해야 했다. 또 몇 년 전인가 멜 깁슨이 만든 〈패션 오브 크라이스트The Passion of the Christ〉라는 영화가 있었는데 그 영화가 미국에서는 대단한 히트를 쳤다. 한동안 방송과 신문마다 그 영화 이야기로 가득했다. 난 의식적으로 방송이나 신문에서 그 영화 내용이나 포스터 사진을 피하기 위해 고생 아닌 고생을 했다. 이거 원, 내가 뱀파이어도 아니고 이게 무슨 증상이고 어떻게 시작된 건지 현재까지도 탐구중이다.

영어불안장애 Anxiety Disorder with English

위의 정체성 위기 부분처럼 이번 것도 나에 대한 애정과 관련이 있는데 심하도록 소심한 나는 거기에 이렇게 반응했다. 중고등학교 때 영어 선생님들이 그렇게 나를 아꼈다. 영어 성적은 중간 정도밖에 되지 않았지만 영어시간마다 뜬금없는 질문들을 하고 내 이름을 부르며 답해보라고 했다. 그럴 때는 대부분의 경우 아는 답도 말하지 못했다. 몸과 혀는 굳어버리고 더듬거리며 말을 했다. 영어 선생님들에게 발바닥부터 시작해서 머리까지 얻어맞지 않은 곳이 없었다. 그때도 그랬지만 지금까지 영어 선생님들에게 서운한 감정은 조금도 없다. 영어 선생님들마다 권문수는 아버지가 미국에 있으니 미국으로 갈 학생이고, 해서 영어는 확실히 가르쳐서 보내야겠다는 일종의 제자에 대한 사랑이었다는 것을 알기 때문이다. 거기다가 친인척들

중에 교사 분들이 꽤 있었고 영어 선생님들과 연결되어 있는 분들이 또 다 반사였다. 그런 저런 이유로 중고등학교 5년 동안(나머지 1년은 예외다. 언젠가 그 1년간을 주제로 글을 쓸 생각이다) 나는 영어시간마다 거의 특별 대접(?)을 받았고 매번 긴장감에 가슴을 쓸어내려야 했다.

하지만 내게는 그러한 특별 대접이 아무짝에도 쓸모가 없었다. 특별히 영어 성적이 좋아진 것도 아니었고 매번 너무나 힘이 들었다. 오히려 고등학교 졸업 후 아일랜드와 영국 신부님들을 찾아다니며 자유롭게 즐기며 배웠던 그 짧은 기간의 영어가 나의 실력을 일취월장시켰다.

8개월 만의 축복

최소한 내게는 그 당시의 마음속 깊숙이 숨겨놓았던 그런 트라우마^{trau-}마^{ma}들을 끄집어내는 게 무척 가치가 있었다. 상담해주는 사람 없이 혼자서 정리하기 힘이 들어서 노트에 무작위로 생각나는 일들을 적어나갔는데, 정리를 해보니 위에서 이야기한 그런 네 가지로 요약되었다. 그러니까 나는 어릴 때부터 불안증을 달고 살았던 것이고 그게 위의 네 가지 형태의 트라우마로 표현되었다는 생각이 들었다.

그 당시 취업 인터뷰를 반복할 때마다 나는 엄청난 문제점들을 노출시켰다. 중고등학교 때 긴장감에 가슴을 쓸어내리던 영어 시간의 바로 그 느낌……. 인터뷰를 하러 가기만 하면 아주 간단한 질문조차도 버벅거리며 답변을 하지 못하는 경우가 잦았다. 어느 때는 아예 질문 자체가 들리지 않왔다. 내 자신의 거품을 제거하고 지원한 초보 카운슬러 자리도 마찬가지였다. 완전히 쉬운 내용의 인터뷰조차도 나는 답변을 제대로 하지 못했다.

그렇다면 나는 미국에서 이 전공으로 어떻게 7년여 동안 무사히 학교 공부를 할 수 있었을까. 그것은 무척 단순했다. 나는 내 자신의 일상에는 무척 강했다. 학교든 직장이든 간에 일단 일상이 되어버리면 그건 어려운 일이 아니었다. 학교는 내 일상이었던 것이다. 그러니 이 백인들이 나를 한 번이라도 알아봐주고 인터뷰만 통과시켜주면 정말 열심히 일할 텐데, 라면서 자신을 위로하고 아쉬워했다. 그러던 어느 날, 정신건강 분야에서는 내가 살고 있는 지역에서 가장 큰 축에 속하는 한 병원에서 인터뷰를 하자는 연락이 왔다. 꼭 들어가 일하고 싶던 그런 곳이었지만 지금까지 내 실패의 경험을 볼 때 그런 곳에서 나를 고용할 리가 없다는 생각이 들었다. 한편으로는 이런 생각도 들었다. 이쪽 분야에서 일하는 사람들은 다른 사람의 정신적인 트라우마에 대해서 더 자비롭지는 않을까. 그 병원에서 인터뷰를 시작할 때 나는 내가 가지고 있는 정신적인 상처들에 대해서 이야기했다. 그리고 그 상처들이 지난 8개월 동안 나를 궁지에 몰아넣었고 제대로 인터뷰조차 할 수 없었다는 고백을 했다.

고백이라는 게 그렇다. 그걸 받아주는 상대만 있다면 그렇게 마음이 편할 수 없다. 거기에 앉아서 나를 인터뷰하던 사람들이 그랬다. 참을성 있게 나의 말을 들어주었고, 그래서 인터뷰는 예상보다 꽤 길어졌다. 며칠 후, 2차 인터뷰를 하자며 연락이 왔다. 이번에는 환자들이 직접 나를 인터뷰하

는 시간이라고 했다. 뭐랄까, 환자들과의 인터뷰는 아무런 긴장감이 없을
만큼 편했다. 나도 환자였고 그들도 환자였기 때문에 공유되는 어떤 감성
이 있어 더 편했다. 그렇게 나는 8개월간의 치열했던 백수생활 끝에 내가
원하는 병원에 입사를 하게 되었다. 다른 병원에서 나를 고용하지 않았던
게 고마울 만큼 선망하던 그런 병원이었다. 물론 잡일을 하는 카운슬러였
고 급여도 적었지만 나에게는 과분한 자리라고 여겨졌다. 그리고 말이 잡
일이지 그 일들이 얼마나 많은 환자들을 구했는지 모른다. 처음에는 문화
적인 차이를 절감하면서 고생을 하기도 했지만 그런 것쯤은 경험하고 배우
면서 극복할 수 있었다.

그때 나를 인터뷰하고 참을성 있게 이야기를 들어주던 분들 중의 한 분
과는 지금까지도 친하게 지낸다. 그리고 현재는 그 사람이 나의 지시를 받
으며 직장생활을 한다. 내가 그분의 상관이 되던 날, 괜스레 미안한 감정에
사로잡혀 있었는데 오히려 그분이 얼마나 기뻐해줬는지 모른다. 일도 꼼꼼
하게 잘해줘서 내가 많이 의지하고 있다. 그래서 그분은 그때나 지금이나
나에게는 은인이다.

그 아저씨에게 한번 물어본 적이 있다.(나는 그를 아저씨uncle라고 부른다.)

"그때 왜 나를 고용했어요?"
"마음이 아파서……."

결국 그때 능력보다는 감성에 호소했던 게 효과가 있었던 것이다. 요즘 들어 많은 신참 카운슬러 후보들을 인터뷰하면서 내가 참 이율배반적이라는 생각을 한다. 내가 그랬으면서도 감성에 호소하는 사람보다는 이성적이고 편안하게, 정확하게 인터뷰를 하는 사람에게 더 끌린다. 단지 나는 좋은 인연을 만났고, 운이 좋았던 것뿐이라고 생각한다. 코리안 드림이든 아메리칸 드림이든 간에 꿈을 포기하지 말고 열심히 노력하면 성취할 수 있다는 식의 말은 너무 상투적이라 별 도움이 되지 않을 듯하다. 그런데 이런 말은 할 수 있을 것 같다.

최대한 많은 기회를 만들어라. 기회가 많으면 많을수록 그 안에 좋은 인연이 있을 가능성은 그만큼 높아진다.

데니스 이야기

사실 나는 데니스의 이야기를 하기 위해서 '나의 트라우마'를 길게 이야기했고, 그 실체를 말하기 위해 개인적으로는 좀 꺼려지는 이야기들을 했다. 청소년 상담은 하지 않겠다고 결심했지만 어쩔 수 없이 데니스를 몇 번 만나면서 내 젊은 날의 거울을 보는 듯했다. 나의 트라우마가 그 아이의 트라우마였고 그 아이의 고통이 내가 경험하던 고통이었다.

유리로 만든 가슴을 가진 아이

포스터 캐어에서 살게 된 데니스

데니스는 결혼한 적이 없는 데니스 어머니의 유일한 가족이었다. 하지만 엄밀히 따지자면 데니스는 그녀의 혈육이 아니었다.

• 미국의 고아원과 포스터 캐어

미국의 고아원은 한국의 고아원과 큰 차이점이 있다. 여러 사정으로 갈곳 없는 아이들이 사는 곳이라는 점에서는 유사하지만 대다수의 아이들은 그곳에서 장기간 머물지 않는다는 점에서 다르다. 미국의 고아원은 갈 곳 없는 아이들이 짧은 기간 동안 머무는 어떤 '임시적인 장소'인 것이다(너무 어린 유아들은, 입양되지 않으면 고아원에서 오랫동안 머물러야 하는 예외의 경우가 많이 생기기도 한다). 아마 고아원이 아이들이 임시로 머무는 장소가 아니라면 미국은 그 많은 아이들을 감당하지 못해서 커다란 사회적인 문제가 될 것이다. 그렇다면 그 수많은 아이들은 어떻게 양산될까?

이 부분은 사실 가족의 가치관 문제에서부터 인종 문제, 그리고 개인주의적인 문화의 영향까지 복잡하게 결부되어 있다. 지금까지의 글들에서 그런 문제들을 어느 정도 언급하기도 했다. 예를 들어 포스터 캐어foster care — 아래 단락에서 그 의미를 확인할 수 있다—에서 살고 있는 아이들을 눈여겨보면 특이한 공통점이 있는데 친부모가 연락을 하고 방문까지 하면서 지내는 아이들이 생부모와 연락이 끊어진 아이들보다 훨씬 많은 비율을 차지하고 있다는 점이다.(이러한 여러 가지 사정들은 이번 글과 앞으로의 글들에서 계속 설명할 생각이다.)

고아원에서 짧은 시간을 거친 아이들은 주로 두 가지 상황에 처한다. 하나는 입양되는 것이고 또다른 하나는 포스터 캐어로 가는 것이다. 고아원을 거치지 않고 단번에 포스터 캐어로 이동하는 경우도 물론 많다. 미국에는 아이를 입양하려는 사람들이 헤아릴 수 없이 많지만 버려지는 아이들의 수를 감당하기에는 어림도 없다. 이 말인즉슨, 입양되는 아이들보다 성인이 될 때까지 포스터 캐어에서 살게 되는 아이들이 훨씬 많다는 것이다.

포스터 캐어란 개인이 정부에서 요구하는 요건들을 충족시키면 고아나 버려진 아이들 혹은 부모가 있어도 부모가 키울 수 없는 아이들을 성인이 될 때까지 돌보는 일을 하는 가정집을 말한다. 그 아이들을 돌보는 가정집의 주인을 포스터 캐어 마더Foster Care mother 혹은 포스터 캐어 파더father라고

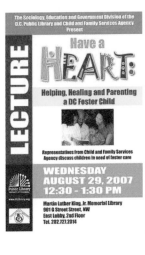

고아원에서 짧은 시간을 거친 아이들은 주로 두 가지 상황에 처한다. 하나는 입양되는 것이고 또다른 하나는 포스터 캐어로 가는 것이다.

부른다. 집이 크면 정부의 허락을 받고 많게는 10명까지 아이들을 돌보는 양육부모들도 보았지만 보통은 5명을 넘지 않는다. 그렇게 포스터 캐어를 하는 가정집은 자신의 가족과 포스터 캐어 시스템으로 들어온 아이들과 함께 한집에서 살게 되는 것이다.

좀 차가운 말이기는 하지만 이 포스터 캐어를 비즈니스로 냉정히 분석해보면 남는 일이기도 하다. (직접 이 일을 하는 사람들은 그렇게 생각하지 않을 수도 있다.) 나라에서 이 아이들의 양육비 명목으로 주는 자금이라든지 이것저것 감독하는 시스템을 보면, 비록 구멍이 많기는 하지만 물심양면이라는 말을 써도 괜찮기 때문이다. 하지만 포스터 캐어가 돈을 많이 번다고 해서 쉬운 일은 아니다. 당연히 나라에서 감독하는 사항에 하자가 있으면 안 되고 무엇보다도 자신의 직계 가족들과 생활해야 하는 이 아이들을 18세가 될 때까지 책임져야 한다는 그 사실만으로도 칭찬받아야 하는 일이 아닌가 생각한다.

데니스의 엄마는 포스터 캐어 마더

데니스를 매번 사무실로 데리고 온 그의 어머니는 친부모가 아닌 포스터 캐어 마더였다. 이 글에서 '어머니'라고 하면 바로 포스터 캐어 마더를 말하는 것이다. 현재의 어머니가 그를 돌보기 시작한 것은 그가 아홉 살 때부터였다. 데니스는 친아버지가 누구인지 모르고 자랐으며, 친어머니는 너무 어린 나이에 그를 낳아서 키울 수가 없었다. 결국 친척 중 한 명이 그를 돌보았는데 별로 정성을 들이지 않았다. 아마 그 친척도 자신의 삶을 사는 것도 버거웠을 것이다. 자신도 일을 나가야 했고 일을 하는 동안 데니스를 주변 사람들에게 돌봐달라고 하는 것에도 한계가 있었다. 돈을 내고 사람을 고용할 형편도 되지 않았다.

그래서 어린 데니스는 혼자 집에 있는 경우가 잦았다. 그런데 그걸 누군가가 신고를 했다. 이른바 '아동유기child neglect'라는 죄목에 걸려버린 것이다. 데니스의 나이 여덟 살 때였다. 그 일로 데니스는 정부에서 운영하는 사회기관에 넘겨졌고, 아홉 살 정도 되었을 때 지금의 포스터 캐어 하우스로 옮겨졌다.

데니스의 어머니는 그를 정성으로 돌보았다. 데니스가 어떤 정신적인 문제를 보이면 여기저기 찾아다니며 정신 관련 치료를 받게 했고, 몸에 조금이라도 이상이 있으면 바로 의사의 검진을 받게 했다. 물론 그것이 포스터 캐어를 운영하는 사람들의 의무이긴 하다. 아이에게 정신적으로든 육체적으로든 어떤 문제가 있는데 합당한 조치 없이 넘어갔다가 적발되면 바로 그 사업을 접어야 하는 일도 발생할 수 있다. 그리고 포스터 캐어에 있는 아이들마다 어떤 이슈가 있는 아이들의 경우 정부의 소셜 워커social worker(한국의 사회복지사와 비슷하다)들이 배정되어 있는 경우가 많고 그들이 매주 아이들을 모니터링하기 때문에 시스템적으로도 포스터 캐어하는 사람들이 자신의 의무를 게을리 하기 힘든 게 사실이다.

데니스의 증상들

데니스에게도 소셜 워커가 배정되어 있었다. 세션 중에 말을 하지 않아 그의 어머니에게 많은 것을 의지해야 했지만 그의 소셜 워커에게는 더 자세한 정보를 얻을 수 있었다. 소셜 워커는 그의 성장 과정뿐만 아니라 심리적인 문제점들에 대해서도 잘 알고 있었고, 그동안 계속 지켜봤기 때문에 내게 많은 도움을 주었다.

• 왕따 문제

데니스에게는 학교를 다니는 게 고역이었다. 아침에 스쿨버스 정류장에서 버스를 기다리고 있으면 모여 있던 동네 아이들이 그에게 시비를 걸어왔다. 아이들은 덩치 크고 살찌고 뭔가 몸의 움직임도 정상에서 약간 벗어난 듯한 그의 모습을 재미있어 했다. 그에게 북극곰 polar bear이라는 별명을 붙여주었고, 다 같이 입을 모아 '북극곰'이라고 놀려댔다. 버스에 올라타면 더 심해졌다. 다른 동네의 아이들까지 버스 안에서 '북극곰'을 열창했고 버스 기사가 호통을 치더라도 잠시 조용해졌다가 다시 놀리기 시작했다.

어느 날은 버스 안에서 누군가가 데니스에게 종이공 같은 것을 집어던졌다. 그게 데니스의 머리에 명중하면 아이들은 환호했고 공이 다른 곳으로 날아가면 '우~' 하는 소리를 냈다. 버스를 타는 짧은 등하교 시간이 이러했으니 막상 학교에서의 고초야 말할 것도 없었다.

왕따 행위의 심리라는 게 참 묘해서 거기엔 집단적으로 빨려들어가는 뭔가가 있다. 가령 조금 만만해서 약을 올려도 내 자신이 해를 입을 것 같지 않은 남자아이가 있는데 그 남자아이에게 뭔가 특이한 게 있다고 치자. 여자 같은 행동을 한다든지, 유일한 동양아이라든지, 데니스처럼 살이 찌고 움직임이 비정상이라든지 하는 특이 사항 말이다. 바로 이러한 특이 사항과 내게 아무런 해가 돌아오지 않을 것이라는 감정들은 바로 초·중·고등학교 학생들에게 왕따 행위의 빌미가 된다. 누군가가 먼저 시작을 하면 다른 학생이 따라서 한다. 그리고는 더 많은 학생이 거기에 알게 모르게 동참하면서 한 아이를 괴롭히고 다 함께 그것을 재미있어 한다.

이러한 심리에 대해서 한 가지 예를 들어보자. 오래전부터 유행하는 한국의 쇼 프로그램들을 보면 개그맨들이 재치와 입담을 무기로 MC를 하면서 진행을 한다. 취향의 문제일지는 모르겠지만 내 눈에 거슬리는 게 항상 한 가지 있었는데 그건 바로 웃음 뒤에 숨어 있는 어떤 '가학성'이었다. 방송에서 상대방의 어떤 바보스러움을 가지고 여럿이 너무 과도하게 웃지 않는가 하는 생각이 들곤 했다. 물론 자신을 웃음의 대상으로 내놓고 그것을 역으로 이용해서 인기를 얻는 강하고 현명한 사람들이 있기는 하지만, 내가 알기로 대부분의 사람들은 그런 재주를 타고나지 못했다. 그렇다면 이러한 가학성이 그걸 당하는 사람들에게 상처가 되지 않을지 생각해본다.

미국이나 한국이나 가해자들에게 물어보면 이런 식으로 반응한다.

'뭘 그런 걸 갖고 그래. 그냥 장난한 건데.'

데니스의 경우가 그랬다. 누가 때리는 것도 아니었고 무언가를 빼앗는 것도 아니었다. 그저 불특정 다수에게 그렇게 아무것도 아닌(?) 장난질의 대상이 되는 것뿐이었다. 그러니 이것을 학교에 불평해봤자 선생님들의 입장에서도 참 난감한 일이었다. 특별히 누군가가 심하게 괴롭힌다면 그 학생을 불러다가 훈육을 해야겠지만 이런 경우에 누구를 불러내서 경고를 한단 말인가. 만약에 본보기로 누군가를 불러냈다가는 불려간 학생은 억울하게 생각할 것이고 데니스는 불특정 다수로부터 쓸데없는 일로 고자질까지 한다는 비난까지 뒤집어쓸지 모를 일이었다.

• 정체성 장애 Identity Disorder

데니스가 나에게 마음의 문을 열었을 때부터 나는 이 말을 수도 없이 들었다.

"나는 도대체 내가 누군지 모르겠어요. 내가 뭘 좋아하는지 뭘 잘할 수 있는지 포스터 캐어를 나가면 어떻게 먹고살아야 하는지, 그리고 나는 나를 왜 이렇게 싫어하는지 내가 왜 이 세상에 존재하게 되었는지…… 그리고 죽이고 싶은 사람들은 왜 이렇게 많은지…… 아, 이 세상을 다 불살라버릴 수는 없을까요?"

조승희 사건이 일어났을 때 나는 데니스 생각이 제일 먼저 났다. 뭐랄까, 나는 직감적으로 조승희도 자신의 정체성에 대해 꽤 혼란스러워했을 거라는 생각을 했다. 또—증거는 없지만—혹시 조승희도 자신의 특이함 때문에 학교에서 왕따를 당하지는 않았을지. 글 내용과는 상관없지만 나는 내가 아는 분이 오랜 기간 조승희의 정신치료에 관여했었음을 알게 되었다. 그분은 조승희 사건이 터지고 나서 정부기관에 불려다니며 조사를 받느라고 혀가 부르트고 병까지 얻을 지경이 되었다. (자세한 내용이야 말할 수 없지만 생각난 김에 이런 이야기는 독자 여러분들에게 알려드리고 싶다. 조승희의 부모는 자신의 아들을 치료하기 위해 진심으로 열과 성의를 다했다. 하지만 조승희가 대학에 진학하고 부모의 품을 떠나면서 꾸준한 편이던 치료의 고리도 끊겼고 소통을 하던 테라피스트도 없게 되었다.)

데니스는 분명히 남자였다. 성에 대한 정체성 문제도 전혀 없었다. 그런데 이 아이는 가끔 엉뚱했다. 자신은 여자일지도 모른다며 일부러 여자

조승희 사건이 일어났을 때, 나는 데니스를 떠올렸다.

목소리를 내며 말을 하곤 했다. 그러다가 본래 자신의 목소리로 돌아와 버럭 화를 내며 자신은 모든 여자들을 증오한다며 소리를 지른다. 나는 그것을 당연히 자신을 버린 생모를 원망하는 마음과 연관지어 생각하려고 했지만 그건 근본적인 원인이 아니었다.

• 불안장애Anxiety Disorder

데니스의 마음은 뭐랄까, 깨지기 쉬운 유리로 만들어진 것 같았다. 집 밖으로 나가면 주변의 모든 것들이 그를 불안에 떨게 했다. 그러한 증세가 언제 시작되었는지는 불명확하지만 아주 오래전이었던 것은 확실하다. 위에서 이야기 했지만 데니스가 여덟 살이 될 때까지 그를 돌보던 이모뻘 되는 친척은 데니스를 집에 두고 일을 나갔고, 그는 집에서 이모가 올 때까지 혼자 기다리는 일이 많았다. 집 밖으로 나가면 온갖 사고와 나쁜 일을 당한다는 주의를 단단히 받은 것은 기본이었다. 그렇지 않아도 유리 같은 마음을 가진 데니스는 혼자서 집 밖으로 나가는 것을 두려워했다. 그것은 어떤 공간에 대한 두려움이라기보다는 주로 사람에 대한 두려움이었다. 또 열여섯 살이 되도록 독립적으로 밖에 나가보지 못해 길을 잃을지도 모른다는 두려움도 컸다. 게다가 학교는 데니스가 집 밖으로 나가는 경험을 쌓을 중요한 기회가 될 수도 있었는데, 오히려 그의 상처만 키운 장소가 되어버렸다.

대강 이런 식으로 맞추어보면 그의 불안장애에 대한 그림이 잡힌다. 하지만 그럼에도 불구하고 그 시작이 불명확하다고 했던 데에는 이유가 있다. 데니스는 다섯 살 때까지의 기억이 사라지고 없었다. 세 살 정도까지야 기억을 못 할 수도 있지만 다섯 살 때까지의 기억이 단 하나도 없다는 것은 조금 이상했다. 한국식 나이로 따지면 여섯 살 때까지의 기억이 사라진 것이다. 그게 어떤 충격으로 인해 사라졌는지는 기록으로도 알 수 없기 때문에 불안장애의 시작점이 확실치 않다고 한 것이다. 그런데 데니스는 바로 이 불안장애 증상으로 중학교 때 처음으로 정신 병동에 입원을 한다.

학교에서 일어난 일 때문이었다. 학교 아이들 모두가 그를 약 올리며 따돌리는데 어떤 한 여자아이만 그에게 잘해주었던 모양이다. 데니스는 그 여자아이가 너무 고마웠고 예쁘게 보였다. 그런데 깨지기 쉬운 유리로 만들어진 그의 마음은 이런 이성을 향한 마음을 주체할 수가 없었다. 학교에서 그 여자아이를 볼 때마다 가슴이 뛰었고 그 여자아이가 주변에 있기라도 하면 몸이 얼어붙고 말도 하지 못했다. 그런데 이런 것이 좋기보다는 기분 자체가 그에게는 너무 생소하고 고통스러웠다. 그리고 어느 날, 그 여자아이를 향한 데니스 마음의 유리는 깨지고야 말았다.

그날도 역시 아이들은 여느 때처럼 그를 '북극곰'이라며 약 올리고 있었고, 그 여자아이는 교실 구석에서 책을 보고 있었다. 그 여자 아이가 고개를 돌리는 순간 데니스와 눈이 마주쳤다. 데니스는 분명히 봤다고 했다. 자신을 보고 그 예쁜 아이가 웃고 있더라는 것이다. 나도 그게 오해였는지 뭔지는 모르겠다. 데니스의 말로는 '북극곰'이라는 아이들의 약 올림에 그 여자 아이도 함께 동참했던 웃음이라고 했다. 그 순간 데니스는 뭔가 뜨거

데니스는 다섯 살 때까지의 기억이 사리지고 없었다. 한국식 나이로 따지면 여섯 살까지의 기억이 없는 것이다.

운 게 머리끝까지 차오르는 것을 느꼈다. 데니스는 몸을 움직이지 못했고 심장 박동은 빨라지고 있었는데 숨을 쉴 수가 없었다. 결국 데니스는 누군 가가 목을 조르면 내는 그런 기침 소리를 내며 쓰러졌다. 그렇게 그는 응급 실로 실려갔고 정신병동으로 옮겨졌다. 그것이 데니스가 정신병원에 처음 가게 된 사건이다.

• 강박증

데니스는 세션 중에도 화장실을 줄기차게 드나들었다. 볼일이 없어도 이야기하다가 말고 화장실을 다녀와야 했다. 그것뿐이 아니었다. 말을 하 다가 말고 고개를 좌우로 네 번씩 흔드는 버릇도 있었다. 또한 무언가를 생 각하게 되면 그 생각을 떼어내서 다른 생각으로 자연스럽게 옮기는 것을 하지 못했다. 한 가지 생각에 병적으로 집착하는 경향 때문에 계속 그 이야 기를 반복해야 했고 나는 그 생각을 떼어내는 일을 반복했다.

이러한 강박증을 대할 때, 내 주관적 경험으로는 내 개인적 일들이 환 자들 치료에 많은 도움을 줬다. 예를 들어서 데니스가 겪고 있는 강박증을 나는 머리가 아닌 가슴으로부터 이해했고, 내가 고친 방법을 좀더 세련되 게 손질해서 치료에 적용시킬 수 있었다. 그 결과 행동으로 나타나는 강박 증 증세는 많이 줄어들었다. 그건 데니스뿐만이 아니다. 예전에 이야기했 던 제임스의 경우도 마찬가지다. 그가 영원히 잡히지 않을 것 같다고 했던 강박증 증세가 줄어드는 것을 보고 그는 요즘 활기에 넘쳐 지내고 있다.

지난번 글에서도 말했듯이 나는 특별히 똑똑한 사람이 아니다. 평범한 사람보다도 더 노력해야 하는 사람이다. 아마 내 자신의 경험이 바탕에 없었다면 이런 효과를 거두는 일은 요원했으리라 믿는다. 환자와 테라피스트 간에 윤리적인 관계의 선을 확실하게 지키고 오버하지 않을 수만 있다면, 그리고 현재의 내가 건강하다면, 자신의 과거 정신적 경험들이 환자들에게 도움이 되리라는 것을 나는 당연하게 생각한다. 그래서 그런 과정들을 설명하기 위해 데니스의 이 강박증 치료과정을 차제에 소상히 서술해보려고 한다.

• 신에 대한 증오

이 부분은 비단 데니스뿐 아니라 많은 환자들을 보면서 쉽게 알 수 있다. 신은, 최소한 내가 담당하고 있는 환자들과 클라이언트들에게 많은 욕을 먹고 있다. 데니스의 신에 대한 증오는 신이 그를 태어나게 했다는 데서 기인한다. 도대체 신은 왜 자신을 태어나게 해서 이런 고통을 주는 것인가, 이런 근원적인 불만이 있었다. 신에 대한 증오를 표출하기 위해서 그는 헤비메탈 중에서도 폭력적이고 잔인한 내용의 음악들에 탐닉했다. 가사도 온갖 욕지거리나 마약과 섹스 혹은 강간 같은 내용들로 뒤덮여 있었고 그런 가사들을 그의 강박증에 입력해서 항상 되뇌고 살았다. 또 그가 보는 비디오는 눈뜨고 보기 어려운 잔인한 장면들이 많았으며, 주로 해골이 그려진 검은 옷을 입었다.

이 모든 게 신에 대한 반항이었다. 그런데 아이러니하게도 데니스의 그런 극단적 행동에서 신에 대한 사랑을 느낄 수 있었다. 사실 신에 대해서 말하는 것은 목회 상담자가 아닌 사람으로서 참 조심스럽다. 그런데 나의 입장은 이렇다. 부처님을 이야기하는 환자가 있다면 부처님에 집중할 것이고 예수님을 이야기하는 사람에게는 예수님 이야기에 정성을 다해야 한다.

환상 속의 아내와 아이들

한때 데니스에게는 자신만의 세상이 있었다. 환상 속에서 신디라는 이름의 애인과 사귀었고, 잠을 잤으며, 프러포즈를 했고 두 명의 딸과 한 명의 아들을 두었다. 데니스는 그렇게 자신의 가족이 있어서 외롭지 않다고 했다. 항상 데니스는 환상 속의 가족과 대화를 나누곤 했고, 그 안에서는 조금이나마 행복을 느낄 수 있었다고 했다. 그런데 그의 그런 행복한 상상을 날려버린 게 바로 나라고 했다. 증세가 좋아지면서 그의 환상도 사라져 버린 것이다. 그러던 어느 날, 데니스는 혼신의 힘을 다해서 환상 속의 아내인 신디와 세 명의 아이들을 불러들였다. 마지막 작별을 고하기 위해서였다. 바로 세션 중에 일어났던 일이다. 그때는 마치 내가 심령술사라도 된 느낌이었다. 데니스가 내게 물었다.

"무슨 말을 해야 해요?"

"무슨 말을 해야 해요?"
"그냥 사랑했다고 말해줘."
"신디, 사랑해, 아이들아, 사랑해 사랑해……"

참 난감한 질문이었다. 다시 만나자는 말을 하라고 할 수는 없는 노릇이고, 우리는 헤어지지만 헤어지는 게 아니야, 이런 말을 하게 해야 하나……

"그냥 사랑했다고 말해줘."

지금 생각해도 그 순간에 가장 적합한 말을 생각했던 것 같다.

"신디, 사랑해. 아이들아, 사랑해 사랑해……"

젠장, 이게 뭐야. 나는 괜스레 눈물이 나는 걸 참느라 고생했다. 유리로 만든 가슴의 소유자인 데니스는 사무실이 떠나가라 통곡을 했다.

어쨌든 웃기만 하면 된다

데니스를 치료하게 된 계기

온갖 증오심과 반항심으로 가득 찬 데니스의 마음을 열게 하는 것은 참 힘든 일이었지만 마음을 열게 하는 것이 바로 청소년 상담의 첫번째 단계다. 내게 과연 그들의 마음을 열게 하는 특별한 재주가 있을까? 데니스를 처음 만났을 때, 청소년들의 예민한 마음을 이해하고 상황에 맞는 질문을 한다든지, 그들이 특별한 반항심리를 보여도 흔들리지 않는다든지, 내게 그러한 훈련된 능력이 있었는지는 잘 모르겠다. 하지만 나는 그들이 끝까지 마음을 꽉 닫고 있으면 나로서도 별다른 방법이 없다는 생각을 갖고 있었다. 그래서 처음부터 편하게 데니스를 대했다.

먼저 편에서 말했듯이 나는 틴에이저들을 상담하지 않겠다는 결심을 했었고 그렇게 되었던 사연까지 말했었다. 그 결심을 깨고 열여섯 살이었던 데니스를 만나게 된 것은 순전히 개인적인 사정 때문이었다. 그 당시 나는 부수입을 위해서 개인 클리닉을 열었다. 그런데 미국인들은 아무도 동양인이 하는 상담 클리닉을 찾지 않았다. 한국인들은 워낙 정신상담에 대해서 익숙지 못해 한국인이 오는 경우 또한 드물었다. 한마디로 사무실은 파리만 날렸다. 그러다가 주 정부의 복지 프로그램을 연결시켜주는 사람들과 인연이 이어졌고 거기서 처음으로 보낸 환자가 데니스였다.

청소년 상담을 하지 않겠다는 결심을 했었지만 파리만 날리고 있던 개인 클리닉 사정상 주 정부에서 보내준 첫번째 환자를 거부할 수는 없었다. 정부기관을 실망시킬 수도 없었고, 내가 잘해야 계속 환자들을 보내줄 것이라는 생각이 들었다. 그런 상황에서 나는 '그래, 이번뿐이다. 이번만 최선을 다해서 청소년 상담을 해보자'라는 생각을 했었다. 그런데 결국 정부기관에서는 두번째 환자도 세번째, 네번째 환자도, 그리고 나중에도 계속해서 청소년들을 보냈다. 그들이 생각하기에 데니스의 치료 경과가 만족스러웠던 것이다. 나는 뜻하지도 않게 청소년 상담 전문가가 되어버렸다. 청소년 상담은 하지 않겠다고 결심했었는데 전문가가 되어버리다니. 사람 일은 알다가도 모를 일이다.

어찌 보면 개인적으로는 데니스가 개인 클리닉의 문을 닫는 것을 면하게 해주었던 은인이라는 생각도 들기도 한다. 나는 데니스를 치료하는 사람이었고, 데니스는 청소년 상담 분야를 내게 가르치는 스승이나 마찬가지였던 셈이다.

틴에이저의 마음 열기

테라피스트마다 개성과 성향이 다르지만 청소년들에 대한 경험이 어느 정도 쌓이면서 나만의 노하우가 생겼다. 처음에 그들의 마음에 접근하는 방법은 이렇다. 시행착오 끝에 데니스에게 통했던 방법이기도 하다. (이건 내 방법이 그렇다는 말이지 다른 사람들도 꼭 이렇게 해야 한다는 말은 아니다.)

"처음부터 문제에 접근하지 않는다."

평범한 청소년들도 그런 성향이 강하지만, 문제가 있어서 보호자에 이끌려 타의로 상담을 받으러 오는 아이들에게 "넌 어떤 문제가 있니?" 하는 식으로 처음부터 물어보면 순순히 말을 시작하는 경우는 드물다. 데니스는 혼잣말로 욕지거리를 하거나 가끔씩 나를 노려보는 일로 처음의 몇 세션을 소비했다. 다행히 병원에서 풀타임으로 다양한 환자들을 상대했던 경험 덕분에 그러한 데니스가 불편하지는 않았다. 오히려 나는 이 아이가 귀여웠다. 덩치 큰 아이가 눈도 잘 맞추지 못할 만큼 수줍어하면서 욕지거리를 늘어놓는 모순된 모습이라니.

나는 내 이야기를 늘어놓기 시작했다. 데니스가 어떤 문제가 있는지 과거의 기록들을 꼼꼼히 읽으면서 내가 겪었던 개인적인 일들을 많이 생각했다. 그리고 그런 나의 이야기들을 데니스에게 말하기 시작했다. 그런데 이 녀석이 내 이야기의 중간 중간 웃기 시작했다. 희한하게도 우울하거나 슬픈 내용에서는 웃고, 재미있어야 할 부분에서는 침묵을 했다. 나는 속으로 이렇게 생각했다.

'이 엽기적인 놈.'

그런데 재미있는 것은 나의 모습이었다. 내가 슬픈 이야기를 할 때 그 놈이 자꾸 웃으니 나 또한 그 모습이 재미있어 웃음을 참지 못했다. 결국 다음과 같은 상황이 반복되었다. 내가 내 자신의 슬픈 이야기를 한 번 하면 데니스가 껄껄대고 웃는다. 다음은 그 모습을 보고 내가 따라 껄껄 웃는다. 그리고 나는 또 나의 우울하고 슬픈 이야기를 이어가고, 데니스가 웃고 내가 따라 웃고, 이런 이해하기 힘든 반복적인 상황. 지금도 잊히지 않는데, 어느 날 급한 듯 사무실에 뛰어들어와 앉자마자 데니스가 내게 했던 첫번째 질문이었다.

"그래서 그다음에 어떻게 됐어요?"

데니스에게 그런 식으로 서로 편해질 수 있었지만 사실 사람의 성격이라든지 분위기에 따라서 방법은 천차만별이다. 함께 치료게임을 한다든지 혹은 연예인이나 TV 프로그램 그리고 운동에 대해 토론한다든지, 뭔가 그들이 관심 있어 하는 부분에서부터 대화를 시도하는 방법을 쓰기도 한다.

무엇보다도 가장 중요한 것은 상담자의 자신감과 편안한 마음이다. 꼭 청소년을 대상으로 하지 않더라도 이건 어떤 보편적인 진리와 같다.

"관계가 무르익었을 때 문제에 접근한다."

데니스의 경우는 어느 순간부터 내가 먼저 물어보지도 않은 자신의 문제까지 술술 이야기했다. 한 주제에 잘 머물지 못하고 여기저기로 뛰어 넘기를 했지만 그의 심리적인 문제를 아는 데는 충분했다. 당연한 말이긴 하지만 서로가 편해졌을 때 테라피스트가 질문을 해야 아이들은 대답을 하기 시작한다.

'마음 열기' 이야기가 나온 김에 청소년들과 부모와의 관계에 대해서 중요한 부분을 집고 넘어가고자 한다. 부모님과 청소년의 관계는 좀 복잡하다. 특히 십대들은 부모님에게 어떤 문제에 대해 대화하기를 꺼려한다. 부모님은 청소년들에게 가장 편하면서도 어려운 존재들이다. 뭔가를 항상 숨겨야 하는 존재, 때로는 내 자유를 구속하는 적으로서의 존재, 하지만 사랑하는 존재, 또한 원망스러운 존재, 그리고 뭔가 강하고 떳떳하게 보이고 싶고 가장 인정받고 싶은 존재, 내 허물이 보일까 조심스러운 존재, 그래서 거짓말을 가장 많이 해야 하는 존재들이다.

이런 복잡한 심리적인 배경을 이해하면 자식들이 자기 고민에 대해 부모님에게 말을 하며 지내는 게 얼마나 힘든 일인지를 알 수 있다. 물론 매일 거리낌 없이 고민을 말하고 부모와 친한 친구처럼 지내는 청소년들도 있기는 하다. 하지만 서로 다른 가족 문화를 감안했을 때, 모두 일률적으로 이런저런 식으로 하라는 말을 하기엔 난감한 면이 있다. 결국 상담하는 사람은 먼저 아이와의 편안한 관계 정립에 성공해야 하고, 그 아이가 속한 가족 문화를 주의 깊게 관찰해야 하며, 거기에 맞는 대화 프로그램을 적용시켜야 한다.

나의 고민이 바로 이 가족 문화다. 나는 상담을 통해 도움을 줄 수는 있어도 아이들과 올바른 대화를 하기 위해 어떤 식으로 하라고 시원스레 말할 수가 없다. 각자의 가족 문화가 다르기 때문이다. 하지만 부모의 입장에서 왜 아이들이 자신들과 대화를 꺼려하는지에 대해 아는 것만으로도 커다란 진보일 것이다.

그만큼 너는 소중한 존재야

왕따를 경험하고 있는 아이들에게 가장 중요한 것은 이렇다. 누군가에게 솔직하게 자신의 심정을 표현할 수 있게 도와줘야 하고, 그게 본인의 잘못이 아니며 나쁜 사람들은 바로 가해자들이라는 사실을 반복적으로 주지시켜야 한다. 데니스는 내게 그 심정을 표현할 수 있었다. 원래 욕지거리를 많이 하는 아이였지만 가해자들에 대한 증오는 말로 표현할 수 없을 정도로 심했다. 오히려 그게 참 다행으로 생각되었다.

내가 생각할 때 데니스보다 더 문제가 되는 아이들은 가해자들을 증오할 줄도 모르고 그들에게 잘 보이기 위해서 계속 노력하는 마음 여린 아이들이다. 그런 경우, 가해자들은 그 아이를 더 이용하고 더욱 괴롭힌다. 그래서 본인은 잘못이 없으며 '가해자들은 나쁜 사람들이다'라는 점을 주지시키는 게 중요하다는 말이다. 물론 가해자들에 대한 증오심도 나중에는 희석시키는 과정을 꼭 거쳐야 하지만 왕따를 당하는 아이들을 상담할 때 선행되어야 하는 중요한 점을 강조하기 위함이니 '가해자들에 대한 증오'라는 말에 너무 민감하지 않았으면 한다.

왕따와 관련해서 데니스의 가장 큰 문제는 바로 자기 자신에 대한 증오심이었다. 자신의 특이한 외모와 성격은 항상 다른 아이들에게 놀림의 대상이 되었고 데니스는 그런 자신을 싫어했다. 거기다가 '유리로 만든 가슴을 가진 아이'라고 내가 표현했을 만큼 마음이 여린 아이였으니 그럴 만도 했다. 이런 아이일수록 뭔가 본인에게 자신감을 줘야 하는데 그 자신감은 '사실'과 '현실'에 기초해야 한다. 첫번째 이야기에서 나의 경험을 예로 들었듯 아이들에게 허황된 자신감은 나중에 독이 되어 돌아올 수 있다. 그런데 데니스의 '현실'이라는 것은 어떤 긍정적인 면을 찾기가 참 힘이 들었다. 그는 부모에게 버림받아서 여기저기를 떠돌다가 현재의 포스터 캐어에 정착하게 되었다는 생각을 가지고 있었다.

나는 그래도 데니스가 얼마나 이 세상에서 소중한 존재인지를 설명해야 했다. 당연히 데니스는 이해하지 못했다. 자신은 자신을 존재하게 한 신조차도 경멸한다고 했다. 그를 양육하는 어머니는 데니스에게 이렇게 말했다.

"데니스야, 테라피스트의 말이 맞아. 너는 무척이나 소중한 존재야. 당장 나를 봐라. 내가 포스터 캐어를 하고 있지만 지금은 너 이외에 아무도 받지 않고 있잖니. 너에게만 집중하기 위해서 아무도 받지 않은 거야. 그만큼 너는 소중한 존재야."

데니스를 담당하는 주 정부의 소셜워커는 또 이렇게 말했다.

"테라피스트와 나는 너를 위해서 최선을 다할 거다. 누가 너를 괴롭힌다면 내가 그 사람을 괴롭혀주마. 항상 너의 방패막이가 되어줄 사람들이 네게 있다는 것을 잊지 말아라."

나는 데니스와 연관 있는 학교의 교사들과 카운슬러, 그리고 교장까지 포함된 미팅을 주선했다. 미국의 학교들은 학생의 테라피스트나 정부의 담당 소셜워커가 이런 미팅을 요청하면 협조를 한다. 부모님들이 요청을 해도 협조하는 경우가 많기는 하다. 협조적이지 않다면 교육청에 이런 문제들을 담당하는 사람이 배정되는데, 학교 측에서는 거기까지 가기 전에 잘 해결되기를 원한다.

데니스에 대한 학교 미팅에서 다섯 가지 합의 사항이 나왔다.

학교의 스태프들은 데니스에 대한 어떤 왕따의 경우라도 가해자에 대해 참지 않을 것이다. 예를 들어 데니스에 대해 '북극곰'이라는 별명을 부른다면 그렇게 했던 학생의 부모를 부를 것이고 경우에 따라서는 정학 조치를 취할 것이다. (정학이라는 개념은 한국과는 차이가 있다. 미국의 학교들은 작은 일에도 학교의 규칙과 차이가 있다면 정학 조치를 내리는 일을 주저하지 않는다. 한국 사람의 눈으로 보면 정학 조치를 남발하는 것처럼 보일 수도 있을 것이다). 학교의 카운슬러는 매일 데니스와 만나 상담을 할 것이고 누군가에게 조금이라도 괴롭힘을 당했는지에 대해서 모니터링할 것이다. 데니스와 관련된 교사들도 그런 모니터링을 함께 할 것이고 조그만 일에도 '왕따'에 대한 의심이 들면 조사를 하고 조치를 취할 것이다. 진행 상황을 토의하기 위해 앞으로 3개월마다 여기 온 사람들이 모여 미팅을 할 것이다. 만약에 그래도 왕따가 계속될 시에는 학교 측에서 데니스의 전학에 전적인 협조를 할 것이다.

이런 다섯 가지 합의 사항을 나는 문서로 만들었고, 참석한 사람들이 모두 서명을 했다. 그 이후 데니스의 소셜워커와 나는 이 합의 문서를 기본으로 학교 측이 잘 지키고 있는지에 대해서 매번 모니터링을 했다. 나는 데니스에게 이렇게 말했다.

"봐라. 네가 의지하고 기댈 곳이 얼마나 많은지. 이래도 믿지 않을래? 너는 소중해. 널 왕따하는 사람들에게 어차피 잘 보일 필요도 없고 친해질 필요도 없다. 앞으로는 뭐든지 우리들과 의논하고 이제부터 하나씩 잘 고쳐나가 보자."

회복되는 왕따 문제

그 이후로 정말 학교에서 변화가 보이기 시작했다. 수많은 아이들이 '북극곰'이라는 말 한마디에 정학을 당했다. 스쿨버스 안에서 데니스에게 종이를 던지거나 별명을 부르는 학생들에게는 한 달간 스쿨버스 탑승금지라는 벌이 내려졌다. 이게 참 곤혹스러운 벌이다. 학부형들은 아이들을 일찍 스쿨버스 있는 곳으로 보낸 다음 출근을 한다. 그런데 스쿨버스를 한 달간 탈 수 없다면 직장에 늦는 것을 감수하고 한 달 동안 직접 학교에 자신의 아이들을 등교시켜야 한다. 당연히 그런 벌을 받은 아이들은 자신의 부모에게 여러 번 혼이 나고 한 달이 지난 후에는 두려운 마음에 다시는 같은 일을 반복하지 못한다.

사람의 심리는 아이나 어른이나 공정성을 추구하는 면이 강하다. 이렇게 자신의 잘못으로 벌을 받은 학생들은 주로 자신이 했던 행동이 나쁘다는 것을 인식하게 되고, 그 행동을 멈추게 된다. 그런데 공정성을 추구하는 그런 심리의 균형이 잘 잡혀 있지 않은 사람들이 문제다. 이 사람들은 자신의 잘못으로 벌을 받았음에도 거기에 대해서 분노한다. 부모들이 주로 걱정하는 것이 이 부분일 것이다. 왕따를 주도하는 아이들과는 친해질 필가 없다고 생각하면서도, 앞에서 이야기한 공정성을 추구하는 심리적 균형이 잡히지 않아 분노하는 아이들에게 내 아이가 어떤 해를 입지는 않을까 전전긍긍하는 것이다.

나는 그런 걱정을 하는 분들에게 이런 말을 하고 싶다. 그런 아이들이 무서워서 아무것도 하지 못하는 것이야말로 내 아이의 고통을 가중시키는 일이다. 마치 사회에서 범죄자들의 복수가 두려워 신고도 하지 못하는 것과도 다르지 않다. 중요한 것은 왕따를 당하는 것이 자신의 잘못이 아니라 그렇게 하는 아이들이 나쁘다는 것을 확실히 자녀가 인식해야 하는 것이며, 자녀가 심리적으로 믿고 의지할 곳을 마련해주어야 하는 것이다. 그리고 학교 측과 어떤 룰을 정했으면 그 룰대로 진행해나가는 의지와 실행 또한 중요한 부분이다.

마지막으로 왕따 당하는 아이들에게 중요한 것은 착한 아이들(?) 그룹과 친하게 지낼 수 있고, 편하게 교류할 수 있도록 연계시켜주는 일이다. 이것이 바로 정신적인 문제가 심했던 데니스에게 내가 할 수 없었던 부분이다.

스스로에게 힘을 주는 마법

사람들에게 테라피스트로 정신치료를 한다고 하면 '최면술'도 할 줄 아느냐는 질문을 종종 받는다. 그런 질문을 받을 때마다 "아니요, 전혀 할 줄 모릅니다"라고 대답하면 대부분의 사람들이 의아하게 생각한다. 보통 영화나 TV 드라마에서 주인공들이 정신치료를 받으러 가는 장면이 나오면 의자에 누워서 최면술을 받는 것처럼 그려지기 때문이다. 오히려 나는 그 점이 참 과장되어 보이고 의아스럽다. 나뿐만 아니라 병원의 동료 테라피스트들 중에 그 누구도 최면술을 할 줄 아는 사람은 없다.

최면술을 하고 싶으면 그 분야만 가르치는 학원 같은 곳에서 배워야 한다. 그런 곳에서 최면술에 대해 배우면 자격증을 받을 수 있겠지만, 대학 정규과정에 최면술이 있다는 이야기는 들어보지 못했다. 물론 미국 대학에는 희한한 전공들이 많아서 어느 대학에선가 정규과목으로 있을지도 모르겠다. 정신과 쪽에서 일하는 분들도 심리치료의 극대화를 위해서 최면술을 배우기는 하지만, 그런 경우는 아주 드물다. 오히려 내가 알고 지내는 정신과 의사들과 테라피스트들은 대부분 최면술에 대해서 부정적이다.

테라피스트들은 환자들이 종종 최면치료를 받으러 다닌다는 것을 알고 있으며 그 경과들 또한 알고 있다. 비록 최면술에 대해서 깊이 알지 못하지만, 회의시간에 최면에 대한 이야기가 자주 언급돼 최면술에 대한 서로의 생각들을 알 수 있다. 하지만 잘 생각해보면 테라피스트들이 최면술에 대해 아주 문외한들은 아니다. 치료 방법으로 자주 사용하는 이완 요법relax-ation technique, 명상 그리고 마음 챙김mindfulness이라는 것들이 있기 때문이다. 그런 치료 방법들은 최면술보다는 불교의 수행 방법에서 더 큰 영향을 받았고 어떤 것은 아예 그 수행 방법을 모방한 것들도 많지만, 광의의 개념으로 볼 때 최면술과 비슷한 점이 있다.

만트라 그리고 데니스의 강박증

강박증으로 고생하는 병원의 환자들과 개인 클리닉의 클라이언트들에게 내가 자주 쓰는 치료 방법이 바로 위에서 이야기한 방법들이다. 물론 그런 치료법이 잘 통하는 사람도 있고, 아예 쓰지 말아야 하는 사람도 있다. 최면치료에서도 최면에 잘 걸리는 사람과 전혀 걸리지 않는 사람들이 있는 것과 같은 맥락이다. 데니스의 강박증 치료는 내가 그에게 던져준 만트라mantra를 주문처럼 외우는 일부터 시작했다. 만트라는 원래 힌두교와 불교에서 신비하고 영적인 능력을 가진다고 생각하는 신성한 말을 뜻한다. 하지만 심리치료를 받는 환자에게는 종교적 의미보다는 잊지 말아야 하는 주문 내지는 마음에 긍정적인 최면을 거는 문장이나 단어 정도의 의미로 쓰인다.

If you repeat, something bad will happen.
(당신이 반복을 하면 뭔가 좋지 않은 일이 생길 것이다.)
If you don't repeat, nothing will happen.
(당신이 반복을 하지 않는다면 아무 일도 일어나지 않을 것이다.)

"데니스야, 눈을 감아라. 주변의 어떤 소리에도 개의치 말아라. 너는 산속에 홀로 있다. 사람 소리는 새소리고 차들의 소리는 물 흐르는 소리다. 너는 너의 심장을 바라보고 있다. 이 침묵 속에서 네 심장의 박동소리를 듣는다. 내가 준 만트라를 너는 반복한다. 그 만트라에 매달려라. 반드시 너는 깨우친다. 매달려라. 숨을 천천히 들이마셔라. 그리고 숨을 멈춰라. (10초 후에) 숨을 천천히 내뿜어라."

만트라를 외우는 것은 좀더 복잡한 단계를 거치지만, 대강 이런 식으로 세션 중에 15분 정도를 매번 소비했다. 그리고 만트라에 대해서 토론을 하는 시간에 나는 항상 이렇게 말했다.

"네 강박증의 배경에는 주체하기 힘든 걱정과 불안이 있다. 네 행동을 반복하지 않으면 너무 불안해서 힘들지? 그런데 한번 정확히 사실을 따져보자. 실은 너의 강박증이 너를 정상적으로 살지 못하게 하는 게 아니냐? If you repeat, something bad will happen."

"반복하던 것을 멈추면 무슨 일이라도 일어날 것 같지? 고개 돌리는 것을 멈추어봐라. 화장실 가는 것도 멈추어라. 잠시 눈을 감고 명상을 하자."

"아무 일도 일어나지 않았지? 앞으로도 계속 아무 일 없을 거야. 내 말이 사실이지? If you don't repeat, nothing will happen."

데니스는 한 주간 자신에게 일어났던 일 중에 좋지 않았던 일들을 자신의 강박증과 연결시키려는 경향이 있었다. 예를 들어 자신이 반복적인 행동을 하지 않았기 때문에 이런저런 나쁜 일이 일어났다는 식으로 생각했다. 나는 매번 강박증과 '나쁜 일'을 냉정히 분리시키려 노력했고, 그 둘 사이에는 아무런 관계가 없다는 사실에 대해서 격론을 벌였다. 논리성과 사실에 대한 근거가 내게 더 있으니 토론은 나의 승리로 끝나는 경우가 많았다. 그 때마다 데니스는 자신의 만트라를 외우고 또 외웠다.

강박증의 정도마다 다르지만 치료의 가장 좋은 방법은 술·담배를 끊듯이 순식간에 자신의 반복적인 행동을 멈추는 것이다. 그리고 테라피스트에게 배운 여러 가지 방법으로 불안한 순간을 그때마다 넘기는 것이다. 시간이 지나서 술·담배에 대한 갈증이 줄어들 듯 강박증을 멈춘 것에 대한 불안감도 서서히 줄어들기 시작한다. 그리고 테라피스트는 매주 한 번씩 혹은 두 번씩 만나서 끊임없이 환자를 모니터링하고 교육하는 역할을 하면 된다.

강박증이 너무 심해서 순식간에 반복적인 행동을 멈춰버리는 게 불가능하다고 믿는 환자들에게 가장 좋은 방법은 '긍정적인 강박증'을 개발하는 것이다. 이게 잘만 하면 의외로 쉬운 방법이다. 데니스에게도 새로운 강박증이 생겼는데, 바로 내가 그에게 준 만트라였다. 어떤 행동을 반복할 때마다 내가 준 만트라가 반복적으로 생각나 자신의 강박증에 대한 '예식例式'을 완수하지 못하는 일이 자주 발생했다. 그러면 불안증이 밀려왔고 자연스럽게 내가 가르쳐준 '명상'을 하면서 불안증을 떨쳐냈다. 물론 이것도 테라피스트가 곁에서 확실한 계획을 가지고 끊임없이 동기 유발을 시켜야 한다. 이런 식의 치료로 데니스의 강박증은 빠른 회복을 보이기 시작했다.

나는 데니스를 '유리로 만든 가슴을 가진 아이'라고 표현했었다. 데니스는 나를 신뢰하면서 내가 하는 말은 뭐든지 믿었다. 데니스의 강박증 치료는 그러한 신뢰가 근간이 되었다. 그가 그만큼 순수했기 때문이다. 만약 내가 조금이라도 실망을 줬다면 그의 마음은 또 쉽게 깨질 수도 있지 않았을까라는 생각을 해본다. 더불어 운이 좋았다는 생각도 든다.

신과 여자에 대한 증오가 사라지다

앞서 이야기했던 것처럼 자신을 존재하게 했던 신과 여자에 대한 데니스의 증오심은 대단했다. 남자에 대한 증오심도 크기는 했지만 자신의 존재에 대한 근본적인 책임은 신에게 있고 그다음은 여자라고 했다. 그래서 자신이 생각하기에 신과 여자에게 반항이 될 만한 행동들을 했다. 할 수 있는 한 힘을 다해서 욕지거리와 저주를 섞어가며 대화를 하고, 폭력적이고 잔인한 내용이 담긴 헤비메탈 음악과 비디오에 탐닉했다. 본인에게는 그런 행동들이 신과 여자에 대한 복수였다.

다행히도 데니스는 나와 잘 맞았고 지금까지 이야기한 것처럼 왕따 문제, 강박증 문제 등에서 진일보하면서 자연스럽게 우울증 문제라든지 정체성 문제 등도 하루하루가 다르게 치료가 되고 있었다. 그래도 그렇지, 나는 데니스가 그런 일까지 하리라고는 상상도 못 했다.

"저, 집 옆에 있는 교회에 나가기 시작했어요."

데니스가 사는 포스터 캐어 하우스 이웃에는 조용하고 아담한 교회가 있었다. 그런데 그 교회는 데니스가 매일같이 저주했던 곳이었다. 게다가 더욱 놀라운 사실은 그 교회의 담임목사가 바로 여성이었다는 것이다. 그 많은 교회 중에서 하필이면 항상 저주를 퍼붓던 그 교회를, 그것도 여성이 담임목사인 곳을 제 발로 찾아간 것이다. 아무리 정신적인 병이 나아지고 있는 사람이라도 이런 식으로 하루아침에 변하지는 않는다. 나는 그 배경을 알기 위해서 노력했다. 나는 데니스에게 반농담조로 말했다.

"네가 바오로냐? 예수님의 강한 빛이라도 보고 회개를 했어? 무슨 일인지 말 좀 해봐라."
"바오로가 누구예요? 저처럼 나쁜 놈이었어요?"

갈수록 태산이었다. 원하는 대답을 듣기는커녕 바오로가 누구인지 희미한 기억을 끄집어내며 진땀을 뽑아야 했다. 하지만 그건 시작에 불과했다. 데니스는 매주 어려운 질문들을 했다.

"결혼 전에 사랑하는 사람들끼리 성관계를 맺는 건 죄인가요?"
"자위행위는 죄인가요?"
"성경을 보니까 예수님께서 '네가 어떤 여자를 보고 음흉한 생각을 했다면 너는 이미 그 여자를 범했느니라' 하던데, 그럼 저는 매일 누군가를 범하면서 살고 있는 건가요?"

대답할 수 없는 난감한 질문들이었다. 교회를 다니든 절을 다니든 내게 오는 사람들이 마음을 다해 종교생활을 하길 바란다. 마음을 다해서 종교생활을 하는 환자들은 일단 고립되지 않아 마음이 놓이기 때문이다. 그러나 교회에 나가는 그 어떤 환자도 데니스처럼 이런 어려운 질문들을 하지 않았다. 그렇다고 종교에 반하는 대답을 했다가는 이제 막 시작한 데니스의 종교생활에 어떤 악영향을 끼칠지 모르는 일이었기에 항상 조심스러웠다. 나의 말 한마디는 데니스에게 영향력이 있기 때문에 더 대답하기 곤란했다. 결국 나는 교회 담임목사에게 물어보라며 그 어려운 질문들을 매번 떠넘겼다. 어느 날 데니스가 말했다.

"목사님이 그랬어요. '자위행위는 죄가 아니란다.'"

데니스는 성에 대해서 한참 강하고 예민한 느낌을 가질 나이였고 자위행위에 몰두하는 그런 나이이기도 했지만 사실 데니스가 던진 질문들은 십대들만의 고민은 아니었다. 나이가 들면 삶의 때가 묻어서 무시할 뿐이지 '성'에 대한 죄의식은 종교생활을 하거나 그렇지 않은 수많은 사람들에게 얼마나 커다란 이슈인가.

그런데 데니스 담임목사님의 대답이 과연 데니스를 올바른 방향으로 인도할 것인가. 나는 테라피스트의 입장에서만 생각할 뿐이었다. 솔직히 이런 걱정이 뇌리를 스쳤다.

'이놈 이거 마음 놓고 자위행위하게 생겼네. 이거 매일 온갖 상상을 하다가 또다시 현실과 구분하지 못하는 일이라도 생기면 어쩌지? 그리고 건강

이라도 해치면……'

반면에 데니스의 여자 담임목사님에 대한 안도감이 컸다. 데니스의 가슴 깊숙이 자리하고 있는 죄책감, 더군다나 유리 같은 그의 마음이 그에게 얼마나 많은 죄의식을 허락했던가. 그런 데니스에게 자위행위는 죄가 아니라며 담임목사님이 선언을 해준 것이다. 나는 데니스에게 이렇게 말했다.

"그 목사님이야말로 예수님의 자비로움을 아는 분일지 모른다. 그 교회에 열심히 다니도록 해라."

어떻게 해서 저주를 풀고 교회에 발걸음을 하게 되었는지에 대한 데니스의 설명은 이러했다.

"매일 어두운 곳에 가려져 있었어요. 그런데 어느 날 알겠더라구요. 저는 더이상 우울하지 않다는 것을 말이죠. 모든 게 새롭게 보였어요. 집 안의 소파에 앉아 저녁나절의 하늘을 보았다가 놀랐어요. 내가 그토록 저주하던 교회의 십자가, 그리고 그 위에서 점점 붉어지는 하늘. 내가 왜 그 아름다운 광경들을 보지 못하고 살아왔는지 이해가 되지 않았어요. 저는 마음이 강렬하게 끌리는 대로 움직였을 뿐이에요."

데니스는 얼마 후에 그 교회에서 세례를 받았다. 세례를 받으면서 자신의 또다른 이름을 선택했는데, 그 이름은 바오로였다.

포스터 캐어, 그리고 18세

미국의 노숙자들을 양산하는 시스템 중의 하나가 아이러니하게도 바로 이 포스터 캐어다. 18세가 된 아이들은 어떤 이유가 있든지 독립해서 나가야 한다. 미국의 독특한 가족 문화와 사회적 문제 때문에 포스터 캐어가 필요한 아이들이 끊임없이 양산된다. 또한 그 많은 포스터 캐어로도 부족해 자리가 날 때까지 기다리고 있는 아이들도 수두룩하다. 아이들은 포스터 캐어를 거쳐 직장을 얻고 독립하기도 하지만, 18세의 아이들이 무슨 경력이 있겠으며 기술이 있겠는가. 포스터 캐어를 거친 많은 아이들이 더이상 갈 곳이 없어 범죄조직으로 빠지거나 노숙자로 전락하기도 한다.

데니스에게도 열여덟번째 생일이 다가오고 있었다. 이 아이를 어찌한단 말인가. 나는 그의 포스터 캐어 마더가 그를 양자로 삼을 줄 알았다. 보통 포스터 캐어에서 아이들은 한 집에서 1년 이상 살지 않는다. 하루아침에 여러 상황에 따라 담당 소셜워커가 시키는 대로 짐을 싸들고 다른 집에서 살게 되는 것도 아주 흔한 일이다. 그런데 데니스의 포스터 캐어 마더는 그를 아홉 살 때부터 돌보았다. 무려 10여 년을 정성껏 돌보았으니 한 집에서 1년을 넘기기 힘든 아이들을 생각하면 이건 정말 대단한 일이었다. 그래서 나는 당연히 데니스가 입양 절차를 밟을 줄 알았다. 데니스의 소셜

워커도 그렇게 생각하고 별다른 대책을 세우지 않고 있었다.

그런데 데니스의 포스터 캐어 마더가 그를 입양할 의도가 전혀 없다는 청천벽력 같은 소식이 들렸다. 물론 입양을 한다는 것은 평생 가족이 되는 어려운 결정이다. 10여 년 동안 그를 돌봐온 그녀에 대해 참 대단하고 고맙다는 생각을 했어야 했지만, 나는 오히려 그녀에게 데니스의 평생을 떠넘기는 일을 당연하게 생각했었다. 희생과 봉사도 너무 자주하면 받는 사람뿐 아니라 주변에 있는 사람조차도 그걸 당연하게 생각하는 듯하다. 나는 소셜 워커와 데니스를 위한 대책을 세워야 했다.

일단 지금까지 데니스가 겪어왔던 증상들은 정신적 장애인으로 판정되기에 충분하다. 국가 입장에서 볼 때, 정상인처럼 일을 할 수가 없다는 말이다. 일단 18세가 되기 전에 장애인 보조금과 장애인 보험을 신청해주는 게 급선무였다. 나라에서 돈이 나온다고 하더라도 데니스는 독립적인 생활 능력이 아직 없다. 소셜워커도 절대 혼자서 살게 해서는 안 된다는 생각에 동의했다. 그래서 카운슬러들이 매일 출퇴근하며 도와줄 수 있는 병원에서 관리하는 '레저덴셜 하우징residential housing'이라는 프로그램에 신청을 하려고 한다. 가장 큰 문제는 데니스 자신이다. 정들었던 포스터 캐어에서 나가야 하는 현실에 대해서 담담하게 받아들였으면 한다는 것이다. 앞으로의 과정이 많이 힘들 것이다. 새로운 환경에 적응하다가 아마도 나와 상담을 처음 시작했던 그 과정으로 돌아갈지도 모르겠다.

에필로그

그래도 데니스는 소셜워커나 나처럼 도와주는 사람들이 있어서 나은 편이다. 정상이기 때문에 나라에서 아무런 보조를 받지 못하고 갈 곳 없는 —나이가 차버린—포스터 캐어의 아이들은 어떻게 살아가야 하는가. 한 가지 방법은 군대에 자원입대하는 것인데, 실제로도 많은 아이들이 노숙자 신세를 면하기 위해 군에 입대한다. 많은 사람들이 알다시피 미국의 군대 는 세계에서 제일 부자다. 직업이나 학교 교육의 기회는 물론 월급도 많이 준다. 게다가 제대를 하고 나면 사회에서 더 많은 기회까지 보장한다.

하지만 미국 군대는 전쟁에 많이 참가해 웬만해서는 보통의 젊은이들 이 목숨을 담보로 군대에 지원하지 않는다. 이라크전쟁 이후에는 신병 모 집이 매우 어렵다고 한다. 그래서 군대에 자원 입대하는 젊은이들을 보면 미국의 사회적 계층 차이를 확연하게 느낄 수 있다. 물론 군인으로의 꿈이 있고 혹은 장교로서 복무하는 젊은 사람들 또한 많지만(특히 미국의 사관생 도들은 대단한 엘리트들이다).

마지막 탈출구로 군대에 지원하는 많은 소외된 젊은이들을 보면서, 희 망을 둘 곳이 있어 다행이라는 생각이 들기도 하면서도 찜찜한 마음을 멈 출 수가 없다.

치료하기 힘든 한국인들

적지 않은 시간 동안 정신건강 치료를 해오면서 환자들에게 아무런 도움이 되지 못한다는 생각이 들 때마다 자책을 한 적도 회의를 느낀 적도 있었다. 점차 경험이 쌓이면서 내가 그들의 인생에서 얼마나 중요한 역할을 하고 있는지를 볼 수 있을 정도가 되어서야 그런 느낌들이 줄어들었다.

내가 살고 있는 이곳의 한국 이민자들, 그리고 이메일을 통해서 조언을 구해온 한국에 계신 수많은 분들, 우리 한국 사람들에게는 솔직히 아직도 자책감 혹은 회의감에서 자유롭지 못함을 고백한다. 어떻게 해야 내가 조금이라도 도움이 될 수 있을까…….

내가 현재 치료하고 있는 70여 명의 환자들과 클라이언트들 중 약 80퍼센트 정도가 나와 3년이 넘는 시간을 보냈다. 한 명의 테라피스트와 그렇게 오랜 시간을 보내는 것이 좋은 점도 있지만 나쁜 점도 있기는 하다. 나쁜 점이라면 테라피스트와 클라이언트 사이에 개인적인 감정이 생길 수 있고 테라피스트에 대한 도를 넘는 의존증이 생길 수 있다는 것이다. 바로 그러한 점을 느끼고 교정이 되지 않을 때가 테라피스트를 바꿔야 할 때이다. 그리고 테라피스트는 그걸 도와줘야 한다. 이 부분만 잘 처리하고 대비할 수 있다면 한 명의 테라피스트와의 지속적인 치료는 권장되어야 할 일이다.

그런데 한국인들은 지속적인 치료가 잘 되지 않는다. 치료를 받으러 와봐야 별것 없다고 생각하는 분들이 많다. 더군다나 한이 많은 이들은 세션 내내 자신의 이야기만 하다가 시간을 다 보낸다. 정상적인 과정이라면 그렇게 반복하다가 어느 순간부터 테라피스트와 신뢰가 생긴다. 그러면 테라피스트는 그걸 바탕으로 이것저것 자신이 원하는 방향으로 천천히 이끌어나가게 되는 것이다. 당연히 정신치료는 지속적인 시간을 요한다.

그런데 그런 과정을 아무리 설명하고 초기에 동의를 얻었다고 해도 결국 한국인들에게는 잘 통하지 않는다. 일단 누군가에게 이끌려 억지 발걸음을 하는 이들이 많다. 정신치료 자체에 대한 의지가 없는 사람을 고칠 수 있을 만큼 나는 유능하지 못하다. 또한 이런 사람들도 많다. 어떤 문제점들이 곪고 혹은 터질 때까지 참고 견디다가 마지막 희망이라는 기대를 가지고 오는 이들…… 그러나 짧은 시간에 그들의 기대를 충족시키고 강한 인상을 줄 만한 능력 또한 나는 없다.

지난번에 한국을 방문했을 때는 이런 이야기들도 심심치 않게 들었다. 큰마음 먹고 정신과 의사와 상담사를 만나러 갔는데 자신을 대하는 태도에 엄청나게 자존심이 상했고, 다시는 이런 곳에 오나봐라 하는 오기만 더해져서 나왔다는 이야기들이다. 내가 살고 있는 미국이라고 그런 일들이 없을 리 만무하다. 그런데 많은 미국인들은 그런 일을 당하면 정신치료와 담을 쌓아버리는 게 아니라 다른 곳으로 가 좀 더 정상적인 의사와 상담사를 찾는다.

더 커다란 장벽은 바로 보험 문제다. 이곳 미국에 사는 교포들이야 국가에서 주는 보험이든 개인 보험이든 건강보험이 있다면 정신과 테라피스트들에게 별다른 비용 부담 없이 치료를 받을 수 있다. 물론 4800만 명의 아무런 보험 혜택을 받지 못하는 국민을 양산한 미국의 웃기는 시스템은 개혁 대상이지만, 보험 있는 사람들이 받는 의료 혜택 자체는 부러운 부분이 꽤 있다. 대표적인 게 정신과 부분이다. 한국에서의 보험은 정신과 상담 부분이 빠져 있다. 덩달아서 정부에서 인정해주는 상담사의 자격증 제도 자체 또한 모호하거나 존재하지 않는 것으로 알고 있다(청소년 상담 분야만 그런 공식 자격증 시스템이 있다는 이야기를 들었다). 이런 상태에서는 상식적으로 누구에게 가야 정신과 테라피를 받는 것인지도 헷갈릴 것이며 어찌어찌 찾아서 갔을 때는 높은 상담료에 부담을 느낄 것이다. 그냥 찾아서 발걸음하기도 어려운 판에 그냥 몇 마디 하고 나오면서 7만원이나 10만원 정도의 돈을 내고 나온다면 속이 쓰리지 않을 사람은 하나도 없을 것이다. 이런 상태에서 한국인들에게 '정신상담 치료의 지속성'이라는 것을 기대하는 것 자체가 어불성설일 것이다.

하지만 보험문제는 커다란 장벽의 하나일 뿐이지 근본적인 문제는 아니라는 생각이 든다. 보험 혜택으로 정신 상담을 받을 수 있는 수많은 교포들의 모습을 보면 그건 어렵지 않게 알 수 있다. 가장 근본적인 문제는 한국인들에게 아직 정신건강이나 상담 분야가 친숙하지가 않다는 사실이다. 요즘은 정신건강 쪽에 많은 관심을 갖기 시작했다고 하지만 시스템이 받쳐주지 못하는 한국의 실상은 예나 지금이나 크게 달라지지 않았다.

정신건강 시스템은 무용지물인가?

그럼 이런 질문을 한번 해보자.

"정신건강 시스템이 상대적으로 잘 갖추어지고 치료를 받는 사람들의 인식도 진보되어 있다는 미국이라는 사회가 그래서 더 나은 점이 무엇인가? 온갖 상상을 초월하는 사건·사고들과 높은 이혼율, 폭력 등을 보면 잘되어 있다는 정신건강 시스템도 무용지물일 뿐이다. 아니 정신치료라는 것 자체가 사기일지도 모른다."

내가 생각해도 참 정곡을 찌르는 듯하면서도 아픈 질문이지만, 이 질문은 다른 사람이 한 것이 아니라 내가 오래전 나 자신에게 던졌던 질문이다. 그런데 시간이 지난 지금은 내 분야에 대해 긍정적인 답변을 할 수가 있다. 결국 이 질문은 우문이었다는 생각이 든다.

지금까지 많은 환자들 이야기를 했지만 내가 도움을 줄 수 있었던 사람도 있었고 그렇지 못한 사람도 있었다. 도움을 줄 수 있었던 사람 중에는 순간순간 생명을 건진 사람도 많고 사회에 잘 적응하면서 살게 된 사람도 많다. 일일이 셀 수가 없을 정도다. 내가 다니는 병원의 경우, 직접 관리하는 환자들만 700여 명이고 간접적으로 관리하는 사람들까지 합하면 2000여 명이라는 말을 들었다. 그런 식으로 미국의 이른바 정신 관련 에이전시들이 관리하는 사람들을 모두 합한다면 그 수는 헤아리기가 힘들 정도다.

미국은 알다시피 역사적인 특징과 배경이 단일 민족인 한국과는 다르다. 일단 이 나라는 총기사회다. 마음만 먹으면 무기를 누구나 소유할 수 있다. 거기에는 흑인들이 빈민층의 다수를 이루는 그런 복잡한 역사적 배경도 있다. 거기다가 지금도 끊임없이 불법 이민자들이 유입되고 그 불법 이민자들 또한 여러 가지 사회 문제가 된다. 미국으로 유입되는 마약은 여기저기서 구할 수 있고 또 그걸 관리하는 갱들도 수두룩하다.

정신건강 시스템이 아무리 잘되어 있어도 오래전부터 반복돼온 이런 미국의 특징과 배경들을 뒤덮지는 못한다는 말이다. 예를 들어서 정신건강 시스템이 미국의 총기 정책을 바꿀 수는 없다. 아무리 상담을 잘하고 총기들을 환자들로부터 떼어놓아도 법이 바뀌지 않는 이상 누군가는 또다시 총을 가지고 있을 것이고 사고는 변함없이 날 것이다.

이런 상황에서 많은 테라피스트와 의사들에게서 혹은 병원에서 치료를 받는—일반 사회에서는 잘 보이지 않고 누구인지도 모를—그런 사람들이 모두 더이상 치료를 받지 못하게 되는 상상을 해보자. 최소 수십만에서 어쩌면 최대 몇백만 명까지 거리로 나가게 될 것이다. 더군다나 치료를 받지 못한 이 수많은 사람들은 아마도 더 심각한 사회 문제들을 야기하게 될 것이다. 그냥 정신과 의사에게서만 치료받는 사람들도 많지만 미국에서는 테라피스트 같은 상담인들이 관여하고 있는 환자들이 훨씬 많다. 오히려 환자들과 테라피스트 간의 친숙함을 보건대 테라피스트가 없다면 자살률이나 사망률이 많이 늘어날 것은 불을 보듯 뻔하다.

연예인들의 죽음 그리고 자살과 논리

요즘 한국의 많은 연예인들이 자살로 생을 마감하면서 계속 충격을 주고 있다. 글을 쓰고 있는 이 순간에도 트렌스젠더였던 한 연예인의 자살 소식이 신문에 또 올라왔다. 고 최진실씨 같은 경우는 어릴 때부터 친숙했고 좋아했던 사람이었고 어려움을 딛고 다시 일어서는 모습을 보며 응원을 보냈던 사람이기에 남의 일 같지 않게 지금도 가슴이 아려온다. 또 걱정되는 것은 이른바 '베르테르 효과'다. 친숙한 연예인들의 잇단 자살은 특히 우울증이 있는 사람들에게는 따라서 할 수 있는 용기를 줄 수도 있다. 아니나 다를까 자살한 연예인들을 모방한 잇단 자살소식이 적지 않게 들려온다.

다들 알겠지만 우울증이 자살 원인의 대다수를 차지한다. 사실 우울증과 관련된 자살은 구체적인 논리적 이유를 찾는 것 자체가 무의미하다. 우울증에 걸린 사람들은 마음의 면역체계가 현저하게 떨어져 있어서 보통 사람들이 도저히 이해 못 할 이유로도 자살에 이를 수 있다. 자살하는 많은 사람들에게는 논리적 이유가 없다. 고 이은주씨가 노트에 돈에 대한 것을 이야기 했을 때 많은 측근들이 의아해했다. 그녀는 영화와 CF등을 통해서 충분히 많은 돈을 벌고 있는 잘 나가는 연예인이었기 때문이다. 최진실씨가 자살하기 바로 직전까지 자신이 사채업자라는 일부의 소문에 대해 울분을 토로한 것까지는 이해하겠는데 그 이유로 자살한 것에 대해서도 의아해하는 사람이 많았다. 용의자와 통화를 해서 언쟁을 했다지만 어쨌든 용의자는 이미 조사를 받고 있는 처지였고, 거기다가 조성민씨와의 가정불화를 겪으며 더 커다란 고통들과 수많은 악플들 속에서도 오뚝이처럼 다시 일어난 여자였기 때문이었다.

어떤 환자에게는 이런 일도 있었다. 아침에 일어났더니 갑자기 오래전 헤어진 여자친구가 생각났다. 지난 2년간 거의 생각하지 않던 그런 여자였는데 생각이 났고, 아침부터 감당하기 힘든 감정에 빠진 것이다. 그래서 면도칼로 자살을 시도했다가 순간 나와 맺은 일종의 계약서가 생각나 전화를 했던 경우다. 모두들 논리로 따질라치면 죽을 이유들이 전혀 아니다.

　물론 누구나 이해되는 그러한 이유들이 있는 사람들 또한 많다. 우울증과 자살하는 사람들에 대한 많은 형태를 이야기하기에 앞서 꼭 독자들에게 이 말을 하고 싶다. 우울증에 걸린 사람들의 감정이나 행동들을 보통 사람들의 이성적 기준으로 이해하려 하지 말 것. 그렇다고 이해되지 않는데 그러는 척하라는 말이 아니다. 우울증이 걸린 그 아픈 마음을 논리로서가 아닌 가슴으로 꼭 이해해달라는 말이다.

자살 위험성이 높은 사람들

　1. 우울증: 우울증이 자살하는 사람들이 앓고 있는 질병의 대대수를 차지한다고 여러 번 이야기를 했었지만 한 가지 덧붙일 것이 있다. 우울증의 상태가 좋아졌어도 항상 조심해야 한다는 사실이다. 왜 그런지는 구체적으로 모르겠지만 우울증 상태에서 기분이 정상으로 돌아오는 과정에서 자살 사건이 많이 일어난다. 자살한 사람들의 가족이나 주변 친구들에게서 죽기 전에 만났을 때 기분이 좋아 보이고 멀쩡해 보여 전혀 낌새를 알아챌 수가 없었다는 이야기들이 그래서 나온다.

　2. 다른 정신 질병들: 조울증이나 의존증 그리고 정신분열증 등을 앓고 있는 사람들 또한 자살 시도의 비율이 높다.

　3. 술과 마약: 우울증이 있는 사람이 술이나 마약을 했다면 더욱 위험한

일이고, 그런 임상적인 정신질병이 없는 사람이라도 순간적으로 화가 나거나 갑자기 우울한 일이 있을 때 술이나 마약은 충동적인 자살의 원인을 제공한다. 멀쩡했던 사람도 술과 마약에 반복적으로 노출이 되면 우울증에 걸릴 확률이 높아진다.

4. 예전에 자살 시도를 했던 경험이 있는 사람들은 계속 눈여겨봐야 한다.

5. 누군가의 자살을 봤던 사람이나 살인 현장을 목격했거나 하는 사람들도 그런 위험이 있다.

6. 가족 중에 누군가 자살했던 일이 있어도 조심해야 한다.

7. 사업 실패를 경험한 사람들의 위험성도 빼놓을 수 없다.

8. 사랑하는 사람을 사고나 병으로 먼저 보낸 사람들.

9. 연인에게 배신당했거나 헤어진 사람들.

10. 은퇴 후에 마땅히 할 일을 찾지 못해 하루하루를 보내는 노인들.

11. 산후와 폐경기를 겪는 여자들.

생각나는 대로 써보았는데 아마도 더 있을 듯싶다. 특히 1, 2, 3번은 자주 일어나는 일이니 특히 주의를 부탁드린다.

자살을 방지할 수 있는 방법들 Suicide Intervention

대다수 자살자들의 주변을 조사해보면, 사망 전에 누군가에게 죽고 싶다는 말을 했었다는 결과가 나온다. 어떤 전문가들은 그게 사실은 잠재의식적으로 살고 싶다고 도움을 요청하는 것이라고 말한다. 당신이 물리적으로 가까운 거리에 있는 누군가로부터 죽고 싶다는 말을 들었다면 절대로 소홀히 넘기지 않기를 부탁드린다. 단 1퍼센트뿐이라도 자살하는 사람들의 대다수는 그중에서 나오기 때문이다. 상대방이 거부반응을 일으키든 말든 정말로 어떤 구체적인 계획이 있는지 어떤지에 대해서 캐물어야 한다.

상태가 정말 심각하다는 걱정이 들었을 때는 그 사람의 주변 사람들에게 알리고 절대로 혼자 있지 못하게 해야 한다. 나중에 다시 자살에 대한 생각이 들더라도 당장은 그 순간을 넘기면 살 수 있다. 내가 담당하는 몇몇 우울증 환자들은 자신이 그 순간을 넘겼을 때 공포에 떠는 사람도 있었다. 죽고 싶지 않은데 자신이 컨트롤할 수 없는 순간적 최면에 빠져 자신을 정말 죽이게 되면 어쩌나 하며 울음을 그치지 않았다. 더군다나 그런 정상적인 판단력이 마비된 상태는 술을 마시면 더욱 심해진다. 아이러니하게도 한국의 많은 분들은 술로써 우울의 고통을 잠시나마 잊고자 하는 곡예를 감수한다. 사실은 무척이나 아슬아슬한 일이다.

마지막 방법으로 병원에 입원시키는 것이 있다. 미국은 이게 흔하고 가능한 일이지만 한국은 문화적으로 많이 꺼려지는 일일 것이다. 미국은 지역마다 위기관리센터Crisis Center라든지 24시간 언제나 통화가능하고 급한 상담을 해주는 핫라인이라든지 감금정신병원들이 수두룩하다. 자살을 이야기하는 어떤 사람이 있다면, 그가 만일 계속 불안하고 정말 위험할 것 같다는 생각이 든다면, 이들 기관에 전화를 해서 조언을 구하고 상황에 따라서는 경찰의 도움을 받아 짧은 시간이나마 병원 치료를 받을 수 있도록 도와주어야 한다. 이렇게 하는 것이 사람의 생명을 살리는 가장 안전한 방법일 수 있다. 나중에 욕을 먹기 싫다는 생각으로, 극단적일 수도 있는 이런 방법을 실행에 옮기는 것에 잠시라도 주저하면 안 된다. 사실 삶과 죽음사이는 백지 한 장차이라는 생각을 많이 한다. 이건 내 경험이지만, 사실 이런 식으로 병원에 끌려갔다가 안정을 찾아 퇴원한 환자들 중에 나중에라도 내게 분노를 터뜨린 사람은 거의 없었다. 오히려 여러 번 고맙다는 말을 들어본 적은 많다. 그때마다 놓치지 않고 나는 항상 이런 말을 했다.

"나와 맺은 계약을 잊지 마세요. 자살충동이 생길 때 잠깐 심호흡하고 두 군데 전화하는 것 알죠? 테라피스트인 내게 먼저 전화하고 내가 전화 받을 상황이 아니면 위기관리센터에 전화하는 것 말입니다."

죽으려고 하는 사람이 테라피스트와의 이런 계약을 몇 명이나 지키겠느냐 의아해할 분들이 많을 것이다. 사람은 절망감에 빠졌을 때 지푸라기라도 잡는다. 더군다나 귀가 따갑도록 반복적으로 계약 이야기를 들어온 나의 환자들은 항상 그 지푸라기를 잡는다. 이런 일은 꼭 전문가가 아니더라도 할 수 있는 일이다. 부디 참고하시기를 바란다.

정신건강 시스템은 자살을 막을 수 있다

여기서 구구절절 정신건강 시스템mental health system의 여러 가지 효용성을 이야기 하지는 않겠다. 여기서는 정신건강 시스템이 자살을 예방하는데 얼마나 큰 도움이 되는지에 대해 증명하겠다. 물론 통계 같은 것을 제시할 수 없어 객관적인 증명이 될 수는 없겠지만 말이다.

내가 풀타임으로 나가고 있는 병원에는 일반적이거나 약한 정신질환으로 오는 환자가 없다. 영화에서나 볼 수 있는 그런 심각한 정신병을 앓고 있는 사람들이 온다. 예를 들어 우울증을 앓고 있는 사람은 일반적으로 볼 수 있는 그런 정도의 우울증이 아니라 약간의 사회생활조차 힘들거나 불가능한 정도로 심한 우울증 환자들이다. 앞에서 자살 위험성이 높은 사람들에 대해 나열했지만 이론적으로 따진다면 내가 나가는 병원에 오는 환자들이야말로 자살의 위험성이 가장 높은 증상들을 가진 사람들이다.

병원에 오는 환자들에게는 하루가 멀다 하고 사건·사고가 일어난다. 경찰이 구급차를 대동하고 나타나 환자에게 수갑을 채우고 감금병원으로 끌고 가는 일을 목격하는 것도 흔한 일이다. 누군가의 자살충동으로 난리가 나는 일은 거의 매일 병원의 어딘가에서 경험하는 일이다.

그럼에도 불구하고 내가 이곳에서 일한 지난 십 년간 단 한 명의 환자도

누군가 죽고 싶다는 말을 했다면, 그것은 살고 싶다고 도움을 요청하는 것이다.

자살로 죽지 않았다. 그것도 자살의 가능성이 가장 높은 증상을 가진 환자들을 데리고서 말이다. 수학에 약한 나도 이건 우연이 아니라는 말을 자신 있게 할 수 있다. 이것만큼 확실한 증거가 어디에 있겠는가. 정신건강 시스템은 이렇게 절대로 추상적인 것이 아니다.

마음에 병이 있는 이들은 제발 그것을 인정하고 치료받길 바란다. 치료사가 마음에 들지 않으면 마음에 드는 사람을 만날 때까지 찾아나서야 한다.

그리고 그런 사람을 만났다면 참을성 있게 꾸준한 치료를 받겠다는 자세도 매우 중요하다. 사실 우울증에 걸린 이들은 마음에 동기의식이 무척 약해져 있어서 이것저것 다 귀찮은 마음 상태가 된다. 그런 분들이 정신과 치료를 받겠다고 나서는 게 힘든 일이기는 하다. 더군다나 한국사회에서는 그게 더 어렵고 맞는 치료사들을 찾는 것도—그 수가 너무 적기에—더더욱 힘든 일일 것이다. 그렇다면 내가 부탁할 수 있는 사람들은 가족과 주변의 친구들뿐이다. 본인이 하지 못한다면, 가족이나 친구들이 나서서 치료를 받을 수 있게 꼭 설득해주고 치료사를 연결해주길 바란다.

고 최진실씨가 정신과 치료를 받고 있었는지 아닌지는 알 도리가 없다. 신경안정제를 복용했었다는 언론 보도를 잠깐 읽었을 뿐이다. 그런데 만약 정신과 의사에게 치료를 받았었다면⋯⋯. 상담인 역할도 하는 정신과 의사들도 간혹 있지만 대부분의 경우 그분들에게 그런 역할까지 바라는 것은 무리다. 한국에서도 정신과 의사들은 웬만해서는 짧은 시간 동안의 면담과 약 처방으로 마무리하는 것으로 알고 있다. 그래서 이런 생각이 들었다. 그녀에게 테라피스트가 있었더라면⋯⋯.

생중계 심리학 라디오

ⓒ 권문수 2008

초판인쇄 2008년 10월 31일
초판발행 2008년 11월 10일

지은이 권문수 ┃ 펴낸이 강병선

편집인 강성민 ┃ 편집장 이은혜 ┃ 편집 신헌창
마케팅 장으뜸 방미연 정민호 신정민 ┃ 제작 안정숙 차동현 김정후

펴낸곳 (주)문학동네 ┃ 출판등록 1993년 10월 22일 제406-2003-000045호
임프린트 글항아리

주소 413-756 경기도 파주시 교하읍 문발리 파주출판도시 513-8
전자우편 bookpot@hanmail.net
전화번호 031-955-8888(관리부) 031-955-8898(편집부)
팩스 031-955-2557

ISBN 978-89-546-0704-9 03180

이 도서의 국립중앙도서관 출판시도서목록(CIP)은 e-CIP홈페이지(http://www.nl.go.kr/ecip)에서 이용하실 수 있습니다.
(CIP제어번호 : CIP2008003193)